Philipp Plattner

Ausführliche Grammatik der französischen Sprache

Eine Darstellung des modernen französischen Sprachgebrauchs mit Berücksichtigung der

Volkssprache

Philipp Plattner

Ausführliche Grammatik der französischen Sprache
Eine Darstellung des modernen französischen Sprachgebrauchs mit Berücksichtigung der Volkssprache

ISBN/EAN: 9783743438811

Hergestellt in Europa, USA, Kanada, Australien, Japan

Cover: Foto ©Paul-Georg Meister /pixelio.de

Manufactured and distributed by brebook publishing software (www.brebook.com)

Philipp Plattner

Ausführliche Grammatik der französischen Sprache

Das Nomen

und

der Gebrauch des Artikels

in der

französischen Sprache.

Von

Ph. Plattner.

———→———

Karlsruhe.

J. Bielefelds Verlag.

1905.

Plural.

Une langue n'est ni ne peut être jamais fixée.
(Littré).

§ 109, 2. Indeklinabilien. Weitere Beispiele: Les *pourquoi* et les *comment* ne tarissaient pas (G. Hauricot). Voilà des *si* et des *quand* qui peuvent changer bien des choses (Scribe). Il y a donc des métiers qui rapportent des *mille*[1] et des *cent?* (J.) Une partie d'écarté en cinq *sec* (Fr. Coppée). Tout se réglait gentiment, à l'amiable, en cinq *sec* (A. Germain). Les femmes, mademoiselle, sont des *pas grand'chose*, mais les hommes sont des *rien du tout* (J. de la Brète). Vous êtes des *propre-à-rien* (J.). Prendre ses *clic* et ses *clac*.

Auch bloße Tonwörter dürfen nicht verändert werden; des miaous (Katzengeschrei) dürfte daher kein s haben, welches nur in anderer Bed. (die Katzen) zulässig wäre. Oft findet man auch unrichtig les vus, les attendus, ein Fehler der seine Entschuldigung darin finden kann, daß die Akad. schreibt les considérants.

§ 109 A. Bei den lateinischen Wörtern (zu welchen auch die latinisierten hebräischen oder griechischen Wörter zählen) fällt zunächst die ungleiche Behandlung der Nominativformen auf. Ein s erhalten z. B. acacia (den 1835 gegebenen Plural acacias hat die Akad. 1878 wieder gestrichen), aléa (fehlt in der Akad., Littré gibt keinen Plural), dahlia, delta (die Akad. gibt keinen Plural, Littré den mit s außer bei der Buchstabenbezeichnung), domino, duumvir, écho, kilo, lumbago (die Akad. gibt keinen Plural), magnolia (die Akad. bevorzugt magnolier), panorama, quidam, rhododendron (die Akad. gibt keinen Plural), spécimen, thuia oder thuya (Akad. u. Littré geben keinen Plural), villa, virago (Akad. ohne Plural).

Des Auslauts wegen sind unveränderlich z. B. convolvulus, mégalonix (fehlt bei Akad.), nécropolis (meist nécropole), tumulus (doch auch tumuli z B. bei L. Huard).

Unverändert bleiben alter ego, comma (nach Littré, die Akad. hat keine Angabe), décorum (der Bedeutung wegen ohne Plural), dictamen, gloria (fehlt bei der Akad., Littré gibt keinen Plural), Pater.

---

[1] Ebenso On les voyait tomber par vingt et par cent. (§ 120.) Vgl. dagegen engl. They came in by twos or threes at a time.

Den lateinischen Plural auf -a oder den französischen auf -s erhalten die Neutra auf -um: album (nur mit s), aquarium (Pl. -ums verzuziehen; Akad. gibt keine Pluralform), criterium (ebenso), factotum (nur mit s), factum (nur mit s), forum (nur mit s; Akad. gibt keinen Plural, Littré des forum), géranium (nur mit s), maximum und minimum (haben im mathemat. Gebrauch Plural -a, welcher aber auch sonst den mit s weitaus überwiegt), médium (nur mit s; Akad. gibt keinen Plural), muséum (ebenso), palladium (ebenso), pensum (nur mit s), sanatorium (fehlt noch in Akad., bildet ziemlich gleich häufig sanatoria u. sanatoriums), ultimatum (nur mit s, Akad. u. Littré haben keinen Plural), compendium, dictum haben bei Akad. u. Littré keinen Plural, ebenso dinothérium (des dinothériums gigantéums bei Th. Gautier; deux dinothériums, J.), oppidum (fehlt in Akad.) bleibt meist unbezeichnet, kann aber s annehmen (des restes d'oppidums gaulois bei L. Huard), quantum gestattet kaum einen Plural. Seltnere Wörter werden unverändert gelassen, so les capharnaüm, les columbarium (Mᵐᵉ de Staël), des symposium (E. Rendu). Erratum ist erst aus errata entstanden.

Unverändert bleiben die lat. neutralen Plurale auf -a, auch wenn sie im Franz. als Singular gebräuchlich sind: les desiderata (auch Sing. -um), les duplicata (Sing. ebenso, selten -um), le, les errata, le, les triplicata.

Als Sing. werden auch die literar. Sammelnamen wie le Bolæana, le Ménagiana behandelt, seltner ist der Plural z. B. les Bievriana. Echt lat. Bezeichnungen aber behalten den ihnen zukommenden Plural: Théodore de Bèze . . . s'excuse d'avoir publié ses fameux *Juvenilia* (Rossel).

Lateinische Indeklinabilien (Adverbien, Imperative oder sonstige Verbalformen, abhängige Kasus mit oder ohne Präposition) sollten unverändert bleiben, erhalten aber häufig das Pluralzeichen, so accessit, alibi, alinéa, alléluia, aparté (Littré ohne s, er zieht die Schreibart a-parte vor), bénédicité, boni, folio, impromptu, placet, quiproquo, quolibet, récépissé, récipé, reliquat, réséda (fehlt bei der Akad.), ultra, vivat.

Ohne Plural verzeichnet die Akademie avé, confiteor, credo, débet (Littré führt nur les débets a. d. 17. Jh. an), déficit (Akad. erwähnt les déficits), exeat, exequatur, ex-voto (Akad. Plural ebenso, dagegen les *ex-votos* de Carthage bei Mélusine III, 503), fac-similé, intérim, lavabo (Plural les lavabos ist allg. üblich), magnificat, mémento (Littré gibt s), miséréré, nota, notabenè, post-scriptum, recto, requiem (doch: Les journées se passaient en *requiems*, en services solennels dans les églises tendues de noir, en processions interminables bei H. Martin), satisfecit, Te Deum, verso, visa (Littré: les visas).

Kein Pluralzeichen erhalten in-folio, in-quarto (manche setzen s [1]). Kyrie fehlt der in Akad. und bei Littré fehlt die Pluralangabe.

In dem Wb. der Akad. fehlt extra, welches in der Bed. „Aus= hilfekellner" franz. Plural hat, ebenso in anderer Bed. Ce ne sont là que les exercices courants. Il y a des *extras* (außergewöhnliche Andachtsübungen, J.). La longue homélie qu'il tenait en réserve pour les grands *extras* (vornehme Hochzeiten, J. Fréval). Littré gibt seltsamer Weise den Plural des extra, obwohl er des ultras bildet.

Italienische Wörter mit richtigem Plural sind sehr häufig, carbonari, ciceroni, condottieri, dilettanti (selten dilettantes), impresarii (selten -os), lazzaroni (lazaroni, wie die Akad. schreibt, findet sich kaum), libretti (neben -os), maëstri, prime donne, soli (neben solos), soprani (neben -os). terze rime. Coli (oder colis), concetti, confetti, lazzi, macaroni haben schon im Sing. die fremde Pluralform und erhalten im Plural s, doch bleiben concetti, confetti und nach der Akad. auch lazzi besser unverändert. Ein s erhalten alto, andante, bravo, concerto, imbroglio, numéro, opéra, oratorio, piano, tremolo, trio, turco, nach Littré auch adagio, allégro. Ganz unver= ändert bleiben contralto (neben les contraltes), crescendo, dito, forte, forté-piano (kaum mehr üblich), influenza.

Die Plurale bravi, brave und den zu letzterem gehörigen Sing. brava betrachtet Littré als prätentiös.

Die englischen Wörter erhalten in der Regel ein s; einzelne wie bifteck, pickpocket, rail, sport, ticket, tramway, tunnel, wagon sind völlig in den französischen Gebrauch übernommen. Die auf -y erhalten bloßes s oder die richtige Form auf -ies, z. B. babies, dandies, gipsies, torics und sogar miladies neben babys, dandys, torys; stets tilburys und besonders das ganz eingebürgerte jurys. Auch die auf Zischlaut erhalten den richtigen Plural: misses (neben des miss), matches (des matches de billard), sandwiches neben matchs, sandwichs. Die Zusammensetzungen mit -man bilden gleichfalls richtigen Plural: aldermen, cabmen, gentlemen, policemen, sportmen, manchmal noch mit s, z. B. cabmens. Auch der doppelte Plural pences findet sich. Als Regel kann man annehmen, daß der richtige englische Plural stets verwendet werden kann, und daß unrichtige Formen nur auf Unkenntnis beruhen. Selten ist der Fall geworden, daß eng= lische Wörter unverändert bleiben, z. B. les mackintosh, les speech, les magazine, les interviewer.

Deutsche Wörter werden von einzelnen Historikern (bes. Michelet, Mignet) richtig gebraucht; so findet man les grafen, les freyrichter, les lieder, les minnesinger, les scheppen (Schöffen). Doch liest man

---

[1] Z. B. Delavigne, Sandeau, Villemain.

1*

auch les gau oder gaus, les grafs, les landsknechts, les landwehrs
(Landwehrleute), les vereins; unverändert les blockhaus (selten nach
engl. Art blockhauses) und stets les privat-docent. Auf Unkenntnis
deuten Fälle wie l'auteur du „Reisebilder" (H. Le Roux), oder la
promenade de l'„Unter den Linden" neben l'avenue des „Unter
den Linden" (M. Leudet). Ganz in Eigentum übernommene Wörter
wie feldspath erhalten stets s (die Akad. verzeichnet keinen Plural).

Die Wörter, welche anderen Sprachen (Arabisch, Polnisch, Spanisch
usw.) entlehnt sind[1], erhalten in der Regel im Plural s, so alhambra,
autodafé, aviso, falbala, gitano, gaucho, guérilla, hidalgo, hourra,
inca, masurka, panama, polka, razzia, sierra, silo, soda, sofa,
spahi (oft schon im Sing. mit s), nach der Akad. auch uléma, was
Littré als Fehler bemerkt. Neu auftauchende oder weniger bekannte
Wörter bleiben unverändert: Les *hourras* russes se mêlaient aux
banzaï japonais (J.)

Die Völkernamen mit fremdsprachlicher Form bieten wenig Eigen-
tümliches. Daß die auf -als nicht -aux bilden, ist § 110 erwähnt.
Ebenso bilden die auf -ou den Plural auf s (les Hindous, les Pa-
pous), manche können auch unverändert bleiben (les Zoulou, les
Soulou oder les Zoulous); nur Mandchou bildet eine Ausnahme
(les Tartares Mandchoux). Auch Esquimau erhält x (les Esquimaux).

Kein Pluralzeichen sollen erhalten Völkernamen, die den einheimischen
Plural bereits haben[2], also z. B. die Kabylenstämme mit Beni (les
Beni-Snassen, les Beni-Amer, les Hakim, ferner die Namen auf -a:
les Hova, les Antimerina, les Sakalava (bei diesen madegassischen
Namen niemals s), ebenso les Galla, les Mekna, les Adouma und
viele andere, die sich aber auch mit s finden. Auch andere bleiben
öfters unflektiert z. B. les Touareg, les Otonto, les Ashantee.

§ 110. Val gehört jetzt zu den Wörtern, welche doppelten Plural
bilden, les vaux und les vals. Ersterer ist der üblichere, bes. in der
Redensart par monts et par vaux. Letzterer (der poetische) ist nicht,
wie Littré angibt, auf den technischen Gebrauch der Ingenieure beschränkt: Les deux âmes . . . cessent un instant de mesurer les
vals et les monts qui les distancent (C. Lemonnier). Il écoutait
la brise arrivant du fond des *vals*, comme si elle eût dû lui
apporter un bruit de voix (E. Souvestre). — Étal soll étaux
bilden, aber man findet étals gewählt, wohl um der Verwechselung mit
étau vorzubeugen. J'ai vu aussi des acheteurs se presser autour
des *étals* de viandes pourries (J.) Bancal wird im Plural gemieden.

---

[1] Wörter unbekannten oder zweifelhaften Ursprungs sind einbegriffen.

[2] Daher ist les Escaldunac (Basken) richtiger als dieselbe Form mit s.

Develey erklärt sogar man gebrauche nur das fém. une bancalle (sic), als masc. diene un bancroche. In der Bed. „Säbel" da= gegen lautet der Plural les bancals; dieses Wort ist im Militärargot gemeinfranzösisch, während Sigart es als wallonisch in Anspruch nimmt.

Wenn früher einzelne Substantive zwischen den Formen -als und -aux schwankten, so erklärt sich das daraus, daß letztere Form dem Ohr widerstrebte bei Wörtern, die noch nicht als echt französisch be= trachtet werden konnten. Dieselbe Erscheinung findet sich auch bei den Adjektiven auf -al. — Überhaupt kann man sagen, daß s dem x vorgezogen wird bei allen nicht durchaus eingebürgerten Wörtern, also bei bloß provinziellen oder bloß wissenschaftlichen:[1] Deux *graus* on chenaux (Sing. le grau), des *galgals* ou tombelles (L. Huard). Auch béal (Bewässerungskanal) hat béals. — Der Ural heißt l'Oural, oder les monts Oural, les monts Ourals.

Da Namen auf -al nur den Plural mit s bilden können, so ist der Plural des cantals (fromages d'Auvergne) verständlich. Üblich ist ferner der Plural les centrals = détenus d'une maison centrale (Sträflinge, Zuchthäusler); dagegen les centraux (Zöglinge der école centrale).

Für das Schwanken zwischen -al und -ail bemerke auch foirail und foiral (beide = champ de foire) von Littré (Suppl.) als provinzielle Bezeichnungen gegeben. Neben métal findet sich noch métaii im Sinne von Metallmischung, Legierung, doch wird diese Form nicht von der Akad. gegeben, welche noch 1798 angab, daß métal gewöhnlich (plus ordinairement) métail ausgesprochen werde.

Den Plural les travails gebraucht E. de Goncourt auch von den Übungen der Akrobaten: pour que leurs *travails* ne devinssent pas durs damit man ihren Kunststücken nicht das Mühsame anmerkte.

Attirail hat keinen Plural, früher -ails neben seltenerem -aux.

Der Plural les portaux (erst 1740 von der Akad. aufgegeben) findet sich noch öfter: Aux grands *portaux* battent les grands vents (Prov.). Les oiseaux de proie sont cloués en croix aux portes des granges et *portaux* (Jaubert).

Nicht allzu selten findet man x auch bei anderen Substantiven auf -ou (bes. les verroux); das ist selbstverständlich unrichtige Schreibung.

§ 111. Die Doppelform aïeuls und aïeux ist ein Rest aus älterer Zeit, wo alle Wörter auf -eul (filleul und seul ausgenommen) den Plural auf beiderlei Art bilden konnten. Die Form aïeux findet sich öfter unrichtig: L'amour des *aïeux* (d. h. des aïeuls), c'est un peu l'amour des mères (Séjour). Zu einem Wortspiel benutzt von

---

[1] So findet man den Plural les nilgaus (die Akad. dagegen schreibt le nilgaut).

Th. Gautier: Nous autres roturiers, nous n'avons pas *d'aïeux*, nous n'avons que des grands-pères.

Bei allen technischen Bezeichnungen kann nur der Plural ciels Verwendung finden: Les verres des réverbères ont été mis en pièces (par l'orage). Les *ciels-ouverts* de beaucoup de maisons n'ont pas résisté (J.); ciel-ouvert (Lichtschacht, Glasdach) ist das, was in Ostfrankreich une hollandaise genannt wird.

Ob œils zu setzen ist, kann in manchen Fällen zweifelhaft erscheinen. Im ganzen kann man folgenden Auseinandersetzungen zustimmen: Le *Journal de l'Agriculture* a ouvert dernièrement une polémique sur cette question: doit-on dire les *œils* de la vigne ou les *yeux* de la vigne? ... Selon nous, et nous croyons être d'accord avec la majorité des grammairiens, la règle doit se formuler ainsi: on emploie le mot *yeux* toutes les fois qu'il ne peut entraîner aucune confusion et *œils* dans le sens figuré, seulement lorsque le mot yeux pourrait amener la confusion avec les yeux d'un animal. Ainsi, on dira des *œils de bœuf* pour désigner les petites fenêtres rondes, des *œils de perdrix* pour indiquer soit les fleurs de *l'Adonis autumnalis*, soit les durillons qui viennent sur les orteils, parce qu'il y aurait à craindre qu'on les confondît avec les yeux d'un bœuf ou ceux d'une perdrix. Pour la même raison les joailliers disent des *œils de chat*, des *œils de serpent*, mais on doit dire les *yeux* d'un poirier ou d'une vigne. (C. Maze.)

§ 112. Bildungen wie arc-en-ciéler mag man schön finden oder nicht, das verschlägt nichts. Man kann aber anderseits der Ansicht sein, daß der an Wortbildungsmitteln so dürftigen französischen Sprache diese Bereicherung wohl zu gönnen ist. Weitere Beispiele: Le drapeau *clicclaquait* dans la brise du soir (L. Fabulet). A midi, le char reparut, *cliquetoquant* (J.). La sonnette *tictaquante*. (J.). Une petite lampe qui *s'abajourait* de papier vert sur la table (Rameau). Ces squelettes *pêle-mêlés* sont eux-mêmes désagrégés, dispersés (Nadar). Sur le chaume des villages *tire-bouchonnaient* des colonnettes fumeuses (Lys-Cas). Des métaux qui se *vert-de-grisent* (G. Geffroy). Ce sou *vert-de grise* dans le sang (V. Hugo). Das uralte und von niemand angefochtene fleurdeliser ist übrigens ganz gleichartige Bildung.

Daß dabei die Sucht nach Absonderlichkeiten einen Romancier zu unmöglichen Bildungen führen kann, soll nicht abgestritten werden. Ein Beispiel hierfür: Pas un coin du vaste ciel bleu, où, *verluisant* (!) des espaces infinis, ne tremblotât la lumière d'un de ces astres minuscules.

§ 112, 1. Aus dieser Verschmelzung erklärt sich auch die Schreibung quelquefois. Alle Verschmelzungen stammen aus alter Zeit, Worte wie le chaufour (Kalkofen, four à chaux), chaufournier ließen sich heute nicht mehr bilden, wohl aber aus den Dialekten übernehmen, in welchen sie sehr zahlreich sind. Interessant ist, daß Buffon noch solche Verschmelzungen gewagt hat, um bequeme Bezeichnungen zu bilden, so z. B. barbican aus barbu und toucan.

Während von bonhomme[1] (in der Bed. Figürchen, Bürschchen, Puppe u. dgl.) der Plural bonshommes lautet, kann das Adj. (Bed. gutmütig, gemütlich) nur am Ende s erhalten: Des phrases amicales, *bonhommes* (F. Vandérem): auch in Verbindung mit einem männlichen Substantiv würde der adjektivische Bestandteil der Zusammensetzung keine Veränderung zulassen.

Die Zusammensetzungen mit Possessiv wie monsieur, madame, mademoiselle, monseigneur sind in beiden Teilen veränderlich. Unverändert bleibt dagegen der erste Teil, wenn das Wort ein Determinativ (Artikel, Possessiv, Demonstrativ) vor sich nimmt oder in eigentümlicher Verwendung vorkommt: Les *madames* hiérarchiques (P. Veber). Un tas de petits *monsieurs* (Cadol). Je crains qu'il ne me vienne des *Madames*, c'est-à-dire, de la contrainte (Mme de Sévigné). J'ai refusé rudement toutes les *Madames* (Dies.). Laquelle de vos *Madames* (Dies.). Vos *Madames* de Montélimart (Dies.). Ne vous fâchez pas; il y a tant de *madames* sans monsieur (E. Soulié). Beaucoup de *monsieurs* seuls qui tournent d'un air désespéré (J.). Trotzdem: Fuyez les jeunes gens, ô les *mesdames* Castelnaus; mettez-les à la porte, ô les *messieurs* Castelnaus (J.) Zusammenfassender Plural zu madame und mademoiselle ist mesdames, daher mesdames X. Y. Z. auf Theaterzetteln u. dgl. Der Plural zu monseigneur ist nosseigneurs (daher die Abkürzung NN. SS.); nos seigneurs les évêques (J. Janin), nosseigneurs de l'Académie (Génin). Tu as l'honneur d'être l'esclave de *nos seigneurs* les blancs (Voltaire). *Nos seigneurs* du Parlement (Janin). *Nosseigneurs* les juges de commerce (Lesage). J'ai l'honneur de servir *nosseigneurs* les chevaux (Lafontaine). Ce n'est peut-être pas De *nosseigneurs* les ours le manger ordinaire (Ders.). Nur als Anrede steht messeigneurs: Messieurs et *mes seigneurs* du Parlement (Janin).

§ 112, 2. Bei den Verbindungen zweier Substantive kommen wir aus den Unsicherheiten und Widersprüchen oder, um mit Littré zu

---

[1] Daß Jacques Bonhomme den franz. Bauer bezeichnet, ist bekannt. Früher gab es in Paris eine barrière des Bonshommes, eine rue des Bonshommes, genannt nach einem dort gelegenen Kloster eines Franziskanerordens, der pères Minimes (in der Volkssprache les Bons-Hommes).

reden, aus den orthographes irrationnelles nicht heraus. Die Akademie gibt daher vorsichtshalber möglichst selten einen Plural an. Im Grunde können beide Subjtantive veränderlich sein nur in dem Falle, wo zwischen ihnen voller Parallelismus besteht, ein äußerst seltener Fall. Man könnte porte-fenêtre (die Akad. jagt nur porte vitrée) als solchen betrachten: ein Ding, das Tür und Fenster zugleich ist; man kann aber ebensowohl behaupten, daß es eine wie ein Fenster eingerichtete Tür oder ein türähnliches Fenster[1] ist. In fenêtre-tabatière ist keinerlei Parallelismus vorhanden, man wird also bilden müssen des fenêtres-tabatière, wenn man nicht (was die Akad. z. B. bei palmier dattier tut) das zweite Substantiv als ein Adjektiv auffaßt. Noch übler liegt die Sache, wenn das zweite Substantiv ein Eigenname ist; die Akademie jagt z. B. des reines-Claude, was viel beanstandet worden ist. Littré behauptet auch, es sei besser zu schreiben des reines-claudes wie man schreibe des dames-jeannes (die Akad. gibt keinen Plural von diesem Wort), übersieht aber, daß er selbst den Plural des dame-aubert bildet. Denn daß bei dame-jeanne das Wort bouteille, bei dame-aubert dagegen prune zu ergänzen ist, verschlägt doch nichts.[2] — Die verschiedenartige Behandlung mag sich aus folgenden Beispielen ergeben:

bain-marie, Akad. ohne Pluralangabe, einzelne erklären den Plural für unmöglich, andere bilden bains-marie.

banque-rasoir: Depuis deux jours, au cercle, il a une spécialité de banques-rasoir (G. Ohnet).

brèche-dent, nach der Akad. masc. u. fém., ohne Plural.

chameau-réclame (in Paris üblich wie unsere Reklamefuhrwerke), des chameaux-réclame.

chapeau melon, chapeau tromblon u. a., nur chapeau ist veränderlich.

chat-tigre, Akad. ohne Pluralangabe, chats-tigres.

chêne-liège, fehlt in der Akad., Plural chênes-lièges oder besser chêne-liège.

cheval-vapeur, Akad. (neben cheval) ohne Plural, also une machine à vapeur de 10, de 20 chevaux; chevaux-vapeur ist allgemein üblich.

---

[1] Man findet auch die Stellung fenêtre-porte.

[2] Das richtigste wäre offenbar, in solchen Fällen den Eigennamen sowie das vorhergehende Appellativ unverändert zu lassen. Das ist auch der allgemeine Brauch bei den zahlreichen Bezeichnungen der Blumen- und Obstgärtnerei, z. B. des Maréchal-Niel, des Princesse-Corisande (Rosenarten). Niemand würde daran denken, einen Plural maréchaux-Niel oder gar maréchaux-Niels zu bilden.

chou-fleur, chou-navet, chou-rave, beide Bestandteile mit Plural=
zeichen (Akad.).

faux-manche (Senſengriff), dialektiſche Bildung, (Jaubert) Plural
offenbar faux-manches.

fourmi-lion oder formica-leo, Akad. u. Littré ohne Pluralangabe,
des fourmis-lions.

homme-affiches (Plakatträger, auch) homme-sandwich) Plural
hommes-affiches.

lampe carcel, Akad. ohne Pluralangabe; lampes carcel oder bloß
carcels (vgl. fusils chassepot).

lampe-modérateur (Akad. lampe à modérateur), Plural lampes-
modérateur (A. Daudet.)

laurier-cerise, laurier-rose, laurier-tin (einzelne z. B. Lamartine
ſchreiben laurier-thym), Akad. u. Littré alle ohne Pluralangabe; meiſt
lauriers-roses, doch auch lauriers-rose; laurier-sauce würde jedenfalls
nur das erſte Wort verändern.

maître-autel, Akad. u. Littré ohne Pluralangabe.

malle-poste, Akad. Plural malles-postes, Littré: malles-poste.

office-propriété (gekauftes Amt). C'était la guerre des offices-
propriété contre les commissions révocables (H. Martin).

paquebot-poste, nicht in der Akad., les paquebots-poste.

pince-monseigneur (Brecheiſen), nicht in der Akad., les pinces-
monseigneur.

pomme-poire, Akad. ohne Pluralangabe.

pomme reinette, (Littré will nur reinette oder pomme de reinette), Plural pommes reinettes.

quartier-maître, Akad. ohne Pluralangabe, Plural quartier-maîtres.

reine-claude (Akad. reine-Claude, nur reine zu verändern).

reine-marguerite, Akad. u. Littré ohne Pluralangabe.

rose pivoine, rose pompon, Akad. ohne Pluralangabe, nur rose
veränderlich.

rose-reine, rose-thé, fehlen in der Akad., nur rose veränderlich.

tente-abri, fehlt in der Akad., Plural tentes-abri(s).

timbre-poste, Akad. timbres-poste. Das Wort wurde erſt 1878
aufgenommen. Dabei wurden die timbres-quittances erwähnt, aber
nicht ſo bezeichnet, ſo daß man nicht weiß, ob die Akad. dieſen Plural
anerkennt.

train-poste, Akad. ohne Pluralangabe; les trains-postes, ebenſo
les trains-éclairs, les trains-tramways u. a.

trompette-signal (d'un tramway), fehlt in der Akad.; Plural wohl
trompettes-signal.

vaisseau-école, fehlt in der Akad.; Plural vaisseaux-écoles. Ebenſo
frégate-école.

wagon-poste, wagon-restaurant, wagon-salon, wagon-lits fehlen in der Akad.; wagon ist stets veränderlich, ebenso restaurant, bei poste sind die Meinungen geteilt.

In Hôtel-Dieu ist Dieu unbezeichneter Genitiv, den Littré treffend mit dem sächsischen Genitiv des Englischen vergleicht, und der sich durch den possessiven Charakter erklärt, welchen der alte Kasus obliquus in Verbindung mit einem Nomen hatte. Littré findet in dem modernen Französisch nur zwei Überreste dieses Gebrauchs: hôtel-Dieu und de par le roi. Er hätte wenigstens Dieu merci noch anführen können. Neben hôtel-Dieu findet sich aber auch maison-Dieu im gleichen Sinn; (z. B. in Saint-Lô); la maison-Dieu ist Name eines Ortes im Marnedepartement, le Lieu-Dieu Name eines Klosters im Indre, ein anderes Kloster heißt la Chaise-Dieu; in Lyon finden wir la caserne de la Part-Dieu, in Paris la rue des Filles-Dieu und die Orts= bezeichnung Hort-Dieu oder Jardin-Dieu ist häufig bei Heidengräbern (tumuli); la fête-Dieu, par la mort-Dieu bieten dieselbe Erscheinung. In einem lothringischen Volkslied (Mélusine, I, 76) finden sich noch Stellen wie Voilà la femme Renaud le Grand . . . Nourrissez bien l'enfant Renaud, wo der Name Genitiv ist wie in les quatre fils Aymon. Ganz dasselbe liegt aber vor in Château-Renault, Châ- teau-Martin, Château-Thierry, Châteauroux für Château-Raoul, Bois-le-Duc, les Prés Girault, Choisy-le-Roi, Bar-le-Duc, la Ferté- Milon, Bure-les-Templiers, la Roche-Guyon, le Cours-la-Reine, la Fosse-Yonne, le saut Gauthier (bei dem mont Saint-Michel), le Saut-le-Cerf (Ort bei Epinal). Das alte fils mit unbezeichnetem Genitiv Fitz-Emperesse, Fitz-Guillaume-Conquérant hat sich aller= dings nur in englischen Familiennamen wie Fitz-Gerald erhalten, aber la Quarantaine-le-roi ist wenigstens historischer Ausdruck ge= blieben und le feu Saint-Elme, le feu Saint-Antoine, le mal Saint-Fiacre sind noch übliche Ausdrücke. Auch mourir de la mort Roland (mourir de soif) wird vom Complément du dictionnaire de l'Académie und Fil-Notre-Dame neben fil de la Vierge von Privat-Deschanel als noch gebräuchlich bezeichnet. Auch die Rechtssprache hat manche Spuren bewahrt; so kann in folgender Stelle en droit soi nur verständlich werden in der Auffassung dans le droit de soi d. h. dans sa propriété, dans son terrain à lui: Lorsqu'on plante une borne, on brise en deux parties un caillou, une brique ou un morceau de tuile, et ces fragments auxquels on donne le nom de *témoins*, sont placés par les intéressés, chacun en droit soi, au fond du trou de chaque côté de la borne (Jaubert). Man geht wohl nicht zu weit, wenn man hôtel Rambouillet, Palais- Cardinal, rue Saint-Antoine, place Maubert, à moitié chemin, à moitié prix, à la fin septembre und ähnliche als Ausflüsse dieses alten Gebrauchs betrachtet. Daß das jetzige Sprachbewußtsein in diesen Ausdrucksweisen nur Kürzungen und Ellipsen erblickt, ist nicht entscheidend; gesteht es doch auch Namen wie Nogent-le-Rotrou, Villeneuve-le-Comte und vielen anderen keinen feudaleren Charakter zu als Bezeichnungen wie Clichy-la-Garenne oder Fouilly-aux-Oies, d. h. es erblickt darin eine determinative oder appositive Kennzeichnung.

Nicht jedes Adjektiv in der Verbindung mit einem Substantiv bildet ein beiderseits veränderliches Kompositum. Wenn das Adjektiv ein Adverb vertritt, wenn die Zusammensetzung in uneigentlichem Sinne gebraucht wird, oder wenn sie die Ableitung von einem anderen Kompositum darstellt, so bleibt es allein oder auch mit dem Substantiv zugleich unverändert.

Von basse-taille gibt die Akad. keinen Plural (Littré: les basses-tailles), von sauf-conduit bildet sie les sauf-conduits. Ebenso bildet man les libre-échangistes (Freihändler), les pleine-eaux (Baden im freien Fluß): Vous souvenez-vous des pleine-eaux? vous nagiez si bien (Gyp). Dagegen ces pleine-eau (Prince de Joinville). Viele Ausdrücke machen Schwierigkeiten, so z. B. long-courrier (Seeschiff, Seekapitän), welches auch long-courier, long-coursier geschrieben wird: Un assez grand nombre de longs-coursiers s'y trouvaient à l'ancre (H. Tessier). La grand'croix (Großkreuz) fehlt in der Akad.; Littré schreibt grand-croix, ebenso le grand-croix (Inhaber des Großkreuzes). Plural beider les grands-croix (Littré) oder das Fem. les grand'croix. Ähnlich les grands-officiers.

Ganz unverändert läßt man am besten alle Zusammensetzungen, bei welchen eine Ellipse deutlich erkennbar ist, daher des plein-vent (arbres en plein vent), des pur(-)sang (chevaux de pur sang), des cap de Bonne-Espérance et des Nouvelle-Calédonie (Briefmarken). Ebenso bleiben die Zusammensetzungen mit saint am besten unverändert: des Saint-Barthélemy, des Saint-Nitouche. Zugleich Ellipse liegt vor in Il veut aussi vous envoyer votre cordon bleu avec deux *Saint-Esprit*, parce que le temps presse (Mme de Sévigné). Doch auch: Et l'on tuait des Anglais, des masses d'Anglais, et l'on faisait sauter des saintes-barbes, beaucoup de saintes-barbes (J.).

Auch bei nachstehendem Adjektiv gilt die Regel, daß bei Ellipse kein Pluralzeichen eintritt, daher les sang-mêlé, les terre-neuve, les centre-gauche. Doch finden sich Ausnahmen; die Akad. selbst gibt des ponts-neufs. Des Louise-Bonnes (Birnensorte) würde besser unverändert bleiben, dagegen dürfte gegen Opéras-Comiques nichts einzuwenden sein, auch wenn nicht Stücke, sondern Gebäude gemeint sind; doch En ce temps-là, les Odéons étaient presque aussi difficiles à relever que les *Opéra-Comiques* d'aujourd'hui (L. Huard).

Befondere Erwähnungen verdienen die erft aus Pluralen entftandenen Singulare. Aus les chevau-légers (felten chevaux-légers ift un chevau-léger gebildet, aus les gardes françaises bildete man früher un garde française: aus les faits divers ift der Sing. un faits-divers gebildet, die Schreibung un fait-divers fommt allerdings auch vor.

Zu den rein nominalen Zufammenfetzungen müffen wir auch rechnen die Verbindungen von Subftantiven mit mi, demi, semi, hémi, pseudo, quasi, presque: des mi-carêmes, à mi-jambes, les demi-jours, les demi-teintes, des semi-preuves, des hémi-octaèdres, les pseudo-épopées, des quasi-parentés, des presque-certitudes.[1] Hémi bildet meift volle Verfchmelzung (hémicycle, hémisphère), presque nur in presqu'île.

Zufammenfetzungen von Subftantiv mit Zahlwort bilden in der Regel Sing. und Plural gleich: un deux-dents (Art Delphin), une douze-chevaux (Automobil), un huit-reflets (Hut), un deux-mâts, un trois-mâts, les deux-mâts, les trois-mâts barques. Dasfelbe gilt von la mille-fleurs, le mille-pieds, wogegen la mille-feuille (Plural wohl les mille-feuilles). Unregelmäßig ift ferner der Sing. un Cent-Suisse von les Cent-Suisses.[2] Unverftändlich ift auch, wesbalb man nur fagen fann les deux-points (Brachet z. B. gebraucht auch le deux-points). — Wenn das Zahlwort eine Ordinalzahl vertritt, fann man im Plural das Subftantiv verändern, doch wäre gegen Auslaffung des s faum etwas zu erinnern: Tous les entrepreneurs de *18-Brumaires* et de *2-Décembres* ne peuvent que se gaudir d'une décision qui sanctionne l'acte d'insubordination d'un officier supérieur (J.).

§ 112, 3. Wird ein derartiges Subftantiv wiederholt, fo fann die Wiederholung des erften Beftandteils genügen: Quelle occupation pour faire venir parties de plaisir sur *parties* (Montesquieu).

Der Numerus des zweiten Beftandteils folcher Zufammenfetzungen war von jeher ein beliebtes Streitobjeft der franzöf. Grammatifer und

---

[1] Diefe Bildungen mit quasi und presque find fehr üblich, faft zu üblich geworden; in den Études de gramm. et de litt. fr. II, 75 finden fich aufgezählt presque-certitude, presqu'ombre (Dictionn. de Bescherelle), presque-totalité (fehr häufig), presqu'unanimité oder presque-unanimité, bei Littré findet man quasi-contrat, quasi-délit, quasi-légitimité, quasi-restauration, denen man quasi-abandon, quasi-état d'inconscience, quasi-trahison, quasi-unanimité u. a. zugefellen fann: Ce quasi-abandon de la prose (Baron); ferner la presque-impossibilité (P. Mérimée), la presque-instantanéité (J.), ce presque-mépris de la gloire (Mémoires d'une Contemporaine), leur presque-nudité, (Lamartine), un accent de presque-vérité (A. Dumas).

[2] Ebenfo les cent-gardes mit dem Sing. un cent-garde. Vgl. damit un vingt-huit jours ein Refervift.

gehörte vor dem Erlaß vom 26. Februar 1901 zu den beliebtesten Fallstricken bei Prüfungen. Man sagt meist un marchand de vins, de draps, de fers, d'huiles; ebenso commerce de vins, de draps usw. (Littré allerdings will commerce de vin); ferner un débit de tabacs, la manufacture des tabacs, une fabrique de papiers, weil in allen diesen Fällen die Annahme besteht, daß verschiedene Sorten verkauft bzw. verfertigt werden; dagegen une fabrique de bougie (weil dieses Subst. als Stoffname behandelt wird). Stets le mal de dents, une rage de dents.

Ebenso sagt man une compagnie d'assurances, un voyage de découvertes. Doch wäre in allen diesen Fällen auch gegen den Sing. nichts einzuwenden.

Üblicher als der Plural ist der Sing. nach nom, daher des noms d'homme, des noms de lieu, des noms propres d'homme et de nation, des noms de ville ou de fleuve. Nur der Sing. ist üblich nach rôle, also des rôles de servante, des rôles de vieille femme, während nach caractère beide Zahlen vorkommen: les caractères de femmes (A. Vinet), les caractères d'homme, les caractères de femme (Nisard).

In vielen Fällen ist der Numerus geradezu beliebig: les maisons d'école oder d'écoles, des camarades de classe oder de classes, des coups de poing oder de poings, des corps d'armée oder d'armées, des forêts de sapin oder de sapins, des combats de taureaux oder de taureau, des champs de bataille oder de batailles usw.

Oft kann das zweite Substantiv beide Numeri zulassen, auch wenn das erste im Sing. steht, so la saison de la chasse oder des chasses, une escadre d'évolution oder d'évolutions; in solchen Fällen bleiben beide Numeri zulässig, auch wenn das erste Substantiv Plural wird.

Selbstverständlich ist, daß man stehende Ausdrücke nicht verändern kann, daß man also nur sagt la galerie des Jaspes, la galerie des Glaces; ferner daß man Substantive, die im kollektiven Sinn oder als Stoffnamen gesetzt sind, lieber unverändert läßt, also des villes de province, cinquante têtes de bétail, des dents de perle; endlich, daß man den Sing. eintreten läßt, wenn eine Maßbezeichnung mehrfach gesetzt wird, z. B. trois hauteurs d'homme: La scène est très petite. Si les proportions sont bien observées, elle n'a guère plus de trois *hauteurs d'homme* (G. Despois).

Bei verständiger Behandlung wird man nicht leicht in grobe Verstöße geraten und auch ohne Littré's Bemerkung sagen de l'huile d'olive oder d'olives, aber nur un baril d'olives.

§ 112, 4. Sehr viele hierher gehörige Wörter haben das Zeichen der Zusammensetzung verloren und sind zu einem Wort verschmolzen: so acompte, entrecôte, entrefilet, entrepont. Dagegen schreibt man noch les à-côtés (Nebendinge), les à-coups, les après-dîners, les après-soupers (auch — dînées, — soupées, kaum mehr — dînés, — soupés), les arrière-neveux, les contre-amiraux, les en-têtes, les sans-dents, les sous-amendements, les sous-baux, les sous-ordres usw. Unverändert bleiben les sans-le-sou, les sans-travail, les sans-patrie, les au-delà (in diesem Fall mit Bindestrich), das Überirdische, das Jenseits). Ziemlich gewagte Bildungen dieser Art finden sich schon in älterer Zeit (l'entre chien-et-loup) und sind bei vielen Schriftstellern beliebt: Dans *l'au jour le jour* des besogneux (C. Lemonnier). Il préférait les surprises ou les déceptions de *l'à travers bois* et de *l'à travers champs* (L. Biart).

§ 112, 5. Verbindungen mit einem Verb bleiben am besten unverändert, außer wo das Substantiv-Objekt stets pluralische Form hat.

Abattre: abat-faim, abat-foin, abat-jour, abat-sons, abat-vent, abat-voix. Statt abat-jour auch bloßes abat, welches verändert werden kann: l'abat de soie d'une lampe (H. Lavedan).

Aider: aide-mémoire.

Arracher: d'arrache-pied, arrache-sonde (Littré läßt im Plural arrache-sonde und arrache-sondes zu).

Boucher: bouche-nez, bouche-trou, (Littré Plural bouche-trous, Die Akad. gibt keinen Plural).

Bouter: boute-à-port (auch bout-à-port geschrieben, beide unveränderlich), boute-hors, wofür oft bout-dehors geschrieben wird (Plural bouts-dehors), boute-charge, boute-en-train, boute-feu (nach der Akad. Plural boute-feux, Littré Plural boute-feu oder boute-feux).

Briser: brise-cou, brise-glace, (Littré Plural mit oder ohne s), brise-image, brise-lames, brise-lunette, brise-mottes, brise-mur, brise-os, brise-pierre (Littré Plural brise-pierres), brise-saison (Littré Plural unverändert), brise-scellé (Littré Plural brise-scellés). brise-tout (Littré Plural unverändert), brise-vent (Littré Plural mit oder ohne s).

Brûler: brûle-gueule, brûle-maison (Littré Plural mit s) brûle-parfum(s) (ebenso), à brûle-pourpoint, brûle-queue (Littré Plural mit oder ohne s), brûle-tout.

Cacher: cache-coquin (Il y a loin d'eux à ces ignobles bandits dont vous appelez vous-même le vêtement ordinaire un *cache-coquin*. Th. Gautier), cache-cou (Littré Plural mit oder ohne s), cache-entrée (ebenso), cache-folie (Littré hat keine Pluralangabe), cache-lumière (Littré Plural mit oder ohne s), cache-museau (ebenso), cache-nez, cache-peigne (Littré Plural mit oder ohne s), cache-pot (ebenso), cache-poussière (Littré hat keine Pluralangabe).

Casser: casse-aiguille (Littré Plural mit oder ohne s), casse-bouteille (ebenſo), casse-bras, casse-cou (Littré Plural mit oder ohne s), casse-cul (ebenſo), casse-fil (ebenſo), casse-lunette (ebenſo), casse-motte (ebenſo), casse-museau (ebenſo), casse-noisette (ebenſo), casse-noyaux, casse-pierre (Littré Plural mit oder ohne s), casse-poitrine, casse-pot (Littré Plural mit oder ohne s), casse-tête (ebenſo), casse-vessie (ebenſo).

Chanter: chante-clair, chantepleure (fém. obwohl aus zwei ver= balen Elementen gebildet, unveränderlich; Akad. ſagt nichts über den Plural, Littré gibt einen afrz. Plural mit s).

Chasser: chasse-avant (Littré Plural unverändert), chasse-bondieu (ebenſo), chasse-bosse (fém. Littré Plural mit oder ohne s), chasse-cartouche (Hülſenzieher am Gewehr), chasse-chien (Littré Plural mit oder ohne s), chasse-coquin (ebenſo), chasse-cousin (ebenſo), chasse-crapaud (ebenſo), chasse-derrière, chasse-diable (Littré Plural mit s), chasse-ennui (Littré Plural unverändert), chasse-fleurée (fém. Plural mit oder ohne s), chasse-goupille (ebenſo), chasse-gueux, chasse-marée (Littré unverändert gegen die Akad., welche dann das s ſtrich), chasse-mouches (ſo die Akad., Littré hat chasse-mouche mit beiderlei Plural), chasse-mulet (Littré Plural mit oder ohne s), chasse-neige (Plural unverändert), chasse-noix, chasse-pierres, chasse-poignée (Littré Plural mit oder ohne s), chasse-poignée (fém., ebenſo), chasse-pointe (fem., ebenſo), chasse-punaise (fém., ebenſo), chasse-rage (fém., Littré Plural unverändert), chasse-rivet (Littré Plural mit oder ohne s), chasse-rondelle (ebenſo), chasse-roue (nach Littré fém.; es wäre wenigſtens in der Bed. welche das Supplément verzeichnet, eher chasse-roues zu ſchreiben), chasse-vase (Littré ohne Pluralangabe).

Chauffer: chauffe-assiettes (Plural ebenſo), chauffe-bain, chauffe-chemise (Plural mit oder ohne s), chauffe-cire (Plural ebenſo), chauffe-la-couche (Langſchläfer), chauffe-linge (Plural ebenſo), chauffe-lit (Plural mit oder ohne s), chauffe-pieds (Plural ebenſo). In chauffe-double werden im Plural beide Beſtandteile verändert, da der erſte nominaler Art iſt.

Chausser: chausse-pied (Littré Plural mit s), chausse-trape (fém.,[1] nach Akad. und Littré Plural mit s).

Compter: compte-fils, compte-gouttes, compte-pas.

Couper: coupe-ballot, coupe-bourgeon (Littré Plural mit s), coupe-bourse (ebenſo), coupe-cercle (ebenſo), coupe-choux bzw.

---

[1] Nach Littré's Erklärung, weil das ſubſtantiviſche Element hier Nominatw, nicht Accuſatv iſt. Dieſe Erklärung reicht aber für viele der hier angege= benen Wörter nicht aus.

coupe-chou (Littré letzteres im Plural mit x), coupe-circuit (Ausschalter bei elektrischer Leitung), coupe-cors, coupe-cul (ohne Plural), coupe-faucille (fém., Littré Plural mit s), coupe-foin (Littré Plural unverändert), coupe-gazon (ebenso), coupe-gorge (ebenso), coupe-jarret (nach Akad. im Plural mit s; oft schon im Sing. un coupe-jarrets), coupe-lande (Littré Plural unverändert), coupe-légumes, coupe-paille (Littré Plural unverändert), coupe-pâte (ebenso), coupe-queue (Littré Plural mit s), coupe-racines, coupe-sève (Littré Plural unverändert), coupe-tête (ohne Plural), coupe-toujours (Spottname des Zensors).

Courir: coure-vite oder court-vite (beide nach Littré im Plural unverändert).

Couvrir: couvre-chef (Littré Plural mit s), couvre-face (fém., ebenso), couvre-feu (Littré Plural unverändert), couvre-giberne (Littré Plural mit s), couvre-joint (ebenso), couvre-lit (ebenso), couvre-lumière (ebenso), couvre-nuque (Rückenschirm am Tropenhelm), couvre-pied (Littré Plural mit oder ohne s), couvre-plat (Littré Plural mit s), couvre-platine (ebenso), couvre-shako (ebenso).

Crever: crève-chassis, crève-chien (Littré Plural mit s), crève-cœur (Littré Plural unverändert), crève-la-faim (Hungerleider, Plural unverändert), crève-vessie (Littré Plural mit s).

Croquer: croque-abeilles (fém.), croque-lardon (Littré Plural mit s), croque-mitaine (ebenso), croque-mort (ebenso), croque-moutons, croque-noisette (Littré Plural mit s), croque-noix, croque-note (Littré Plural mit oder ohne s), croque-sol (Littré Plural nur mit s, obwohl das Wort dasselbe besagt wie das vorhergehende).

Curer: cure-dent (Littré Plural mit s), cure-feu (Littré Plural mit x), cure-langue (Littré Plural mit s), cure-môle (ebenso), cure-oreille (ebenso), cure-pied (ebenso).

Décrocher: décrochez-moi-ça (Konfektionsgeschäft; ohne Plural).

Emporter: emporte-pièce (Littré Plural unverändert).

Essuyer: essuie-main (Littré mit oder ohne s).

Faire: fait-tout in dem Ausdrucke Jean-fait-tout: Il était de plus, bon tourneur et bon potier; capable enfin de fabriquer tout ce qu'il voulait, soit en terre, soit en bois. En un mot nous l'avions appelé notre *Jean-fait-tout* (Mᵐᵉ A. Tastu).

Fouiller: fouille-au-pot (Plural unverändert), fouille-merde (ebenso).

Fouler: foule-crapaud (Littré gibt keinen Plural).

Gagner: gagne-petit (jetzt im weiteren Sinn: herumziehend r, hausierender Händler, kleiner Handwerker; Plural unverändert), gagne-ton-pain (Gewerbetreibender, un vulgaire gagne-ton-pain, Plural unverändert).

Garder: garde-bonnet (Littré ℜlural mit oder ohne s), garde-boutique (ebenſo), garde-bras, garde-cannes (ℜegenſchirmſtänder) garde-cendre (Littré ℜlural mit oder ohne s), garde-chaîne (ebenſo), garde-crotte (Littré unveränderlich), garde-feu (Littré ℜlural mit oder ohne x), garde-fou (Littré ℜlural mit s), garde-frasier, garde-grève (fém.), garde-magasin (Ѕinn von garde-boutique, Littré ℜlural mit oder ohne s), garde-main (ebenſo), garde-manche (ebenſo), garde-manger (unveränderlich), garde-marge, garde-meuble (Littré ℜlural mit oder ohne s), garde-nappe (ebenſo), garde-platine (ebenſo), garde-reins, garde-robe (fém., Ꭰlfab. u. Littré ℜlural mit s), garde-temps, garde-vue (Littré ℜlural unverändert).

Gâter: gâte-bois, gâte-enfant (m. u. fém., Littré ℜlural mit oder ohne s), gâte-maison (ℜlural ebenſo), gâte-ménage (ebenſo), gâte-métier (ebenſo), gâte-papier (Littré ℜlural unverändert), gâte-pâte (ebenſo), gâte-sauce (Littré ℜlural mit oder ohne s).

Gober: gobe-Dieu (ℜlural unverändert), gobe-goujons, gobe-moucherie (ohne ℜlural), gobe-moucherons, gobe-mouches, gobe-mouton (ℜlural unverändert).

Laisser: laisser-aller, La Fontaine . . . a des faiblesses et des *laisser-aller* qui ne se rencontrent jamais dans le simple et mâle génie, le maître des maîtres (Sainte-Beuve); laisser-courre, laisser-faire, laisser-passer (La formule du laisser-faire et du laisser-passer J.), alle ohne ℜlural oder im ℜlural unverändert, laisse-tout-faire (ℜlural unverändert).

Manger: mange-argent (Ꭳerſchwender, ℜlural unverändert), mange-tout (ℜlural unverändert).

Mourir: meurt-de-faim (ℜlural unverändert), meurt-la-faim (bei H. Malot, ebenſo), meurt-de-soif.

Monter: monte-à-regret, monte-au-ciel (beide ℜlural unverändert), monte-charge(s), monte-courroie (Littré ℜlural mit s), monte-ressort (Littré ſagt nichts über den ℜlural).

Ouvrir: ouvre-bouche (chirurgiſches Ꭵnſtrument für ℜachenoperation, ℜlural unverändert).

Passer: passe-appareil (Littré ℜlural unverändert), passe-avant oder passavant (ebenſo), passe-balle (Littré ℜlural mit s), passe-bleu, passe-buse (fém.), passe-campa(g)ne oder passe-compagne (alle im ℜlural unverändert), passe-canal, passe-carreau, passe-cheval (nach Littré alle im ℜlural mit x), passe-Cicéron, passe-colère (beide ohne ℜlural), passe-corde (Littré ℜlural mit s), passe-cordon (ebenſo), passe-debout, passe-dix (beide ohne Ꭳeränderung), passe-droit (nach Ꭰlfab. und Littré ℜlural mit s), passe-fillon (ohne ℜlural), passe-fin (Littré ℜlural mit s), passe-fleur (fém., Littré ℜlural mit s), passe-folle (fém., ebenſo), passe-garde (fém., Littré jagt nichts über den Plural), passe-lacet (Littré Plural mit s), passe-lit (Littré Plural mit s), passe-marinière (fém.), passe-méteil (ohne Plural, passe-montagne, passe-mur (Littré Plural unverändert), passe-muse (ebenso), passe-muscat (ebenso), passe-parole (ebenso), passe-partout (ebenso), passe-passe (ebenso), passe-peintre (ebenso), passe-perle (Littré Plural mit oder ohne s), passe-pied (Littré Plural mit s), passe-pierre (fém., Littré Plural mit oder ohne s), passe-poil (Littré Plural mit oder ohne s), passe-pomme (fém., Littré jagt nichts vom Plural), passe-port (Littré Plural mit s), passerage (fém., Littré sagt nichts über den Plural), passe-rebut (Littré Plural mit s), passe-rose (fém., ebenso), passe-rosée (fém., Littré Plural unverändert), passe-satin (Littré Plural unverändert), passe-soie (fém., Littré Plural unverändert), passe-temps, passe-tout-grain (ohne Plural), passe-velours, passe-vin (Littré Plural unverändert), passe-violet (ohne Plural), passe-vogue (fém., ebenso), passe-volant (Littré Plural mit s).

Percer: perce-bois, perce-bourdon (Littré Plural mit s), perce-chaussée (ebenso), perce-crâne (ebenso), perce-feuille (fém., Littré Plural mit s), perce-forêt (Littré, Plural mit s), perce-langue (ebenso), perce-lettre (ebenso), perce-meule (ebenso), perce-muraille (fém., ebenso), perce-neige (fém., Littré Plural unverändert), perce-oreille (Littré Plural mit s), perce-pierre (fém., Littré Plural mit s), perce-pot (Littré sagt nichts über den Plural), perce-roche (fém., Littré Plural mit s), perce-ronde (fém., ebenso), perce-terre (Littré Plural unverändert).

Perdre: perd-sa-queue (fém., im Plural unverändert).

Peser: pèse-acide (Littré Plural mit oder ohne s), pèse-esprit (ebenso), pèse-lait (Littré Plural unverändert), pèse-lettres, pèse-liqueur (Littré Plural mit oder ohne s), pèse-moût (Littré Plural unverändert), pèse-nitre (Littré sagt nichts über den Plural), pèse-sel (Littré Plural mit oder ohne s; meist steht s schon im Sing.), pèse-sirop (Littré sagt nichts über den Plural), pèse-urine (Plural unverändert), pèse-vin (ebenso).

Pincer: pince-lisière (Littré Plural mit oder ohne s), pince-maille (ebenso), pince-sans-rire.

Porter: porte-affiche, (Littré Plural mit oder ohne s), porte-aigle (ebenso), porte-aiguille (ebenso), porte-aiguillon (Littré sagt nichts über den Plural), porte-allume (ebenso), porte-allumettes, porte-amarre (Littré Plural mit oder ohne s), porte-arquebuse (ebenso), porte-assiette (ebenso), porte-aune ebenso), porte-baguette (ebenso), porte-baïonnette (ebenso), porte-balance (ebenso), porte-balle Plural mit s), porte-bandeau (Littré sagt nichts über den Plural), porte-barres, porte-battant (Littré sagt nichts über den Plural), porte-bec (Littré Plural mit s), porte-besace (Bettler, Plural wohl stets unverändert), porte-bobèche (Littré sagt nichts über den Plural), porte-bonheur (Littré Plural unver= ändert), porte-bonnet (Littré Plural mit oder ohne s), porte-bossoir (Littré Plural mit s), porte-bouchoir (ebenso), porte-bougie (Littré Plural mit oder ohne s), porte-bouquet (Littré sagt nichts über den Plural), porte-bourdon (Littré Plural mit oder ohne s), porte-bourse (Littré Plural mit s), porte-bouteilles, porte-broche (Littré Plural mit oder ohne s), porte-carabine (ebenso), porte-cartes, porte-caus- tique (Littré Plural mit oder ohne s), porte-chaîne (Littré Plural mit s), porte-chaise (Littré sagt nichts über den Plural),[1] porte- chandelier (Littré Plural mit oder ohne s), portechape (Plural mit s), porte-chapeau (Littré sagt nichts über den Plural), porte-charbon (Littré Plural mit oder ohne s), portechoux, porte-cierge (Littré Plural mit oder ohne s), porte-cigare (ebenso), porte-clapet (ebenso), porte-clefs, porte-col, (Littré Plural mit s), portecollet (Plural mit s), porte-collier (Littré sagt nichts über den Plural), porte- cordeau (Littré Plural mit oder ohne x), porte-coton Littré (Plural unverändert), porte-couronne (gekröntes Haupt, Plural mit s), porte- couteau (Littré Plural mit oder ohne x), portecrayon (Plural mit s), porte-crête (Littré sagt nichts über den Plural), porte-croix, porte- crosse (Littré Plural unverändert), porte-cure-dent (Littré würde im Plural dent verändern), porte-dais, porte-dépêches, porte-Dieu (Littré Plural unverändert), porte-drapeau (Littré Plural mit oder ohne x), porte-écuelle (Littré sagt nichts über den Plural), porte- enseigne (Littré Plural mit oder ohne s), porte-épée[2] (ebenso), porte-éperon (ebenso), porte-éponge (ebenso), porte-étendard (ebenso), porte-étriers (ist Plural), porte-étrivières (ebenso), portefaix, porte- fer (Littré Plural mit oder ohne s), portefeuille (Plural mit s), porte-flambeau (Littré Plural mit oder ohne s), porte-foret (ebenso), porte-fort (von se porter, Plural unverändert), porte-foudre (Littré sagt nichts über den Plural), porte-fouet (ebenso), porte-giberne (Littré Plural mit oder ohne s), porte-glaive (Littré Plural mit s), porte-graine (Littré sagt nichts über den Plural), porte-greffe (Littré Plural mit s), porte-guidon (Littré Plural mit oder ohne s), porte-hache (ebenso), porte-haillons (findet sich manchmal ohne s), porte-haubans, porte-huile (Littré Plural unverändert), porte-huile- et-vinaigre (unveränderlich), porte-isolateur (Littré sagt nichts über

---

[1] Nach der von Littré adoptierten Etymologie Darmesteter's ist chaise als Vokativ zu fassen; demnach könnte der Plural nur unverändert bleiben oder müßte portez-chaises lauten.

[2] Natürlich nicht im Sinne unseres Portepee, was la dragonne heißt. Porte-épée ist der Teil der Degenkoppel, in welchem der Degen hängt; es ist ferner gleichbedeutend mit Offizier: des porte-épée qui méprisent l'épée (J.).

den Plural), porte-jupe (Littré sagt nichts über den Plural), porte-lacs, porte-lame (Littré Plural mit oder ohne s), porte-lance (ebenso), porte-lanterne (Littré sagt nichts über den Plural), porte-lettres, porte-liqueurs, porte-lof (Littré Plural mit oder ohne s), porte-loupe (ebenso), porte-lyre (Littré sagt nichts über den Plural), porte-maillot (Littré Plural mit oder ohne s), porte-malheur (Littré Plural unverändert), porte-manchon (Littré Plural mit oder ohne s), portemanteau (im Suppl. setzt Littré irrtümlich ein Tiret, Plural mit x), porte-masse (Littré sagt nichts über den Plural), porte-mèche (Littré Plural mit oder ohne s), porte-mesure (ebenso), porte-miroirs, porte-monnaie (Akad. und Littré Plural unverändert), porte-montre (Littré Plural mit oder ohne s) porte-montres, porte-mors, porte-mouchettes, porte-mousqueton (Littré Plural mit oder ohne s), porte-moxa (ebenso), porte-musc (Littré sagt nichts über den Plural), porte-nitrate (Littré Plural unverändert), porte-nœud (Littré Plural mit oder ohne s), porte-objet (ebenso), porte-original (Littré Plural -aux), porte-page Littré Plural mit oder ohne s), porte-parole (öfter schon im Sing. mit s), porte-pièce (Littré Plural mit oder ohne s), porte-pierre (ebenso), porte-plume (ebenso), porte-plumet (Littré sagt nichts über den Plural), porte-pompon (Littré Plural mit oder ohne s), porte-queue (ebenso), porte-rame (ebenso), porte-râteau (Littré sagt nichts über den Plural), porte-respect (Littré Plural unverändert), porte-scie (Littré Plural mit oder ohne s), porte-sel-et-poivre (Plural unverändert), porte-singe (ebenso), porte-sonde (ebenso), porte-soie (Littré sagt nichts über den Plural), porte-sonnette (ebenso), porte-suif (ebenso), porte-tapisserie (Littré Plural mit oder ohne s), porte-tarière (ebenso), porte-tolets, porte-trait (Littré Plural mit oder ohne s), porte-vent (Littré Plural unverändert), porte-verge (Littré Plural mit oder ohne s), porte-vis, porte-voix.

Pousser: pousse-broche (Littré Plural mit oder ohne s), pousse-café (Littré Plural unverändert), pousse-cailloux, pousse-cambrure (Littré sagt nichts über den Plural), pousse-cul (Littré Plural mit oder ohne s), pousse-fiche (ebenso), pousse-goupille (ebenso), pousse-navette (ebenso), pousse-pied (Littré hat Beispiel für Plural mit s, obwohl das Wort nur aus pousse du pied zu erklären ist), pousse-pieds, pousse-pointe (Littré Plural mit oder ohne s).

Prêcher: prêche-malheur (Eh! pourquoi donc, la mère *prêche-malheur.* Comte d'Amezeuil).

Presser: presse-artère (Littré Plural mit oder ohne s), presse-citrons, presse-étoffe (ebenso), presse-papier (Littré mit oder ohne s), presse-urètre (Littré sagt nichts über den Plural).

Prêter: prête-nom (Plural mit s): Les moins pâles de ses personnages ne sont que ses *prête-noms* (Nisard). Il paraît bien que pour beaucoup de ces pièces ils n'étaient que des *prête-noms* (E. Despois).

Rabattre: rabat-eau (Littré sagt nichts über den Plural), rabat-joie (m. u. fém., Littré sagt nichts über den Plural).

Remuer: remue-ménage (Littré Plural unverändert), remue-queue (Littré sagt nichts über den Plural).

Risquer: un risque-tout (Plural unverändert).

Rogner: rogne-cul (Littré sagt nichts über den Plural), rogne-pied (Littré Plural unverändert), rogne-portions (franzernder Intendanturoffizier, P. Arène).

Sauter: saute-à-l'œil (Plural unverändert), saute-bouchon[1] saute-en-barque (Littré hat Beispiel mit s im Plural), saute-en-bas, saute-mouton (ohne Plural, nur in à saute-mouton; mouton ist Vokativ), saute-ruisseau (Littré sagt nichts über den Plural).

Serrer: serre-bois, serre-bosse (Littré sagt nichts über den Plural), serre-bras, serre-ciseaux, serre-cou (Littré Plural mit oder ohne s), serre-feu (Littré Plural unverändert), serre-file (Littré Plural mit s), serre-fine (ebenso), serre-frein (ebenso), serre-malice (Littré sagt nichts über den Plural), serre-nez, serre-nœud (Littré Plural mit s), serre-papiers, serre-pédicule (Littré Plural mit s), serre-point(s), serre-tête (Littré Plural unverändert).

Songer: songe-creux,[2] songe-malice (Littré Plural mit oder ohne s).

Souffrir: souffre-bonheur (Littré sagt nichts über den Plural), souffre-douleur (Littré Plural unverändert; viele setzen schon im Sing. ein s), souffre-plaisir (Pailleron, Beispiel bei Littré, souffre-bonheur).

Suer: sangsue (fém., wie Littré bemerkt, gab es auch ein Verb sangsuer).

Tailler: taille-crayon (Littré Plural mit s), taille-glace, taille-mèche (ebenso), taille-mer (Littré Plural unverändert), taille-plume Littré Plural mit s), taille-pré (ebenso), dazu la taillerol(l)e.

Taper: tape-fer (Schmied): Quand tous les *tape-fers* furent arrivés, Moustache posa son sac sur une enclume (É. Souvestre).

---

[1] Auch hier ist bouchon als Vokativ zu fassen, da sauter schwerlich transitiv gebraucht ist.

[2] Man findet songes-creux in anderer Auffassung, (Subst. songe): Ils ignoraient les affaires et prenaient leurs *songes-creux* pour des réalités (Th. Gautier).

Tâter: tâte-au-pot (Plural unverändert), tâte-poule (Littré Plural unverändert), tâte-vin (ebenso).

Teindre: teint-vin (= airelle Heidelbeere), ohne Pluralangabe.

Tirer: tire-à-barre (Plural unverändert), tire-arrache (ebenso), tire-balle (Littré Plural mit s), tire-barbe (Littré sagt nichts über den Plural), tire-bonde (Littré Plural mit s), tire-bord (Littré ohne Pluralangabe), tire-botte (Littré Plural mit s), tire-bouchon (Littré Plural mit s), tire-bourse (Littré Plural unverändert), tire-bouton (Littré Plural mit s), tire-braise (Littré Plural unverändert), tire-cartouche (Littré Plural mit s), tire-cendre (fém., Littré ohne Pluralangabe), tire-clou (Littré Plural mit s), tire-dent (ebenso), tire-fausset (Littré sagt nichts über den Plural), tire-feu (Littré Plural unverändert), tire-filet (Littré Plural mit s), tire-fond (Littré Plural unverändert), tire-fusée (Littré Plural mit s), tire-gargousse (ebenso), tire-goret (Littré ohne Pluralangabe), tire-laine (Littré Plural unverändert), tire-laisse (Plural unverändert), tire-langue (Littré ohne Pluralangabe), tire-larigot (ohne Plural), tire-ligne (Littré Plural mit s), tire-lisse (fém., Littré hat keine Angabe über den Plural), tire-l'œil (auffällige Form, Farbe u. dgl.: Les voitures inutiles . . . se vendirent dans d'assez bonnes conditions excepté les carrosses de gala, d'un tire-l'œil trop gênant pour des particuliers. A. Daudet. Plural durch die Bedeutung ausgeschlossen), tire-lopin (Littré sagt nichts über den Plural), tire-moelle (Littré Plural unverändert), tire-paille (ohne Plural), tire-pavé (Littré Plural mit s), tire-pièce (Littré sagt nichts über den Plural), tire-pied (Littré Plural mit s), tire-plomb (Littré hat keine Pluralangabe), tire-poil = tire-barbe, tire-point, tire-pointe (Littré sagt bei beiden nichts über den Plural), tire-sac (Littré Plural mit s), tire-sève (Littré sagt nichts über den Plural), tire-sou (Littré Plural mit s), tire-terre (Littré ohne Pluralangabe), tire-teston (ebenso), tire-tête (die von Littré bemerkte Ungleichartigkeit in der Schreibung der Akad. tire-têtes neben serre-tête besteht weiter), tire-veille (fém., aus zwei Imperativen, Plural daher ausgeschlossen), tire-verge (Littré ohne Pluralangabe).

Tordre: torcol oder torcou (Plural mit s), tord-boyaux, tord-nez.

Toucher: touche-à-tout (Plural ebenso), nitouche oder sainte nitouche (Nitouche) ohne Pluralangabe.

Tourner: tourne-à-gauche (Plural unverändert), tournebride (Plural mit s), tournebroche (ebenso), tourne-case (ohne Plural), tourne-dos,[1] tourne-feuille (Littré Plural mit oder ohne s), tourne-

---

[1] Im Suppl. schreibt Littré tournedos ohne Tiret, die Akad. hat das Wort nicht aufgenommen.

fil (Littré Plural unverändert), tourne-gants, tournemain (ohne Plural), tourne-motte (Littré ohne Pluralangabe), tourne-oreille (ebenso), tourne-pierres (so Littré; Buffon schreibt tourne-pierre), tourne-soc (Littré ohne Pluralangabe), tournesol (Plural mit s), tourne-vent (Littré ohne Pluralangabe), tournevire (fém., aus zwei Imperativen gebildet, Pluralzeichen unmöglich).

Traîner: traîne-buisson (Littré ohne Pluralangabe), traîne-charrue (ebenso), traîne-malheur (Littré ohne Pluralangabe), traîne-misère (Césarin le mendiant et le *traîne-misère*. A. Cim), traîne-potence (Littré ohne Pluralangabe), traîne-rapière (ebenso).

Trancher: tranche-fil (Plural mit s), tranche-file (fém. u. m., Plural mit s), tranche-gazon (Littré sagt nichts über den Plural), tranchelard (Plural mit s), tranche-montagne (Littré Plural mit s), tranche-papier (ebenso), tranche-tête (Littré sagt nichts über den Plural).

Trembler bildet nur das veraltete tremble-terre (terre ist Subjekt, müßte also unveränderlich sein; die alten Beispiele haben dagegen s im Plural).

Tromper: trompe-cheval (Littré Plural auf -aux), trompe-conscience (Littré ohne Pluralangabe), trompe-la-mort (ohne Pluralbezeichnung), trompe-l'œil (Plural unverändert).

Troubler: troubleau (Plural mit x), trouble-fête (Littré Plural unverändert; findet sich oft mit s), trouble-ménage (Littré Plural unverändert).

Trousser: trousse-barre (fém., Littré ohne Pluralangabe), trousse-étiers, trousse-galant (Littré ohne Pluralangabe), trousse-pet, trousse-pète (fém., beide ebenso), trousse-pied (Littré Plural unverändert), trousse-queue (ebenso), trousse-traits.

Aller: va comme je te pousse (kein Pluralzeichen möglich), va-de-pied (ebenso), va-devant (ebenso), va-et-vient (ebenso), va-nue-pieds (m. u. fém.), va-outre (ohne Plural), vas-tu-viens-tu (ohne Plural) va-tout (Littré Plural unverändert), va-vite (nur in à la va-vite daher unveränderlich: Sempiternels couchers de soleil, qui semblent copiés à la *va-vite* dans le joli bois de Boulogne de M. Alphand. G. Geffroy), va-y-là (interj.).

Vider: vide-bouteille (Littré Plural mit s, manche setzen s im Sing.), vide-poches, vide-pomme (Littré sagt nichts über den Plural).

Voler: vol-au-vent (Littré Plural unverändert).

Volter: volte-face f., (Littré Plural unverändert): ces *volte-faces* subites (Sainte-Beuve); toutes les *voltes-faces* (G. Geffroy).

Neubildungen sind fortwährend möglich, und die Volkssprache ist darin unerschöpflich. Spottnamen, Verbrechernamen dieser Art sind

äußerst zahlreich, z. B. Arrache-l'âme, Met-à-mort, Meurdes-oif, bei den
Chonans fanden sich schon Bezeichnungen wie Brave-la-mort, Galope-
la-frime, Marche-à-terre, Va-sans-peur.[1] Einzelne solcher Bezeichnungen sind geradezu Familiennamen geworden: Aimelafille, Boivin,
Dieulemanque, Dieuleveut, Dieutegarde, Espérandieu, Regarde-
bas, Vaouilmeplait. Auch Ortsnamen finden sich ähnlich gebildet,
es genüge, an die rue Brisemiche (früher Brisepain) zu erinnern,
in deren Nähe es früher auch eine rue Taille-pain oder Tranche-
pain gab; ferner an die rue du Cherche-Midi (in alter Zeit rue
du Chasse-Midi), an die rue Vide-Gousset u. a. Die Dialekte
haben eine große Anzahl ähnlicher Zusammensetzungen, z. B. barre-
les-rues (Trunkenbold), chie-dans-l'eau, chie-en-braies (schläfriger
Mensch,) alle bei Jaubert: das etymologisch ebenso anstößige chie-en-
lit ist in die allgemeine Sprache übergegangen. Andere dialektische
Formen sind in unkenntlicher Form übernommen, so vatemar (Bach-
stelze) aus dem normännischen batte-mare (d. h. bats les mares).
Über Bildungen mit dem Präsenspartizip (les ayants-droit, battant-
l'œil, carême-prenant) wird bei dem Partizip zu sprechen sein.

§ 112, 6. Unveränderlich sind daher les on-dit, les ouï-dire,
les qui-vive, les vive l'armée, les pêle-mêle, les ci-devant usw.
Monsieur le baron, entre ci-devant, on peut se dire ces
choses-là (A. Dumas). Bei Zusammenziehung in ein Wort kann
Veränderung eintreten, z. B. les zigzags (Akad.).

Unveränderlich sind nach der Akad. ferner: coq-à-l'âne, pot-au-feu,
haut-le-corps, tête-à-tête, veränderlich dagegen les pots-de-vin;
die Angabe über den Plural fehlt bei croc-en-jambes, fier-à-bras,
guet-apens, haut-à-bas, haut-le-pied, pied-à-terre; andere Bildungen wie haut-le-cœur, touchatout fehlen gänzlich. Am besten
ist es, in diesen Fällen keine Veränderung eintreten zu lassen. Auch
bei zusammengesetzten Namen von Gemälden, Dramen, Wertpapieren
u. a. ist das Pluralzeichen unangebracht, daher toutes mes Mort
d'Agamemnon (Th. Gautier), les Ville de Paris (städtische Obligationen).

Zusammengesetzte Fremdwörter bleiben unverändert, wenn sie noch
nicht als völlig eingebürgert gelten, so des men-hir, des steeple-
chase, des garden-party, des water-closet. Unter den eingebürgerten Fremdwörtern dieser Art, welche ihrem letzten Bestandteil das
Pluralzeichen zuerkennen, sind die üblichsten les pique-niques, les
pickpockets oder pick-pockets, les music-halls, les bloc-notes.
Selten findet man beide Bestandteile verändert: les picks-pockets,

---

[1] Erwähnt sei auch der Name einer Pariser lustigen Gesellschaft der Beni-
Bouffe-Toujours.

les blocs-notes oder blocks-notes. Zu bemerken das hybride les feld-maréchaux.

§ 113, 1. Der früher häufige Plural von Ländernamen erklärt sich daraus, daß die in Frage kommenden Länder kein einheitliches Ganze bildeten, so les Romagnes, les Florides (nämlich) östliches und westliches), les Algarves, les Allemagnes, les Amériques.[1] Cornouailles wird bald als Sing. bald als Plural behandelt, la Nouvelle-Galles, la Nouvelle-Galles du Sud findet sich nur ausnahmsweise als Plural (Les Nouvelles-Galles), Galles (Wales) dagegen hat weder Artikel, noch erkennbaren Numerus (le pays de Galles, la principauté de Galles).

Neben les Abruzzes trifft man häufig den Sing.: Le roi Frédéric rendit . . . tout ce qu'il possédait encore dans la terre de Labour et l'Abruzze (H. Martin). Das ist das ursprünglich richtigere, da l'Abruzze für la Bruzze (Bruttium) eingetreten ist. Vgl. la Pouille für l'Apouille, la Natolie für l'Anatolie.

Von heute noch üblichen pluralischen Ländernamen wären außer les Asturies, les Grisons nur les Rhodes intérieures, les Rhodes extérieures (Inner-, Außer-Rhoden) anzuführen. Im Plural üblich sind ferner les Bermudes,[2] les Barbades (seltener la Barbade), andere Inselgruppen bleiben in der Regel unverändert: les Lipari, les Shetland, les îles Lipari, les îles Shetland, und manchmal les Célèbes statt des singularischen Célèbes, während der Plural eigentlich nur den Archipel, die Celebesgruppe bezeichnet. Selten ist der Sing. von les Antilles für eine der zugehörigen Inseln: Le général Calleja, gouverneur de la grande Antille (c.-à.-d. Cuba) suppose que les insurgés essaieront de résister (J.). Französische Namen dieser Art können bei Wegfall von îles ein s erhalten): les Minquiers, les îles Minquier. Statt l'Illinois noch manchmal les Illinois, weil es ursprünglich ein Volksname mit angefügter franz. Endung ist.

Unverändert bleiben in der Regel Namen gleichlautender Länder oder Landstriche: les deux Maine. Ebenso der Plural, welcher Erscheinungsarten, Parteispaltungen u. dgl. ausdrücken soll: Quel moment choisit-on pour jeter ainsi partout des germes de discorde et créer deux France? (J.). Doch auch: la division du pays en deux Frances hostiles (J.). Wenn die Kolonien gemeint sind, ist es üblich,

---

[1] Herrührend von der Scheidung in Nord- und Südamerika? oder in englisches, spanisches usf. Amerika? oder bloß Andeutung der großen Ausdehnung wie in dem volkstümlichen les Afriques?

[2] Der Sing. ist sehr selten: Les Anglais possèdent le groupe des Bermudes ou Somers; les deux îles principales sont Bermude et Saint-George (Cortambert).

das Pluralzeichen zu setzen: les Frances extérieures, nos Frances d'outre-mer.

Kein Pluralzeichen steht dagegen, wenn Erzeugnisse des Landes ge= meint sind: deux paires suède (Handschuhe); les vieux japon, les vieux chine abondent (R. Bazin).

§ 113, 2. In bezug auf die pluralischen Städtenamen herrscht keine Einstimmigkeit. So findet man öfter aux Ponts-de-Cé, was das ursprünglich richtige ist. Namen wie Maisons, Maisons-Alfort, Bons-Moulins u. a., deren Pluralbedeutung noch deutlich gefühlt wird, sind trotzdem unbestrittene Singulare geworden. Sogar der Name des 17. Arrondissements wird bald als Sing. (ohne Artikel), bald als Plural (mit Artikel) gebraucht: à Batignolles, aux Batignolles; letzteres ist das richtige, daher au fond des Batignolles, rue, bou- levard des Batignolles usw. Über andere französische Ortsnamen im Plural vgl. § 117, 5.

Als Appellative verwendet, oder bei Bezeichnung verschiedener Er= scheinungsformen, können Städtenamen das Pluralzeichen annehmen: Il doit y avoir là-bas deux *Romes* fort différentes, celle du Vatican et celle du Quirinal (J.). Dagegen: Deux *Rome* sont mises en présence par l'auteur de l'Énéide, celle d'Auguste et celle de ses fabuleux ancêtres (Patin). Respirer librement loin des *Babylones* empestées (J.). Des statues qui valaient peut- être bien celles que tous les *Landerneaux* élèvent de nos jours à leurs prétendues illustrations (L. Huard). Ces poètes (de la Gaule) . . . devaient avoir aussi des récits épiques et cosmo- goniques, quelque chose de semblable aux Eddas, aux Sagas, aux Nibelungen, aux innombrables traditions populaires de l'Alle- magne, *Herculanums* littéraires que l'érudition dégage chaque jour de la lave qui les enveloppe (Baron).

Wenn es sich um gleichnamige Städte handelt, bleibt der Name unverändert: Aux États-Unis il y a 20 *Williamsbury*, 5 *Balti- more*, 12 *Boston*, etc. (J.). Les deux *Brisach* (Thiers). Nouan- le-Fuselier, l'un des *Noviodunum* de César (Jaubert). Dagegen les Andelys (aus zwei Orten gleichen Namens (Andely) zusammen= gewachsen). Eigentliche Plurale bei Städtenamen sind selten, und wo sie noch bestehen, zeigen sie das Bestreben, zum Sing. zu werden.

Lateinische Pluralformen oder Nachbildungen derselben dagegen sind nur pluralisch üblich: J'en ai vu la trace dans les ruines des *Aquæ-Sextiæ*, près Marseille (Villemain). La victoire des *Eaux- Sextiennes* (H. Martin).

Unter den singularischen Städtenamen auf s ist noch erwähnenswert Pompeïes, wofür auch die Formen Pompéi, Pompeï, Pompéii,

Pompéia sich finden. Das Englische gibt noch einer Reihe französischer Städtenamen ein Endungs=s: Lyons, Marseilles, St. Maloes.

Selten ist die Pluralisation der Städtenamen, die für ein Produkt stehen: La ligne d'Orléans amène à Paris les portugaises et les *arcachons* (= huîtres d'Arcachon. A. Coffignon). Les camemberts, roqueforts et munsters (J). Ebensowenig findet Pluralisation statt bei Namen, die in anderer Weise elliptisch gebraucht sind: On disait: »Je suis de tous les samedis de Mlle de Scudéry«, comme plus tard on devait dire des *Marly* (= invitations au château de Marly) de Louis XIV: »Je suis de tous les *Marly*« (Nisard). Dagegen schreibt das Complément du Dict. de l'Acad.: Le traitant Samuel Bernard obtint l'honneur d'être des *Marlys* de S. M.

Pluralische Flußnamen gibt es nicht, wenn man nicht le fleuve des Amazones als solchen betrachten will (jetzt meist l'Amazone oder le Maragnon). Flüsse gleichen Namens bleiben unverändert: les deux Sèvre, les deux Gardon, les deux Nèthe. La Sambre et les deux *Helpe* ont débordé (J.). In Departementsnamen jedoch tritt in diesem Falle das Pluralzeichen ein: le département des Deux-Sèvres, l'ancien département des deux Nèthes.

Pluralische Bergnamen sind in großer Zahl vorhanden; sie haben sich vermehrt durch les Balk(h)ans, welches neben le Balkan getreten ist. Zu bemerken les montagnes Rocheuses oder einfach les Rocheuses, les monts Ourals oder les monts Ouraliens; der Sing. ist mehr als Flußname üblich. Statt les Cordillères (auch Cordillières, Cordilières) oft la Cordillière des Andes: neben les Alpes findet sich der poetische Sing. l'Alpe (l'Alpe homicide), in der Bed. „Hochgebirge" und kann daher ebensogut auf die Pyrenäen oder ein anderes Gebirge übertragen werden: On dirait que chaque mouton a rapporté dans sa laine, avec un parfum *d'Alpe* sauvage, un peu de cet air vif des montagnes qui grise et qui fait danser (A. Daudet). L'amour de la patrie déplace une *alpe* comme une paille (Meurice). Une *Alpe* déserte (P. Desbuys). Cette mort dans l'abandon glacé de *l'Alpe* (A. Chenevière). Le chasseur d'isard ou de chamois passe la nuit dans *l'alpe* (J.).

Die Alleghanies heißen meist les monts Alleghanys oder les monts Alleghany; selten ist les Alleghanis, die Form mit -ies scheint nicht vorzukommen.

Neben les Ardennes trifft man oft l'Ardenne, aber mit altertümlichem oder poetischem Anstrich. Dagegen l'Argonne nur als Sing.

Die Formen l'Apennin und les Apennins sind ungefähr gleichmäßig üblich.

Bergnamen, die aus irgendwelchem Grunde pluralisch gebraucht werden, zeigen verschiedenartige Behandlung: de petits Saints-Bernards, dagegen Il entasse des *Péhon* d'anecdotes sur des *Ossa* de citations (Rossel).

§ 113, 3. Verhältnismäßig viel Wörter finden sich ungleich häufiger im Plural als im Sing. und werden daher in den Wörterbüchern oft nur in der Pluralform aufgeführt. Das Wörterbuch der Akademie z. B. gibt vielfach die Namen von Religionsgemeinschaften, Sekten, Mönchsorden nur im Plural, zeigt aber dabei wenig Konsequenz. So ist es nicht abzusehen, warum les ursulines neben la bernardine, la visitandine gegeben wird. Selbstverständlich können alle diese Bezeichnungen im Sing. gebraucht werden.

Verhältnismäßig selten dagegen sind die Wörter, bei welchen der Sing. überhaupt nicht vorkommt.

Les abords (meist nur aux abords) findet sich räumlich und zeitlich: Les gardiens sont restés aux *abords* du bal pour prévenir un retour agressif de cet homme (J). Aux *abords* de sa quarantième année, monsieur le marquis était devenu amoureux de la fille du comte de Soto-Mayor (P. Féval).

Accordailles Verlöbnis, Heiratsvertrag steht nur im Plural.

Affiquets findet sich kaum als Sing.

Affre im Sing. ist sehr selten: *L'affre* permanente des consciences (G. Rodenbach).

Agissements (das Wort ist von der Akad. nicht aufgenommen) kann kaum im Sing. vorkommen. Ses *agissements* scandaleux (J.). Nous avons déjà signalé les *agissements* d'individus qui exploitent les familles où un décès se produit (J.).

Agrès nur im Plural.

Aguets wird von der Akad. auf den Plural und zwar auf die Verwendung mit à beschränkt. Der alte Sing. findet sich noch, wenn auch sehr selten: Il se mit à remonter, à *l'aguet* du caniche égaré (G. Bauquenne). Vgl. Littré, hist. de la langue fr. I, 371. Dafür auch au guet: Il avait tout le jour l'œil *au guet* (Vinet).

Das alte aigues findet sich vielfach in Ortsnamen: Chaudes Aigues, Aigues-Mortes, Aigues vives, ebenso Aigues als Orts- und l'Aigues als Flußname. Doch ist der Sing. wohl noch mehr verbreitet: Aigueperse, Aigueblanche, Aiguebelle, Aiguebelette als Orts-, l'Aigueblanche, l'Aiguebrun (sic!) als Flußname.

Alentours findet sich neben der örtlichen auch in zeitlicher und übertragener Bed. Aux *alentours* de la Fête-Dieu (Fr. Sarcey). A la libération de fin septembre, l'effectif régimentaire tombe aux *alentours* de 800 hommes (J.). Il était question de la comédie et de ses *alentours* dans ces chapitres (J. Janin). Selten ist der

Sing. Quant à Philippe Lebas, il savait sur le bout du doigt *l'alentour* de toutes les questions (J. Simon).

Alrunes ift nur im Plural üblich, wird aber von Littré ohne Genus= oder Numernsbezeichnung aufgeführt.

Ambages ift nur Plural. Vgl. jedoch § 125, 3.

Ancêtre. Der fingularifche Gebrauch ift nur eine Rückfehr zu dem früher üblichen; Maupas z. B. gibt das Wort im Sing. und be= zeichnet es als m. oder f. Nous avons pour *ancêtre* Iniguez d'Iviza (V. Hugo). Celui-ci, des Silva C'est l'aîné, c'est l'aïeul, *l'ancêtre*, le grand homme (Ders). Cela vous ferait pauvre comme mon *ancêtre* Job (Ders). Ces deux *ancêtres* Altmeifter, d. h. Corneille und Racine (Aug. Germain). Le jeune duc de la Tour-Prends-Garde, dont un *ancêtre* était au pont de Taille-bourg (Fr. Coppée). Ce noble Lorrain est bien un *ancêtre* des illustres Guises (Sainte-Beuve). Notre *ancêtre* le troglodyte (F. Jourdain). *L'ancêtre* glorieux de Guillaume II (M. Leudet). Devant nos yeux apparaît Hohenzollern *l'ancêtre* (Ders.). *L'an-cêtre* eut son mouvement de tête certificatif (A. Daudet). Les jeunes gens le traitaient déjà un peu en *ancêtre* (A. Theuriet). Son arrière-grand'mère avait été une amie de J.-J. Rousseau, et on eût dit qu'il avait hérité quelque chose de cette liaison d'une *ancêtre* (J.). S'il est dans le passé un précurseur, un *ancêtre* qui devrait rester cher à tous les amis de la liberté, c'est Grégoire VII (Grancolas). Le grand *ancêtre* de Titien, dit-il lui-même, c'est Giotto (Ch. Joret). Les poètes contemporains n'ont pas cessé de rendre à celui qu'ils considèrent comme leur *ancêtre* (c.-à.-d. à Ronsard) un juste et sincère hommage (Pierre de l'Ormeau). Ce jardin du Roi, augmenté du cabinet du roi créé par Buffon, est le véritable *ancêtre* de l'établisse-ment actuel (L. Huard). Aus einer Menge von Beifpielen find hier nur die typifchten ausgewählt. Oft hat ancêtre die fpöttifche Nebenbed. „einer, der fich überlebt hat": Pour la génération actuelle d'artistes, Couture était déjà un *ancêtre* (J.).

Annales. Der Sing. ift äußerft felten: Le coupable, le juge et le bourreau sont trois individualités qui n'ont manqué à aucune *annale* (H. Bonnellier).

Apparaux nur im Plural. Littré gibt appareils als gleichbe= deutend.

Archives. Manchmal (wie in alter Sprache) als Sing., doch nicht mehr als masc. On sait qu'il (Edmond Biré) est *l'archive* vivante de l'époque romantique (J.). In der Bed. „archivalifches In= venturftück": Son portrait est conservé bien plus comme *archive* que comme curiosité (L. Huard).

Armoiries im Sing. ist sehr selten: Sa Majesté a voulu aussi qu'il fût fait deux sceaux sans couronne, sans aigle, sans aucune *armoirie* (Mignet).

Arrérages wird von J.-J. Rousseau im Sing. gebraucht: Ah! si j'avais tardé si longtemps à sentir le véritable amour, qu'alors mon cœur et mes sens lui payèrent bien *l'arrérage*.

Arrhes kommt in älterer Sprache als Sing. gebraucht werden und findet sich manchmal noch so.

Atours, ein Sing. dürfte kaum nachweisbar sein.

Aumailles ist nur im provinzialen Gebrauch üblich, manchmal auch im Sing. Une si belle *aumaille* (Gge Sand).

Les balayures fast nur als Plural.

Les braies ist nur als Plural üblich.

Ebenso les brisées.

Brassière ist im Sing. üblich, während manche nur den Plural zulassen wollen.

Broussailles. Die Akad. kennt nur den Plural, Littré führt auch Beispiele für den Sing. an. Sa barbe grisonnante poussait en *broussaille* (A. Theuriet). La graine germe . . . et pousse dru en une *broussaille* de grossièretés, d'indélicatesses et de rapacités inassouvies (J.).

Donner campos ist lat. Plural., dafür oft falsch campo gesetzt (s ist in der Aussprache stumm).

Débris als Sing. Les traditions épiques des peuples germains, dont un *débris* nous est resté dans les Nibelungen (Ampère). Il ne reste aujourd'hui qu'un faible *débris* de ce grand peuple (Ders.). Il siégeait dans le parlement de Tours, glorieux *débris* du parlement de Paris (Patin). Le vieux Broglie, vrai *débris* de soldat (H. Martin). Un être inutile, un maussade *débris* de la vie (J. Claretie). Avec ce café s'écroule un *débris* des mœurs d'autrefois (E. Drumont). Ce prodigieux *débris* provient probablement du théâtre de Darius (J.).

Les défens (die Schonung) nur im Plural üblich: On eût dit qu'il portait sur lui tous ses domaines: bois, fermes, prés et clos, garennes et *défends* (sic! P. Arène).

Défets (Ersatzbogen) kommt wohl nur als Plural vor.

Démêlures (ausgekämmte Haare) nur als Plural.

Dépens findet sich als Sing. nur im Patois: Il n'a pas fait un grand *dépens* (Jaubert).

Déportements findet sich so gut wie ausschließlich im Plural.

Détail im Sing. ist jetzt unbeanstandet, während dieser Numerus früher auf Widerspruch stieß. Eigentümlicherweise hatte Chifflet détail als Singulare tantum erklärt, Bouhours und Th. Corneille hatten ebenso den Plural als selten angesehen.

Ébats findet sich nur im Plural.

Embûches ist fast nur im Plural gebräuchlich.

Entours findet sich in der Regel nur als Plural. Der Sing. ist selten: *L'entour* du champ de bataille (de Vogüé), womit der Umfang des Schlachtfeldes gemeint ist, während les entours die Umgebung bedeutet. Tout ce qui flottait de puissant et de tendre à son *entour* lui soufflait des paroles (É. Zola). L'union, la joie, la reconnaissance, étaient la récompense continuelle des sacrifices que cet *entour* exigeait (Beaumarchais).

Entrefaites findet sich selten als Sing. in dem Ausdruck dans l'entrefaite, dans cette entrefaite. Noch seltener ist der Sing. nach der Präposition sur: Sur cette *entrefaite* une de ses tantes mourut, lui laissant un petit héritage (M. Villemer).

Environs soll nur in lokalem Sinne gebraucht werden, aber die Verwendung im zeitlichen Sinne ist sehr häufig: aux environs de Pâques, aux environs de la semaine sainte, aux (dans les) environs de sept heures. Der Sing. ist äußerst selten: On passait l'après-midi dans quelque *environ* de Paris (H. Conti).

Épousailles nur im Plural: A quand nos *épousailles*, la belle? (R. Maizeroy).

Ergots kaum im Sing. üblich, stets steht der Plural in dem bildlichen monter sur ses ergots u. ähnl.

Errements nur im Plural.

Fouille steht, der Bed. gemäß, meist im Plural.

Frais findet sich als Sing. nur in gewissen Verbindungen z. B. à frais commun (Duruy) besonders aber in Gesellschaft von aucun.[1] Le lustre Louis XVI . . . la pendule à sujet . . . révélaient le médecin modeste, travailleur, chez qui la vogue est arrivée à l'improviste, et qui n'a fait aucun *frais* pour l'attendre ni la recevoir (A. Daudet). Elle ne fait aucun *frais* de toilette (Saint-Beuque). La vérité n'y fait pas tant de façon; elle ne fait aucun *frais* pour être crue (A. Karr).

Frusques findet sich nur im Plural. Die Akad. hat das Wort nicht, sie kennt nur frusquin, saint-frusquin.

Les Gémeaux (Zwillinge im Tierkreis) nur als Plural.

Les gémonies (traîner aux gémonies) nur als Plural.

---

[1] Da der Plural von aucuns gemieden wird, steht in Verbindung mit diesem Wort häufig ein sonst unzulässiger Sing.: M. Mignard n'a épargné aucun *soin* pour . . . rendre service à son lecteur (Littré).

Gens im Sinne von Soldaten ift felten (ftatt hommes), findet fich aber: Trop faible de cœur pour lutter contre un si mauvais sort, Hamilton laissa ses *gens* se rendre ou se disperser à leur gré (Guizot). Henri Waldmann, de Zurich, arrivé le matin même avec ses *gens* (H. Martin). Wie gendarme werden auch andere Zufammenfetzungen verfucht z. B. un humble gendelettre (J. Raulet).

Goguettes, die Akad. kennt nur den Plural conter, chanter goguettes, être en goguettes. Der Sing. findet fich z. B. als Titel einer Liederfammlung la Goguette ancienne et moderne; auch gegen être en goguette könnte nichts eingewendet werden. Vgl. Littré.

Grègues ift ftets Plural. Das Wort ift altertümlich, kommt aber noch vor; fo fagt P. Margueritte von einem Araber ses bouffantes grègues noires.

Honoraires findet fich kaum im Sing. *L'honoraire* est ce que le client doit, en sus des frais, à son avoué pour la conduite plus ou moins habile de son affaire (Balzac).

Immondice fteht meift im Plural, doch findet fich der Sing. L'immondice de l'égoût y séjourne, tout seul, et travaille en catimini (J.).

Jumeaux findet fich auch im Sing. le jumeau, la jumelle: Jouer le rôle de jumeau siamois (Delacour). Für Opernglas gibt die Akad. nur les jumelles, während der Sing. fehr üblich ift. La *jumelle* ne l'avait pas trompé (H. Gréville). La sacoche ne renfermait qu'une *jumelle* (J.).

Von les Landes, les landes ift der Sing. ziemlich häufig. Auch das fo benannte Departement hat als Teil la Grande-Lande, vgl. Arnaudin, Contes populaires recueillis dans la Grande-Lande, le Born, les Petites-Landes et le Marensin.

Latrines, man findet auch den Sing. la latrine.

Les Lusiades, la Lusiade finden fich beide.

Les matériaux Bauftoffe im eigentl. u. bildl. Sinn ohne Sing.; nach Littré findet fich der Barbarismus le matériaux. Le matériel hat natürlich keinen Plural: le matériel de la guerre, du siège, le matériel du transport, le matériel roulant u. a. Littré (Suppl.) gibt trotzdem auch des matériels de fête, d'importants matériels de forges.

Les mathématiques, der Sing. kommt nach der Akad. kaum mit dem Artikel vor. Doch étudier la *mathématique* (A. Daudet), la basse *mathématique* (Anatole France). Der Plural ift bekanntlich daraus entftanden, daß man unter les mathématiques, les sciences oder les arts mathématiques begriff l'arithmétique, la musique, la géométrie, l'astronomie.

Matines nur als Plural.

Les menstrues die Menstruation.

Les mouchettes Lichtschere.

Les naseaux, doch im Sing. sei es für eine Seite der Nüstern, sei es als Gesamtbegriff; vgl. Lafontaine II, 9.

Oubliettes manchmal auch im Sing. Soixante et une personnes avaient été précipitées dans une profonde *oubliette* (C. de Pardiellan).

Pierreries nur im Plural. Dagegen existiert z. B. der Sing. soierie.

Pincettes kann auch im Sing. gebraucht werden.

Pleurs hat den Sing. pleur nicht nur im style élevé und in Ausdrücken wie le pleur éternel: Ce fleuve idéal verse un *pleur* tremblant dans le sein de la Méditerranée (Gourdault). La glaciale créature qui n'avait pas accusé un tressaillement jadis, pas humecté ses paupières d'un seul *pleur,* laissait couler de grosses larmes sur ses joues (J.)

Les poucettes nur im Plural.

Pouilles nur im Plural; dire, chanter pouilles à qn.

Pourparler meist im Plural; nach en beide Numeri: être en pourparler(s), entrer en pourparler(s).

Préliminaire kann recht wohl im Sing. gebraucht werden: Le raccommodement (avec l'Autriche) dont l'inévitable *préliminaire* devait être l'abandon ou le sacrifice de ces alliances tant vantées (Lanfrey).

Prémices fast ausschließlich im Plural.

Prémisses nur im Plural; Littré erklärt den Sing. für zulässig.

Préparatifs kommt kaum im Sing. vor außer in Verbindung mit aucun (vgl. frais), in diesem Fall aber ist es häufig: Aucun *préparatif* sérieux n'a été fait (Thoumas). La France n'avait fait aucun *préparatif* (Th. Lavallée).

Régate im Sing. (von Littré angegeben) ist sehr selten: C'était l'heure de la *régate* (Fr. Coppée). C'était hier la *régate* à Joinville-le-Pont (Ders).

Les scrofules steht nur äußerst selten im Sing. Tout, en cette jeune fille, disait la chlorose, et tout, la *scrofule* (Gilb. Augustin-Thierry).

Sévices als Sing. wird gemieden und durch acte de brutalité oder ähnliches ersetzt, findet sich aber: Un acte de *sévice* (Volney). Un *sévice* punissable (E. Rendu). Ici, il ne s'agit point d'un *sévice* volontaire (J).

Tarots selten im Sing. Mme Lenormand avait un *tarot* dont les figures avaient été peintes par Vernet (P. Gréant).

Ténèbres ist nur als Plural üblich. Gewagt ist daher der Aus=
druck: la *ténèbre* où s'enlise notre vie, se noircit encore . . . (J.).

§ 114. Einzelne Wörter stehen, vom deutschen Gebrauch abweichend,
nur im Sing.; so le digeste, la maremme, ferner l'effectif, l'in-
demnité (die Diäten), le Tropique (die Tropen): Les Russes ont
eu près du quart de leur *effectif* hors de combat (J.) *L'indem-
nité* des députés. Le Jardin des Plantes a vu arriver quelques
habitants du *Tropique* (J.). Letzteres Wort dürfte den Plural nur
dulden in entre les (deux) Tropiques.

§ 115. Aboi das Bellen, les abois in être aux abois von dem
Hirsch, welcher von den Hunden umstellt ist, figürlich être aux abois
keinen Ausweg mehr finden; in der eigentlichen Bed. (dem Tode nahe
sein) soll der Ausdruck nicht auf Menschen Anwendung finden, dafür
être à toute extrémité. Der Sing. aboi ist selten: Aucun *aboi*
n'avait été entendu (J. Richepin). Le chien poussa un *aboi*
furieux (E. Arène).

Acquêt Erwerbung, les acquêts die Errungenschaften (in der Ehe
Erworbenes).

Assise Steinschicht, =lage, les assises Schwurgericht.

Les assistants die Anwesenden, Umstehenden, Zuschauer, Augen=
zeugen kann in dieser Bed. nicht im Sing. stehen, dafür sagt man
un des assistants. Trotzdem l'homme put tirer un second coup,
qui blessa un *assistant* à la jambe (J.).

Les autorités die Obrigkeit, les autorités municipales der Ma=
gistrat. Ebenso die Quellen (literarisch): citer ses autorités.

Les bains für la station balnéaire, ville de bains z. B. les
bains de Cauterets, les bains de mer; sehr selten im Sing. C'est
un Trouville nantais, un *bain* de mer provincial (Fr. Coppée).

Balance im Sinne von „Wage“ war früher nur Plural, daher
noch in Redensarten pluralisch: Tes paroles vont être pesées
dans des *balances* de bijouterie (J. Aicard). Als Fischereigerät (flaches
Netz, bes. für Krebsfang) ist das Wort noch Plural (was Littré nicht
angibt).

Les barbes nur im Plural von den Barthaaren gewisser Tiere,
z. B. der Katze, ebenso von dem Ziegenmelker, von einzelnen Fischen u. dgl.

Les barres parallèles der Barren als Turngerät.

Bien hatte früher auch in der Bed. „Vorteil, Wohltat, Zuträglich=
keit“ u. a. einen jetzt aufgegebenen Plural. Il leur fit de grands
biens dans la suite (Rollin). Je trouve pourtant qu'il (le café)
me faisait de certains *biens* (Mme de Sévigné). On m'a dit
cent mille *biens* de vous (Dies.). On dit de solides *biens* de
Mme la Dauphine (Dies.).

Ciseau ſtatt ciseaux iſt das üblichere Wort, wenn von antiken Ver=
hältniſſen die Rede iſt; es iſt daher auch das edlere Wort und man
ſagt z. B. nur le ciseau de la Parque. Les braies et la saie
aux couleurs variées finirent par être la seule différence appa-
rente qui distinguât le noble Éduen ou Rémois du vieux Romain; car les longs cheveux relevés en crinière touffue et les
épaisses moustaches tombèrent peu à peu sous le *ciseau* (II.
Martin). Les Mérovingiens séparaient sur leur front leur chevelure, à laquelle le *ciseau* ne touchait jamais (Ders.). Son costume
ne reçoit aucun changement; mais sa longue chevelure est
livrée au *ciseau,* et sa tête est à demi rasée, comme pour indiquer le noviciat à la tonsure cléricale (É. Souvestre).

Doch findet man auch in Zeitungen Stellen wie la barbe coupée
au *ciseau* à un centimètre de la figure oder une barbe que le
ciseau avait cessé de contenir et de régulariser.

Dame im Plural wird vielfach für unzuläſſig gehalten, ebenſo wie
der Plural von monsieur, wenn es bloß auf Bezeichnung der Ge=
ſchlechter ankommt. On dit: une dame; mais, en parlant du sexe
en général, on dit: les femmes, et non les dames (Fr. Wey).

Le dehors das Äußere. die Außenſeite, les dehors die Zugänge,
die Außenwerke.

Le derrière der rückwärtige Teil, les derrières die Nachhut. Auch
ſonſt iſt der Plural ſehr üblich, nicht nur, weil der Sing. Neben=
gedanken erweckt, ſondern weil ſolche Wörter überhaupt gern im
Plural ſtehen (les dedans, les dehors, les derrières, les devants):
J'avais à gauche et sur mes *derrières* le fond immense des
Alpes (Thiers). Sur les *derrières* de la Dacie (H. Martin). Les
derrières d'une maison (Th. Barrière). Dagegen iſt im militäriſchen
Sinn der Sing. ſelten: Albert soutint le premier choc des cavaliers français, tandis qu'il faisait filer sur le *derrière* des troupes
qui les cernèrent et leur coupèrent toute issue (Ch. Lacretelle).

Devoir ſteht ausſchließlich im Plural in les derniers devoirs und
in rendre ses devoirs à qn.

Diligence (Veranlaſſung, Betreiben) iſt faſt nur im Plural üblich
in der Redensart faire les (des) diligences; beim Zutritt des Poſſeſſivs
(faire ses diligences) iſt der Sing. unmöglich.

Écart im Sinne von Außenteil, abgelegener Teil kann nur im
Plural ſtehen, da à l'écart eine ſcharf begrenzte Bedeutung hat: Il
habitait une petite maison, aux *écarts* du bourg voisin (Barbey
d'Aurevilly).

Échelle ſteht ſo gut wie ausſchließlich im Plural in dem Ausdruck
les Échelles du Levant (levantiniſche Küſtenſtädte).

3*

— 36 —

École im Plural bedeutet die „Taufe" der Neulinge d. h. das Hänseln und Quälen (beim Regiment les brimades): Grâce à lui, j'avais évité ce qu'en terme de collège on nomme les *écoles*, rudes épreuves qui attendent les élèves novices (Ponson du Terrail).

Effet steht nur im Plural in dem Ausdruck les effets civils (= droits civils), les effets publics (Staatspapiere), les effets mobiliers oder einfach les effets (Mobiliarvermögen), les effets (Kleidungsstücke und sonstige Gebrauchsgegenstände). Der Sing. ist selten, aber nicht ausgeschlossen: Les Parisiens ignorent généralement que le tarif des vestiaires est fixé par la Préfecture de police: c'est 25 centimes pour un *effet*, 10 centimes pour une canne et un parapluie (J.).

Enseigne ist sehr selten im Sing. in den Ausdrücken à bonnes enseignes, à telles enseignes: Des électeurs qui ressemblent à des escrocs; à telle *enseigne*, qu'un de ces messieurs vole un dîner, car il n'est plus électeur (J. Janin).

Entrée ist nur als Plural üblich in den Ausdrücken avoir ses (les) entrées, avoir ses (les) grandes et ses (les) petites entrées quelque part.

Épice hatte im Plural früher die Bed. Gerichtssporteln, Bestechungsgelder: Rendre la justice sans prendre *d'épices* (Géruzez). La vénalité déguisée sous forme de présents et *d'épices* (Ders).

Espèce hatte im Plural die Bed. gemünztes Geld. Wie sorte steht es im Plural, wenn ein pluralisches Substantiv folgt: Dans ces *espèces* de Vêpres siciliennes, quelques jeunes gens nobles parviennent à se saisir d'une nacelle (Génin). Ils marient leurs filles à des mandarins, et leurs fils deviennent aussi *espèces* de mandarins (Voltaire). Vous ne leur avez parlé des planètes que comme des *espèces* d'étoiles (J. Janin). Sehr selten ist in diesem Fall der Sing.: Les Bituriges fabriquent toute *espèce* d'ustensiles en fer (H. Martin).

État. Die für „Kirchenstaat" gegebenen Ausdrücke sollen den überwiegenden Gebrauch bezeichnen. Doch findet sich auch der Sing. vor einem Genitiv und (seltener) der Plural vor einem Adjektiv.

Étoupe. Stets steht der Plural in dem Ausdruck mettre le feu aux étoupes.

Für êtres d'une maison öfter fälschlich aîtres geschrieben. Das Wort steht auch in Verbindung mit anderen Substantiven: Oui, sa présence était nécessaire, parce qu'elle savait les *êtres* et les choses de la maison (aus einer Gerichtsverhandlung). Tu connais les *êtres* et les entours de la maison (A. Theuriet).

Faste Prunk, les fastes (die Fasten, röm. Kalender).

Favori in der Bed. Backenbart steht natürlich im Plural. Doch ist der Sing. nicht unmöglich: Après avoir fait deux ou trois tours par la chambre, tirant son *favori* gauche (Ch. Legrand).

Fièvre war früher vielfach als Plural üblich und ist es in der Volkssprache noch. Les fièvres = fièvres intermittentes, ainsi nommées parce que, revenant sans cesse, elles semblent se multiplier (Jaubert). Jetzt ist fièvres im bildlichen Sinn üblich (les fièvres du grand prix) sowie für das Tropenfieber: Daniel avait pris des *fièvres* aux colonies (J.). A Madagascar il avait contracté les *fièvres* du pays (J.). Jacques, sous la bonne influence de l'air natal, n'avait plus les *fièvres* (M. Villemer).

Fin ist nur im Plural üblich in den Ausdrücken marcher, parvenir, arriver à ses fins, être renvoyé des fins de la plainte, fournir des fins de non recevoir. Auch in der Bed. „Zweck" ist der Plural üblich: L'enfant a été porté à la Morgue, aux *fins* d'autopsie (J.). Aujourd'hui, le service sera probablement repris à la gare de Paris, en se servant à toutes *fins* (d. h. für den gesamten Verkehr) des voies de départ (J.).

Fleurette nur im Plural in den Ausdrücken conter, dire des fleurettes, se laisser conter fleurettes.

Foyer im Sinne von Heimat, Vaterhaus, ist fast nur im Plural üblich: retourner dans ses foyers.

Statt aux Français dringt das unrichtige au Français (mit Ergänzung von théâtre) allmählich ein; ebenso les artistes du Français u. a.

Fumée hat im Plural die Bed. „Mist des Hirsches" (Jägerausdruck), außerdem „Dünste" (betäubende des Weines, der Leidenschaft usw.): Cette force de logique lui donne des *fumées* au cerveau (D. Nisard).

Gage wird mißbräuchlich auch im Sing. für „Lohn" gebraucht: les personnes à gage die Dienstboten (Rendu). In Verbindung mit aucun (vgl. frais): Ils ont reconnu n'avoir jamais donné aucun *gage* à ces deux bonnes (J.). Gages wird manchmal auch von anderen Personen gesagt: C'est (sc. le prêtre) un homme vêtu de noir à qui nous donnons des *gages* pour prêcher (Voltaire). Auch Féval zählt zu den gens à gage z. B. den Schloßkaplan, die Gesellschaftsdame, den Sekretär u. a.

Les gardes im Plural ist technischer Ausdruck (Sicherung im Schloß) und findet sich in der Redensart s'en donner jusqu'aux gardes. Außerdem meist être, se tenir sur ses gardes, mettre qn sur ses gardes, selten être sur sa garde, se tenir en garde (A. Dumas, Thiers).

Grâce ist in der Regel Plural in rendre grâces à qn, besonders in rendre grâces à Dieu und in dire les grâces, dire grâces.

Grade ist nur im Plural üblich in dem Ausdruck prendre ses grades.

Les guides Trinkgeld für Postillon (payer doubles guides, payer grassement les guides) und in dem Ausdruck mener la vie à grandes guides.

Honneur verlangt den Plural in manchen Ausdrücken z. B. faire les honneurs de la maison, avec les honneurs de la guerre, sowie in der Bed. öffentliches Amt: Monsieur votre fils est dans les *honneurs?* (J.).

Les humains die Menschen findet sich nur noch poetisch und noch öfter in spöttischem Sinn.

Les imprimés die Druckschriften, Drucksachen.

Les Invalides das Invalidenhaus, prendre ses invalides sich altershalber vom Geschäft, vom Amt zurückziehen.

Investiture nur als Plural in dem Ausdruck la querelle des Investitures.

Jour; les jours das Leben. Außerdem steht der Plural in mancherlei Ausdrücken: les beaux jours der Frühling, der Lenz des Lebens, nos jours unsere Zeit, il a vécu les *jours* de trois générations (Th. Gautier) u. a.

Labour hat im Plural auch die Bed. angebaute Felder (A. Lacoste), wofür andere les labourés, les terres labourées setzen.

Lancier im Plural ist der Name eines Tanzes: Mademoiselle, vous me devez ces *lanciers* (J.).

Lettre; oft findet man auch die Ausdrücke rester lettres mortes, rester (être) lettres closes; nur der letztere Plural ist unanfechtbar.

Lieu findet sich nur als Plural in der Bed. „heimliches Gemach": les lieux (d'aisances). Ebenso haben den Plural fast alle Ausdrücke gleicher Bed.: les aisances, les cabinets, les commodités, les privés u. a. Vgl. § 120.

Litanie lange (langweilige) Aufzählung, les litanies Litanei.

Les manchettes bed. die Randangaben in einem Buch. Auch der Sing. ist möglich; la manchette nennt man bei einer Zeitung die in großer Fettschrift gedruckte Angabe wichtiger, sensationeller Mitteilungen unter dem Titel, sowie den Titel selbst.

Menotte Händchen, les menottes Handschellen.

Noce hat im Sing. auch den Sinn „Schwelgerei, Ausgelassenheit", faire la noce. Ne pas être à la noce nicht auf Rosen gebettet sein. La noce parisienne das Pariser Vergnügungsleben.

Ordre steht im Plural bei être dans les ordres Geistlicher sein; ferner être aux ordres de qn, se rendre aux ordres de qn, sous les ordres de qn und sehr oft par les ordres (neben d'ordre) de qn; dagegen nur Sing. de l'ordre de qn.

Orge hat stets den Plural in dem Ausdruck faire ses orges.

Orgies im eigentlichen Sinne ist nur Plural; im Sinne „wüstes Zechgelage" kann es Sing. sein.

Pâques als Sing. ist männlich: Pâques prochain, Pâques champêtre; als Plural weiblich: Pâques fleuries.

Personne steht stets im Plural in dem Ausdruck sans acception de personnes (der Sing. könnte hier mit dem Indefinitum in negativem Sinn verwechselt werden). Auch sonst ist der Plural üblich, wo wir im Deutschen den Sing. setzen: gens fort déplaisants de leurs *personnes* (J.), sûreté des *personnes,* sûreté des propriétés (Villemain). Doch auch: On comprend que le gouvernement anglais envoie la flotte aux Dardanelles pour y protéger la *personne* et les biens des sujets anglais (J.).

Pied. Nur der Plural ist üblich in mettre les pieds quelque part: Avec la résolution de n'y plus mettre les *pieds* (J.-J. Rousseau). Il ne met jamais les *pieds* à l'église (L. Desnoyers). Ebenso nur der Plural in le bain de pieds. Dagegen être, avoir, mettre sur pied[1]: Aussitôt toute la garnison fut sur *pied* (Ch. Lacretelle). Il y avait déjà plus de 200,000 hommes sur *pied* (E. About). Les nécessités de son métier le tenaient sur *pied* une partie de la nuit (P. Féval). Tout le monde est sur *pied,* pigeons, canards, dindons, pintades (A. Daudet).

Plaisir hatte früher im Plural die Nebenbedeutung Jagdgebiet, Jagdgründe: les plaisirs de Sa Majesté.

Poste wird vielfach im Plural gebraucht. So stets l'Hôtel des Postes, l'Annuaire des Postes et Télégraphes. Ebenso ist der Plural so gut wie ausschließlich üblich in Verbindung mit ministère, ministre, directeur général, administration, administrateur, service, voiture, wagon. Beide Numeri finden sich bei employé, facteur; der Sing. bei bureau de poste, poste aux chevaux.

Poudre steht sehr häufig im Plural: la conspiration des poudres, mettre le feu aux poudres, un approvisionnement considérable en poudres, jeter les poudres à l'eau u. a.

Poursuite im Sinne von gerichtlicher Verfolgung steht meist im Plural.

Pratique im Plural bedeutet „äußere Religionsübungen" (meist petites pratiques) oder auch „heimliche Ränke".

Presse Buchdruckerpresse, les presses öfter = die Offizin.

---

[1] Dazu gehören nicht Fälle wie remettre sur leurs pieds les vers boiteux (Littré).

Preuve hat den Plural in dem Ausdruck faire ses preuves: Il me semble pourtant qu'il a fait ses *preuves* à Saint-Quentin (C. Delavigne).

Prise steht im Plural in den Ausdrücken en être aux prises, en venir aux prises avec qn; für ersteres auch avoir une prise avec qn, avoir une prise ensemble.

Procédé im Sing. hat neutralen Sinn (gutes, übles Verfahren); im Plural bedeutet es meist gutes, höfliches Verfahren, Rücksichten: mettre les procédés de son côté sich bei einem Streit als der ge= bildetere Mensch zeigen. Doch auch Il se plaint de leurs *procédés* (L. Desnoyers).

Quartier steht meist im Plural in der Bed. militärisches Quartier: L'armée a pris ses *quartiers* d'hiver. Les soldats y vécurent à francs *quartiers* auf Unkosten der Bürger (Aug. Thierry). Ähnlich prendre ses *quartiers* de vieillesse (E. About).

Raison im Plural bedeutet (juristisch) Ansprüche. Ferner steht der Plural in conter ses raisons, ses petites raisons à qn jemand von seinen Privatangelegenheiten unterhalten, avoir des raisons avec qn mit jemand einen Zank haben.

Rang steht im Plural in être sur les rangs, se mettre sur les rangs als Bewerber auftreten.

Rein im Sing. die Niere, Plural les reins die Hüften, der Rücken; letzteres selten als Singular: Bouche cousue, *rein* cambré (H. Lavedan).

Relief im Plural hat die Bed. Überreste einer Mahlzeit (la des= serte).

Réserve hat den Plural in faire ses réserves, sous (toutes) réserves.

Rhumatisme steht vielfach im Plural, besonders les rhumatismes articulaires.

Richesse im Sing. und Plural haben keinen recht definierbaren Unterschied, besonders da der Plural häufig nur rhetorischen Charakter hat. La richesse ist abstrakt oder kollektiv, les richesses dagegen konkret oder distributiv; la richesse d'une nation bedeutet den blühen= den Zustand, les richesses d'un pays seine Hilfsmittel, Naturschätze oder Güter; la richesse d'une langue bedeutet den Umfang der vor= handenen Ausdrucksmittel, les richesses d'une langue die Hilfsmittel (ressources), über welche der Ausdruck verfügt.

Risque hat den Plural in dem Ausdruck à ses risques et périls, seltener in der Stellung à ses périls et risques (Viennet), früher auch à ses risques, périls et fortunes (Brueys). In älterer Zeit auch à sa risque, à toute risque. Génin vermutet, daß die rich= tigere, ursprüngliche Form sei à ses risque et péril.

Rougeur hat im Plural die Bed. Hautausschläge, sowie Blutspuren eines waidwunden Tieres: Suivre le lion aux *rougeurs* (Chassaing).

Sang findet sich als Plural nur im volkstümlichen Gebrauch, se manger les sangs (A. Vitu) vor Ungeduld vergehen, vous vous tournerez les sangs (Fr. Sarcey) sich Sorgen, Kummer machen, cela m'a retourné les sangs (J.) mich ganz verstört, aufgeregt, la vieille mère, d'avoir vu son fils lié à des criminels, avait eu les sangs tournés (J.) war der Ohnmacht nahe gewesen. Vielfach findet man diese Ausdrücke mit der Orthographie les sens; aber die Redensarten faire de oder du mauvais sang, (se) faire du bon sang, se faire une once de bon sang deuten auf die richtige Schreibung hin.

Scellé steht vorwiegend im Plural in den Ausdrücken mettre les scellés, apposer les scellés, l'apposition des scellés, lever les scellés; besonders bei letzterem findet sich auch der Sing., welcher in dem Ausdruck sous le scellé das einzig übliche ist: On réclamait la communication des procès-verbaux de la commission de permanence qui étaient restés sous le *scellé* (Anquetil). Le maire ajouta qu'à l'égard du portefeuille il en avait tout de suite compris l'importance; qu'il l'avait mis sous le *scellé* et l'avait déposé entre les mains de son adjoint (Pr. Mérimée).

Soie (Seide) hat meist als Plural soieries, doch findet man auch les soies, marchand de soies, etc. Le drap, le nankin, les *soies*, les satins, les mousselines étaient variés de rayures ou quadrillés (Ch. Blanc).

Source. Von einem Flusse sagt man ebensowohl ses sources wie sa source, doch nur mit dem Sing. prendre sa source.

Statistique steht im Plural, sobald darunter Tabellen, statistische Nachweise verstanden werden können: Les *statistiques* générales sont instructives (Fr. Sarcey). D'après les *statistiques* médicales (J.). Ces élections municipales montrent, mieux que toutes les *statistiques*, la véritable situation des partis (J.). Wo die Wissenschaft als solche gemeint ist, steht der Sing., daher le bureau de la *statistique* institué près la préfecture de la Seine.

Tabernacle steht häufig im Plural, besonders in dem Ausdruck la fête des Tabernacles (Laubhüttenfest).

Tablette, im Plural les tablettes das Schreibtäfelchen.

Télégraphe findet man oft im Plural in derselben Weise wie poste, daher un employé du télégraphe oder des télégraphes.

Tort steht im Plural, wenn von Verfehlungen die Rede ist, besonders in Verbindung mit dem Possessiv: voilà ses torts; reconnaître ses torts.

Traitement sehr häufig als Plural trotz der Kollektivbedeutung: les bons traitements, les mauvais traitements.

Tréteau Bod bei einem Gerüft, fliegenden Tiſchen uſw., les tré-
teaux Bühne oder Bude für Quadſalber, untergeordnetes Theater.

Trousse im Plural bedeutete ein altes Kleidungsſtück, daher noch
être, mettre, envoyer aux trousses de qn, avoir qn à ses
trousses.

Vacance findet ſich im Sing. auch in der Bed. Ferien: un jour
de vacance, ebenſo en vacance: Il dépensait sans compter quand
il était en *vacance* (G. du Maurier).

Vapeur im Plural war beſonders früher üblich für hyſteriſche Zu=
ſtände: elle avait ses vapeurs. Daher noch für Grillen, Gedanken:
ces noires *vapeurs* (Thiers).

Veille im Sinne von nächtlicher oder auch angeſtrengter Arbeit ſteht
im Plural.

Vendange im Plural bedeutet die Zeit der Weinleſe.

Vergette im Sinne von Rute zum Ausſtauben ſoll im Plural
ſtehen.

Vidange im Sinne von Fäkalien, Grubenſtoffe ſteht im Plural.

Voie im religiöſen Sinn hat meiſt den (rhetoriſchen) Plural: les
voies du Seigneur. Ebenſo ſteht der Plural in der Anatomie: les
voies biliaires, les voies digestives, etc. Juriſtiſch voies de fait
Anwendung von Gewalt, tätliche Beleidigung; nach der Akad. ſoll der
Sing. voie de fait nur „gewaltſame Aneignung" bezeichnen; er heißt
jedoch auch Mißhandlung: N'avez-vous pas subi une *voie de fait?*
(P. Hervieu). Le plénipotentiaire de l'Autriche semblait différer,
comme une extrémité fâcheuse, la délibération finale sur cette
question d'un siège à faire, d'une *voie de fait* à exercer
(Villemain).

§ 116, 1. Zu dem Plural der Stoffnamen iſt noch im einzelnen
zu bemerken:

Enduit (Mörtelbewurf), plâtre (Gipsbewurf) ſtehen meiſt im Plural
der Kollektivität: Avant même que les *enduits* fussent secs, sa
femme s'y installa (M. Prévost).

Foin iſt ſehr üblich als Plural: faire les foins, faire ses foins,
les foins de ses prairies, rentrer les foins uſw.

Fourrage kann im Plural ſtehen: Les grains et les *fourrages*
ont été dévorés par les flammes (J.).

Huile hat ſehr häufig den Plural, ſtets im kirchlichen Sinn (les
saintes huiles).

Neige ſteht ſehr oft im Plural; les neiges éternelles iſt üblicher
als la neige perpétuelle. Les opérations paraissent complètement arrêtées par suite des *neiges* (J.). La fonte des *neiges.*
Stets où sont les *neiges* d'antan? nach dem bekannten Vers von
Villon: Mais où sont les neiges d'antan?

Paille ift ſowohl Kollektiv oder Stoffname als auch Einzelbegriff (Strohhalm): Il tenait le livre, j'avais à la main une *paille* et je suivais chaque lettre en la nommant (P. Féval). Daher kann man auch im Plural ſagen: les *pailles* des gerbes (J. L'Hôpital).

Pavé iſt ſowohl Kollektiv als Einzelbegriff (Pflaſterſtein): Il semblait que tous les *pavés* de Vitré fussent métamorphosés en gentilshommes (Mme de Sévigné). Daher ſtatt des Kollektivs auch öfter der Plural: Il a plu cette nuit, les *pavés* sont gras (J.).

Les plombs bedeutet u. a. die Verbleiung an Glasgemälden oder Butzenſcheibenfenſtern. Les plombs de Venise Bleikammern.

Sel findet ſich oft im Plural. Un jeune homme, dans les lettres, avance, fait son chemin comme dans les *sels* ou les tabacs (P. L. Courier). Stets iſt der Plural zu gebrauchen in der Bed. Riech-ſalz, -eſſenz, -fläſchchen.

Sucre kann leicht in den Plural treten. Zugleich kann les sucres bedeuten Zuckerſtangen: De gros *sucres* de pomme (P. de Corlay).

Wie die Stoffnamen finden ſich auch die Kollektivbegriffe öfter im Plural: C'était un excellent tireur qui alimenta souvent de poissons et de *gibiers* l'expédition en détresse (J.).

Sowohl als Stoffnamen wie als Abſtrakte laſſen ſich die Farben-adjektive auffaſſen. Sie können leicht in den Plural treten, auch wenn ſie nicht (wie les blancs, les noirs) für Perſonen oder Gegenſtände ſtehen: Le rouge écarlate fait paraître pâles les *rouges* moins éclatants (J.).

§ 116, 2. Plural von Abſtrakten.[1] L'armée des comédiens ne connaît guère ces *abnégations*-là (E. Legouvé). L'entreprenant légat . . . exerçait un empire extraordinaire sur son oncle par la similitude des *haines* et la communauté des *ambitions* (Mignet). M'accusez-vous pour avoir dit des vérités fâcheuses à quelques *amours-propres*? (P.-L. Courier). Toutes ces conditions sont essentielles, et il y a encore quelques autres *attentions* qu'il ne faut pas négliger (Buffon). Le roi se voyait le justiciable de l'assemblée, et l'assemblée l'exécutrice des *colères* du peuple (Villemain). Il y avait là de la pâture pour toutes les *curiosités* et toutes les *malignités* (Matthey). Les amers *découragements* des vaincus (P. Albert.) Les contemporains se trompent parfois soit dans leurs *dédains,* soit dans leurs *enthousiasmes* (Littré). Ces nouvelles entraînèrent d'importantes *défections* (H. Martin). A force de persévérance, de Thou parvint à calmer les scrupules des catholiques et les *défiances* des protestants (Patin). Il n'y aura plus ni *défiances* ni *suspicions* (J.). Sulli . . . exprima haute-

---

[1] Nur die wichtigeren Fälle werden gegeben.

ment ses *dégoûts* et son désir de quitter le ministère (H. Martin). Les *désespérances* emmagasinées une à une (P. Bonnetain). Les chagrins ne sont jamais des *désespoirs* (L. de Wailly). Une vie de souffrances et de *désespoirs* (Fr. Sarcey). Ungemein häu⸗ figer Plural. Ces ingratitudes, ces *duretés* d'âme (L. Desnoyers). C'était une personne très sage, qui avait fait plusieurs *éducations* déjà (H. Gréville). Les *égoïsmes* se montrèrent (Th. Lavallée). Les *enivrements* du succès sont presque inévitables (Parieu). Déjà l'art couvrait le sol d'une brillante parure d'églises et faisait jaillir du cœur humain les nobles *enthousiasmes* du beau (Grancolas). Les *épouvantements* de la précédente nuit la ressaisissaient (Gramont). L'un des plus grands *étonnements* de notre vie (J.). Jamais la Servie n'avait été réduite à de pareilles *extrémités* (Lamartine). Tous les *fanatismes* religieux (Baron). Il faudra éclairer les *bonnes fois* que ces hypocrites gredins ont pu surprendre (J.). On sait leurs refus et leurs *fuites* (Nisard). Son dédain pour les impuissantes *fureurs* auxquelles s'abandonnaient ses adversaires (Patin). Alors parut cet art, une de nos principales *gloires,* art admirable, plein de raison, de politesse et d'élégances (Littré). Les contre-temps, les *guignons,* les désappointements grotesques lui (à Arnal) vont à merveille (Th. Gautier). Il y a dans les événements une part d'inconnu qui déjoue les *habiletés* de nos plus subtiles *prudences* (P. Bourget). C'est d'abord l'approche de ce Paris mystérieux que grandissent ses *ignorances* (E. Estaunié). Les *infidélités* de partis (Villemain). Les *inutilités* ordinaires du procès-verbal (Villemain). Il fallait à ces peuples les *ivresses* de l'activité (Grancolas). Les grandes *justices* de Dieu sont toujours mêlées de grandes *rigueurs* (Guizot). Vivre dans les *méfiances* et les *précautions* (Barante). La vue du château de Vaubert le plongeait dans des *mélancolies* sans fin (Sandeau).

Mort ist sehr häufig im Plural: Les *morts* rapides des trois fils de Philippe le Bel (Michelet). Les beaux récits des *morts* de Charles le Téméraire et de Louis XI (Nisard). Toutes les *morts* de sa famille (Mme S. Gay). Des *morts* chrétiennes (Nisard). Risquer mille *morts* (Lamartine). Il a mérité vingt *morts* pour une (J.). Zu der Bed. Todesfälle, Sterbefälle ist der Plural so gemeinüblich, daß *Morts* à enregistrer eine Zeitungsrubrik bilden kann.

Si tu lui as fait des *noirceurs*, elle va détériorer ton physique (A. Mélandri).

Cela me fait des *peurs* atroces (Fr. Soulié). Faire à qu des *peurs* d'enfant (Nisard). Ils ne savent pas combien de *peurs* ils soulèvent (J. Janin). Nous qui faisions de si belles *peurs* aux membres de l'Institut (Th. Gautier). Ganz alltäglich Si c'est permis de faire au monde des *peurs* comme ça! (J. L'Hôpital).

Respect sehr oft im Plural, besonders in den Verbindungen présenter (offrir) ses *respects* à qn. Alle diese Höflichkeitswörter amitiés, compliments, hommages, salutations, souhaits, sympathies, tendresses, vœux pflegen im Plural zu stehen.

La Bible, Homère, nous blessent quelquefois par leurs *sublimités* mêmes (V. Hugo).

Ce n'est jamais sans peine que nous accordons deux *supériorités* au même homme (E. Legouvé).

Ce bon frère, il a toutes les *tendresses* (Th. Barrière).

Il me semble avoir le droit de vous demander la moitié de vos *tristesses,* puisque vous m'avez donné la moitié de vos joies (A. Dumas).

Le chancelier Olivier craignait d'être regardé comme le ministre des *vengeances* du cardinal de Lorraine (Ch. Lacretelle).

Vie hat den Plural nicht nur in der Bed. Lebensbeschreibung (les vies de Plutarque), sondern sobald von einer Mehrzahl der Personen die Rede ist: Les *vies* des auteurs illustres prêtent à la légende et au mythe (A. Vinet). Il y a plus de poésie dans une de leurs journées que dans des années entières de nos *vies* de cités (Lamartine).

Zu den Abstrakten gehören auch die substantivierten Infinitive. Soweit diese reine Substantive geworden sind wie le déjeuner, le dîner, le souper, l'être, le pouvoir, le devoir, le repentir[1]. oder in der Zusammensetzung Substantive ergeben haben wie le déboire, le pourparler, ist ihre Pluralisation nicht auffälliger als die der übrigen Abstrakte. Aber auch Infinitive, die ihren verbalen Charakter mehr bewahrt haben, finden sich in der Mehrzahl:

Avoir in der Bed. Besitz hat einen Plural, allerdings nur im Dialekt, wie Jaubert, glossaire du Centre II, 467 bemerkt.

Coucher findet sich als Plural in der Bed. Bettzeug: Les autres objets dont ils manquaient, montaient à environ 200 liv. sterl., en y comprenant quelques lits, *couchers,* et objets mobiliers (Mme A. Tastu).

Dire ist sehr häufig: La mère répétait les faits et *dires* d'Alphonse (P. Margueritte). Pour se prononcer en connaissance de cause, il fallait entendre Mme E . . . en ses *dires* et conclusions (J.). Un journal hongrois appuie les *dires* de la presse

---

[1] Dieses allerdings vorwiegend in der konkreten Bed. Locken: Une vieille dame anglaise dont les grands repentirs époussetaient la nappe (A. Daudet).

ministérielle allemande (J.). M. Luzarches, dans sa préface, certifie les *dires* de M. Greith (Littré).

Lâcher in des *lâchers* de pigeon.

Lever in des *levers* de rideau (Einakter).

Manger hat in der Bauernsprache den Plural (Bed. Feldfrüchte): Vos *mangers* sont roulés, emmêlés (J. L'Hôpital). Je perds mes blés, mes avoines, mes *mangers*, mes betteraves (Ders.). Aber auch in der guten Sprache würde ein Plural nicht ausgeschlossen sein, wie folgende Beispiele zeigen: Il paraît qu'en général leur chair est un assez bon *manger* (Buffon). La mantèque est un très bon *manger* (Ders.). Cependant je découvrais souvent leurs nids, dans lesquels je prenais les petits, qui étaient un *manger* fort délicat (Mme A. Tastu).

Parler hat den Plural in der Bed. Dialekt: Le parler neustrien est en tout point aussi français que les autres *parlers* provinciaux (Littré).

Revoir im Plural bedeutet die Spuren, Fährte eines Tieres: Le temps était favorable pour les *revoirs* (Chassaing). Die Akad. gibt nur das Verb revoir (d'un cerf) einen Hirsch ausspüren.

Vouloir hat oft den Plural: Sans désirs et sans *vouloirs* (J. Reibrach). Il n'a plus de préoccupations que ses désirs, de *vouloirs* que ses ordres (G. Geffroy). Toutes les associations d'idées, tous les *vouloirs*, toutes les conceptions de son cerveau (P. Margueritte). Les mauvais *vouloirs* (Fr. Sarcey). En dépit des désirs ou des *non-vouloirs* (P. Margueritte).

§ 117, 1. Weitere Beispiele: Les deux *Spenser*. Les deux *Mansard*. Les deux *Sénèque*. La guerre des trois *Henri*. Les trois *Guy*, revenus, ma foi, l'on ne sait d'où (V. Hugo). Un tableau . . . qui représente les trois *Marie* au tombeau du Christ (Rabusson). Les Franks . . . avaient rappris l'art de la guerre sous Karle-Martel et les deux *Peppin* (H. Martin). Les frères *Montgolfier* ont été les inventeurs des aérostats (Barrau). Lesbos était la patrie des deux *Barberousse* (Paganel). Il y a eu dans le temps deux *Hérode* parfaitement distincts: Hérode père et Hérode fils (E. Pelletan). Daher auch von den Insassen eines Irrenhauses: C'est ici qu'on voit les *Napoléon*, les *Christ*, les hommes qui se croient en verre, etc. (J.).

Unstät ist der Gebrauch, wo es sich um verschiedene Auffassungsweisen derselben Person handelt: Cette scission absolue entre les deux *Suzanne*, celle du monde et la sienne à lui (P. Bourget). Un dialogue entre les deux *Tartarins*, le Tartarin-Quichotte et le Tartarin-Sancho (A. Daudet). Les deux *Tartarin*, garenne et choux (Ders.). Il y a deux *Polyphèmes* différents dans les idylles de Théocrite: l'un triste et plaintif . . . l'autre est un amant dédaigneux (Saint-Marc Girardin).

Das Pluralzeichen findet sich öfter, auch wo es sich um Personen gleichen Namens handelt: Je dirais les deux *Pierres*, dans une famille où il y aurait deux hommes de ce nom (Laveaux). La Sorbonne avait une première fois condamné une proposition de Lefèvre sur un point de l'histoire évangélique: la distinction des trois *Maries* (H. Martin). Il est difficile de concilier ces diverses manières d'être dans le même personnage, à moins de supposer qu'il y a eu plusieurs *Pierrots* comme il y a eu plusieurs *Jupiters* et plusieurs *Hercules* (Th. Gautier).

§ 117, 2. Beispiele: A la gare on retrouva les *Digard*, les *Talbot*, les *Moisy*, les *Pointel*, les *Tranchand*, les *Dubuc* et jusqu'à cette petite mijaurée de Julie Hédouin (J.). O vous, tous les *Silva*, qui m'écoutez ici (V. Hugo). Seltener ist die Plural= form: Le vieux castel des *Chabriards* (J. Mairet). Monsieur est sans doute des *Cibiels* normands (P. Perret). Les *Cibiels* des deux provinces sont de bons gentilshommes (Ders.).

Bei historischen Namen oder Dynastien ist es weitaus üblicher, s zu setzen, als es wegzulassen, doch findet sich kein einheitlicher Gebrauch; so ist es z. B. weitaus häufiger, les Napoléons zu finden als les Bonapartes. Am besten tut man, das Pluralzeichen zuzufügen, außer bei nicht französischen Namen auf lauten Vokal; daher nur les Borgia, les Czartoriski, les Doria, les Grey, les Leszinski, les Racoczi, les Strozzi, les Visconti, les Zapoly. Ferner fehlt das Plural= zeichen stets:

a) bei Namen, welche de vor sich haben: les d'Amboise, les d'Urfé;

b) bei Namen, die den bestimmten Artikel haben: les la Roche- foucauld.

§ 173, 3. Beispiele: Les sages établissements des *Trajan*, des *Antonin* (Lacretelle). Cette hauteur de vues . . . qui font les *Richelieu* et les *Colbert* (Augier). Karl Hillebrand ne se dégage pas d'un certain idéal de femme d'esprit, qui se rapproche beaucoup plus des *Rachel Levin* que des *Mme Récamier* (A. Sorel). L'Europe a gorgé d'or des sultans, amenés par l'ivresse du pouvoir absolu aux folies des *Héliogabale* (J.). Syntaktisch bleibt ein solcher Plural selbstverständlich ein Sing.: Néanmoins, parmi les La *Marmora*, les *Cialdini*, les *Czarnewsky*, qui commanda à Novare, le roi Victor-Emmanuel reste encore un grand capitaine (J.). De qui nous occupons-nous maintenant? des aïeux, des pères et des précepteurs de nos *Arnaud*, de nos *Pascal*, de nos

Bossuet, de nos *Fénelon*, de nos *Corneille*, de nos *Racine*, de nos *Molière* (Ch. Lacretelle).

Dieser Gebrauch ist ein etwas verbrauchtes rhetorisches Mittel und kann nebenbei zu Unklarheiten führen, wie es in folgender Stelle richtig bemerkt wird: Les *Haeckel* et les *Renan* ... dans le récit biblique de la création, ont reconnu le plus pur esprit de la doctrine évolutionniste. J'avoue d'abord ne pas bien saisir ce que signifie à cette place le pluriel les. S'agit-il d'un groupe d'Haeckels et d'un groupe de Renans? ou bien est-ce un de ces simples tours oratoires, si habituels à M. Brunetière? (J.).

Beispiele für den unbestimmten Artikel: Quelle lumière semblait au dehors portée dans l'administration et dans les finances de la France par la parole intègre et précise d'un *Benjamin De-lessert*, le fondateur charitable de l'institution des caisses d'épargne (Villemain). Il serait aisé d'en multiplier le nombre, et d'associer la voix d'un *Haller*, d'un *Myconius*, d'un *Mélanchthon* à celle de Farel, de Viret et de Théodore Bèze (Bonnet). C'est ici que l'on comprend bien cette puissance absolue d'un *Louis XIV* (P. Albert).

§ 117, 4. Einzelne Namen sind geradezu Appellative geworden; des Alphonse(s), des Automédon(s), des Nemrod(s), des Pipelet(s), des Zoïle(s) für Zuhälter, Kutscher, Jäger, Portier, Krittler.

Beispiele mit und ohne s finden sich fast gleich häufig: Pourquoi devons-nous nous contenter des *Pauls* de cercles et de salons ayant aimé, avant nous, un tas de *Virginies* de hasard? (A. Dumas). Aussi les grands poètes font-ils mourir leurs *Paul* et *Virginie* au sortir de l'adolescence (Balzac). On a dit que tout était fait, on a défendu à Dieu de créer d'autres *Molières* et d'autres *Corneilles* (V. Hugo).

Les Catherines heißen in Paris die Arbeiterinnen, welche am 25. November das 25. Jahr erreicht haben und von den Kolleginnen mit einem Spitzenhäubchen bedacht werden.

Man vermeidet das Pluralzeichen meist in folgenden Fällen:

a) wo es durch x darzustellen wäre, also z. B. bei dem Namen Rousseau. Doch Que de petits *Rousseaux* la révolution n'a-t-elle pas engendrés? (Rossel). Là d'autres *Richelieux* vont apparaître (H. Martin);

b) bei fremden Namen auf lauten Vokal: nos Josué littéraires (V. Hugo). Ses *Roméo* de club et ses trottins de Juliettes, ses don Juanets grisonnants et ses demi-Faust (F. Chevassu). Doch findet man auch Namen wie Roméo, Othello mit Pluralzeichen und besonders antike Namen nehmen dasselbe: des Catilinas, des Caligulas, des Phrynés;

c) bei zuſammengeſetzten Namen z. B. les Girault-Duvivier, les Robert-Macaire, les Don Juan, les Don Quichotte, les Prince(s) Charmant, les Sainte-Nitouche, les capitaine(s) Fracasse. Doch findet man ebenſowohl les dons Juans, les dons Quichottes und ſeltener les Don Juans, les Don Quichottes.

§ 117, 5. Während man les krupps, les chassepots, les wallaces (Straßenbrunnen) uſw. ſagt, meidet man das s bei lebel, wohl aus dem dunklen Gefühl, daß es hier mit dem x in Widerſtreit geriete: l'ourquoi nos pompiers sont-ils munis de *Lebel?* (J.). Arrivée de la garde, la baïonnette au canon et les *lebel* chargés (J.).

Unverändert bleiben Schriftſtellernamen, welche für die Werke ſtehen: ces beaux Froissart manuscrits, les Buffon illustrés, les Barème (oder les barèmes) Rechenknechte, les Bottin oder les Didot-Bottin Adreßbücher. Die Unterſcheidung, ob die Werke als ſolche oder beſtimmte Ausgaben gemeint ſind, iſt ohne Bedeutung.

Beiderlei Gebrauch zeigen die Namen von Druckerfirmen, welche für ihre Ausgaben verwendet werden: les Alde, les Elzevir oder les Aldes, les Elzevirs.

Hierher gehören auch Fälle wie Dans les *Pères-Lachaises* et dans les *Montparnasses* (E. Geffroy). Tous les *prix Monthyon* (Mme S. Gay). Les gardes nationaux et les *Marie-Louises*[1] firent bonne contenance (H. Houssaye). On voit encore çà et là sur nos collines de grands ormes isolés qui ont servi à Cassini pour dresser la carte de France; ce sont les restes des plantations du grand ministre (Sulli); le peuple les appelle encore des *Rosnis* (H. Martin).

Eine größere Zahl von franzöſiſchen Dörfern und Weilern ſind nach den erſten Anſiedlern genannt. Dieſe Namen ſtehen ſämtlich im Plural: les Androts, les Moreaux, les Quinaults, les Perraults, etc.

§ 117, 6. Auch hier finden ſich Ausnahmen: Cette débauche de conscience a produit un bonhomme sans caractère, quelque chose de comparable à ces petits *Béranger* qu'on vendait autrefois dix sous au coin des rues (E. About). Le papier (Tapete) . . . montrait une centaine de *Poniatowski* se précipitant une centaine de fois dans l'Elster (L. Halévy).

Als Rollenbezeichnung bleibt der Name in der Regel unverändert: Sa spécialité était de jouer les *Napoléon* (J. Levallois). Ah! j'en ai joué, des *Napoléon,* en province, un peu partout (J. Cla-

---

[1] Man findet auch die (beſſere) Form ohne s: Les *Marie-Louise,* nom qu'on donnait en 1814 aux conscrits de dix-sept ans (J.).

retie). M. Thiers, comme on le sait, adore jouer les *Napo-léon Ier* (J.). Comme si jamais les *Nérons* et les *Cléopâtres* qu'on nous montre avaient la grandeur et la majesté que nous réclamons! (Aug. Germain).

Als Titel des Dramas, des Romans u. dgl. dagegen wird der Name in der Regel verändert: Les deux *Phèdres*, celle de Pradon et celle de Racine. Racine aurait fait plus souvent des *Bérénices* (Sainte-Beuve). Voltaire n'avait plus la jeunesse et le génie qui font les *Zaïres* (Villemain).

Die Benennungen von Tagen nach dem Tagesheiligen, von Münzen nach dem darauf abgebildeten Regenten, von Schiffen nach dem Tauf= patron und ähnliche werden meist verändert: Les *Saint-Barthélemis* ont multiplié et donné vigueur à cette secte (Comte de Bussy). Des *Saint-Barthélemy* (Th. Gautier). Depuis tant de Circon- cisions et tant de *Saint-Sylvestres* (J. Richepin). Les *Philippes* d'or (H. Martin). Les *napoléons* d'or. Deux *Cynthia* ont péri dans ce siècle (J. Verne).

Auf diesem ganzen Gebiet der Pluralisation von Personennamen herrscht noch soviel Unsicherheit, man begegnet soviel Willkürlichkeiten und Widersprüchen, daß man begreift, wie Ayer wünschen kann, die radikale Regel aufgestellt zu sehen: Personennamen mit großen Anfangsbuchstaben sind nie zu verändern; als Appellative gebraucht, sind sie veränderlich und dann stets klein zu schreiben.

§ 119, 1. Nicht damit zu verwechseln ist die in der Börsensprache für Obligationen der Staaten übliche Bezeichnung le Turc, l'Italien, l'Égyptien u. a.

2. Auch andere Gattungsnamen finden sich im Sing.:

L'étranger:[1] L'alliance de *l'étranger* (Aug. Thierry); la haine de *l'étranger* (Ders., Mézières, Michelet), les brutalités du vain- queur, les spoliations de *l'étranger* (Sainte-Beuve). Auch le lecteur: Ces pages produiront la plus vive impression sur le *lecteur* fran- çais (J.). M. Mignard n'a épargné aucun soin pour . . . rendre service à son *lecteur* (Littré). Le législateur: Telle n'a pas été l'intention du *législateur* de 1875 (J. Simon). Le passant: Les pieds du *passant* sont rares (A. Dumas). Le prochain, notre semblable u. a.: Elle émiettait son déjeuner aux oiseaux du jardin. Ne sont-ils pas notre *prochain?*» disait-elle (E. About). Exprimer un mépris plus ou moins accentué pour la

---

[1] Wenn auch l'étranger (Ausland) auf Kürzung aus le pays étranger zu= rückzuführen scheint, hat obiger Gebrauch doch mitgewirkt; bei d'Alembert und anderen Schriftstellern des 18. Jhs. steht chez l'étranger ganz wie das jetzige à l'étranger.

vie de son *semblable* (J.). Lorsqu'on a le dégoût du *visage* humain (P. Bourget).

3. Die kollektivische Auffassung ist im Französischen sehr üblich:

La queue (du jaguar) est fort grande et bien fournie de *poil* (Buffon). On y cueille abondamment, à la saison, *l'airelle* et la *fraise* (Léo). Sur le penchant des rochers, l'été abondaient la *mûre* et la *framboise* (Ders.). Les mulets nous apportaient le *caillou* (die Chaussesteine, H. Le Roux). Redevances pour le sable, pour la *feuille* et pour la *faine* (Laubstreu und Bucheckern, A. Theuriet). Une halle bâtie en plein soleil dans le sable et dans le *galet* (L. Halévy.) Il avait le *geste* si gracieux (A. Dumas). Il courait la *gueuse* (Dirnen, A. Ranc). Le vote réellement libre de *l'impôt* (Villemain). La balle s'est logé dans *l'intestin* (G. Ohnet). Le médecin avait défendu le *melon* à sa clientèle (J.). Nous avons percé la *nue* du cri de Vive le Roi! (Mme de Sévigné). Le bouillon aura de *l'œil* (Albert). Être sauvé de *l'onde* (Littré); ebenso la vague, le flot. Voir du *pays* (Mme A. Tastu). L'abondance de la *pensée* (Jouy). La *phrase* de l'auteur (A. Vinet). Le coupable enduit de résine, était roulé dans la *plume* (J.). L'heure où la *province* se met au lit (E. About). La *ride* s'est faite à son front (Sainte-Beuve). La prédication du christianisme multiplia le *solécisme* et le *barbarisme* (Baron). Sans battre le *tambour* et sans sonner le *clairon* (L. Halévy). Les Turcs de l'Asie Mineure vivaient sous la *tente* (Michaud). La caserne a été évacuée afin de désinfecter les chambres et les hommes campés sous la *tente* (J.).

Tiernamen stehen im Sing. fast regelmäßig in Verbindung mit den Wörtern chasse, pêche, chasser, pêcher: la chasse à l'ours (neben la chasse aux ours), la chasse au lion und so auch la chasse à l'homme. La barque quittait Fontarabie pour aller pêcher la *sardine* (J.). M. S . . ., piqueur au château Veil-Picard, s'était rendu (sic!) pour chasser au *sanglier* (J.).

Tranchée im militärischen Gebrauch steht kaum im Plural: ouvrir la tranchée, combler la tranchée, monter, descendre la tranchée, etc. Doch les troupes combinées de France et d'Angleterre . . . sortirent de leurs *tranchées,* et gagnèrent la fameuse bataille des Dunes (Jeudy-Dugeur).

§ 119. Anm. Périr de maladie steht logischer als der deutsch übliche Plural in Ausdrücken wie les deux tiers de l'armée périrent de *maladie.*

Während man sagt la larme à l'œil neben les larmes aux yeux, hat faire la grimace (ein saures Gesicht schneiden) nicht dieselbe Bed. wie faire des grimaces, faire une grimace oder faire la grimace à qn (Fratze schneiden, böses Gesicht zeigen). Fehlgriffe sind hier bei manchen Substantiven leicht. So sagt man ausschließlich savoir qc sur le bout du doigt oder de son doigt, während man nur den Plural gebraucht in avoir de l'esprit (jusqu') au bout des doigts, avoir des yeux au bout des doigts. Beide Numeri sind zulässig in ne faites pas tant de façons oder de façon; sans façon kann nur Sing. sein (doch selbstverständlich auch sans tant de façons).

Argent in der Bed. „Geld" hat in der Volkssprache den sonst un= zulässigen Plural. Un jour, elle compta ses *argents* (E. Frank). C'est bon pour les *argents* qu'on se donne (J. L'Hôpital).

Nicht im Plural zu gebrauchen ist à preuve: La mule du pape en avait mené plus d'un à la fortune, à *preuve* Tistet Védène et se prodigieuse aventure (A. Daudet). Es ist übrigens seltsam, daß die Franzosen, welche lange Erörterungen lieben, ob man des fruits à noyau oder à noyaux sagen müsse und welche nur zulassen tirer à genou, weil man beim Schießen nur ein Knie zur Erde beugt, sonst einen wenig geeigneten Plural nicht scheuen: Hector vint seulement passer deux ou trois jours avec nous, aux *fins* de septembre (M. Prévost). Toute la cour glissait comme une apparition fantastique, tandis que les cloches son- naient à toutes *volées* (J.).

Témoin soll in der Redensart prendre à témoin unverändert bleiben, doch findet man es auch mit s. Keinem Bedenken unterliegt der Gebrauch beider Numeri in avoir pour témoin(s) und in dem vorausgestellten prädikativen témoin(s): Sans doute Marot s'était promis d'être sage et de donner le moins de prise possible à la haine et à l'envie, nous en avons pour *témoin* ces vers qui . . . (Geruzez). Il y a des climats si heureux que l'espèce s'y multiplie toujours: *témoin* ces îles . . . (Montesquieu). Les chiens romains ont parfois manqué de nez et d'ouïe; *témoins* ceux du Capitole (Hennebert). Nous entendons bien aussi que les bonapartistes travaillent de leur côté, tant qu'ils peuvent, pour arriver à ce beau résultat, *témoins* les derniers votes de MM. P. Cassagnac, Cunéo d'Ornano, Mitchell, etc. (J.).

Über die Zahl, welche nach Präpositionen zu setzen ist, sind die An= sichten teilweise sehr verschieden. Bei de . . . à ist der Sing. am Platze: *D'intervalle à intervalle,* un veilleur passe (P. Bourget). *De voleur à voleur* on parle probité (F. de Neufchâteau). Di- sons-nous nos secrets *de compère à compère* (Piron). Seltener steht der Plural: *De larrons à larrons* il est bien des degrés (F. de Neufchâteau). Vgl. Bescherelle, gramm. nat. 100.

Bei de . . . en finden sich beide Numeri: de moment en moment oder de moments en moments. Les morceaux inévi-

tables que nos poètes se passent *de mains en mains* (Nisard).
Les oiseaux . . . voyagent avec tant de facilité de *provinces en
provinces*, et se transportent en si peu de temps de *climats en
climats*, que . . . (Buffon). Selten ist dagegen die Mischung beider
Zahlen: Cela donnait à supposer que l'opposition irait dimi-
nuant *d'année en années* (J.).

Noch einige besonders auffällige Stellen für den Sing. nach en:
Des fleurs tressées *en guirlande* (d'Alviella). Des petites tours
en ruine (P. Loti). Il est dangereux pour un prélat d'être *en
mauvais terme* avec les abbés voyageurs (J.). Je me connais *en
physionomie* (Guizot). Une épingle montée *en diamant* (J.). Charlemagne demande conseil à ses preux sur ce qu'il fera des
parents de Ganelon, livrés *en otage* (Génin). Heureux au jeu
et heureux *en femme*, dit Deluzy avec amertume, c'est trop (E.
Berthet). Il est faux qu'à l'hôtel de ville de Rouen des repris
de justice déguisés *en femme* aient fait entendre la *Marseillaise*
(J.). In allen diesen Fällen könnte recht wohl der Plural stehen.
Warum im Einzelfalle beide Numeri wechseln, ist nicht immer klar:
De même qu'on avait constitué les paroisses *en diocèse*, et les
diocèses *en province*, on entreprit de constituer les provinces *en
églises nationales*, sous la direction d'un patriarche (Guizot). —
Die Redensart prendre en traître kann aktivisch beide Numeri haben
(Ils nous ont pris en traîtres oder en traître), passivisch aber nur
den Sing. (Il faut qu'ils aient été pris en traître), da en traître
hier für das gleichfalls übliche und deutlichere trahison steht (Courrier
de Vaugelas).

§ 120. Erwähnenswert sind noch folgende Ausdrücke, in denen
ausschließlich oder doch vorzugsweise der Plural gesetzt wird:

Art: aimer les arts, protéger les arts.

Cheval: monter sur ses grands chevaux.

Chiffre: en chiffres ronds ist üblicher als der Sing.

Commentaire: sans (pas de) commentaires, seltener im Sing.

Épaule steht nur im Plural in den Ausdrücken hausser (lever)
les épaules, plier (baisser) les épaules, mettre (jeter) qn dehors
(à la porte) par les épaules, par les deux épaules.

Équipage im milit. Sinne ist meist Plural, stets le train des
équipages.

Escalier steht sehr oft im Plural, wo wir den Sing. setzen, weil
an die einzelnen Teile gedacht wird: dans les escaliers (neben sur
l'escalier), dégringoler les escaliers, jeter qn en bas des escaliers u. a.

Jeter par les fenêtres hat keineswegs das Objekt l'argent zur
Voraussetzung, wie ein Kritiker behauptet: Voulez-vous que je jette

ce drôle-là par les *fenêtres* (Lesage). J'ai envie de jeter tout ce
monde-là par les *fenêtres* (Glatron). Faire jeter qn par les *fenêtres* (J.). Se jeter par les *fenêtres* pour rajeunir (J. Janin).
Il se jetterait par les *fenêtres* (Diderot). Les exempts voulurent
pénétrer chez la duchesse de Berry, qui déclara qu'elle les
ferait jeter par les *fenêtres* (J.). Auch bei dem Objekt argent ist
der Sing. nicht ausgeschlossen: Dans les services publics, chacun
s'évertue à jeter l'argent par la *fenêtre* (J.).

Fête steht sehr oft im Plural, weil der Sing. in der Bed. „Fest=
tag" üblich ist: les fêtes de Noël, les fêtes de Pâques.

Fonction ist meist im Plural gebräuchlich, besonders in faire les
fonctions de oder in Verbindung mit dem Possessiv.

Pont in dem Ausdruck il a coulé depuis (il coulera d'ici là)
bien de l'eau sous les ponts.

Port (Porto) oft im Plural (vgl. Porti): Il a dépensé 25 francs
rien que pour *ports* de lettres. Avoir ses *ports* francs Portofrei=
heit genießen, nur frankierte Sendungen empfangen.

Viande oft im Plural: les *viandes* défendues (Mignet), l'abstinence des *viandes* (Ders.), des *viandes* de boucherie (Voltaire),
les *viandes* froides (Aufschnitt), sogar des *viandes* sur pied
(Schlachtvieh).

Der Plural pflegt auch zu stehen bei Angabe der Wagenklasse[1] und
ähnlichem: C'était dans un compartiment des *premières*, absolument rempli (J.). Dans l'un des compartiments des *secondes* (J.).
Je vous quitte, dit l'autre, car, moi, je n'ai qu'un billet de *secondes* (J.). So auch bei Theaterplätzen prendre deux *galeries* et
quatre *tribunes*, obwohl der vorhandenen Ellipse wegen der Sing.
richtiger wäre.

Von dem Gebrauch des selbstverständlich pluralischen Artikels bei
Stundenangaben wird an anderer Stelle zu sprechen sein. Hier sei nur
bemerkt, daß in der Volkssprache midi und minuit als Plural behan=
delt werden nach den Präpositionen sur, vers. Die gute Sprache ver=
wirft das, aber bei dem Gebrauch von sur ist midi, minuit ohne oder
mit singularischem Artikel ausgeschlossen und es bleibt nur die Wahl
zwischen vers midi oder sur les midi: Débarqué à sept heures,
il repartait sur les *midi* (P. Arène). Vous n'avez qu'à le
guetter pour lui faire une surprise, sur les *midi* (H. Le Roux).
On sentait d'avance quelle chaleur il allait faire sur les *midi*
(Erckmann-Chatrian). Le feu a éclaté vers les *minuit* et quelques minutes (J.).

---

[1] Dagegen ist der Sing. am Platz, wenn classe beigefügt wird: Le
comte avait pris un billet de première classe pour Dieppe (J.).

Vom Bühnengebrauch (jouer les ingénues, jouer les pères nobles) übernommen ist der Plural bei Angabe der Rolle nach jouer:
Une farceuse, Mlle Lucie, qui m'a joué les *rosières* (J. Claretie).

Der rhetorische Plural ist im Französischen von sehr ausgedehnter
Verwendung. Rhetorisch kann man denselben nennen, weil er lediglich
darauf berechnet ist, eine ausdrucksvollere Wirkung zu erzielen; nicht
aber soll etwa damit angedeutet werden, daß er nur der Kunstsprache
eigen sei, denn der hierher gehörige Plural les boues z. B. gehört
ausschließlich der Volkssprache an. Hin und wieder streift dieser Plural
an den Plural der Kollektivität, der in einem Gesamtbegriff enthaltenen
oder denkbaren Einzelteile. Die wichtigsten Fälle sind:

Abîme: En me retirant des *abîmes* (sc. de la misère) M. où de
Sévigné m'avait laissée (Mme de Sévigné). La conviction qu'un
seul pas en arrière menait aux *abîmes* (H. Martin). Ce n'est
pas que nous ayons envie de joindre nos voix à ceux qui
vont criant que tout est perdu, que la France roule aux
abîmes (J).

Autel, besonders in der Redensart au pied des autels.

Les campagnes sehr oft = das flache Land: dans nos *campagnes*
du Midi (Brachet). Les malheureux habitants des *campagnes*
(Benazet). Le peuple des *campagnes* environnantes (Guizot).
Rois, seigneurs, prêtres, bourgeois, peuple des *campagnes*, tous
prennent aux croisades le même intérêt, la même part (Ders.).
Der Plural ist selbstverständlich, wenn campagnes für gens, habitants
de la campagne steht: Les *campagnes* arrivaient en foule (Paganel). Qu'il nous permette de lui signaler l'infériorité où sont
nos *campagnes* vis-à-vis des *campagnes* anglaises, en ce qui re-
garde les distributions postales (J.).

Eau steht wie air[1] u. a. sehr oft im rhetorischen Plural, besonders
wo es für les flots stehen kann: Une effroyable tempête mit
Bristol et une partie de Londres sous les eaux (H. Martin).
Ausschließlich der Plural ist üblich in les eaux d'un vaisseau (Kiel-
wasser), les eaux grasses (Spülicht), les eaux ménagères (Abwasser),
les eaux saintes (Taufwasser, Taufe), les eaux sont basses chez
qn (es ist Ebbe in seiner Kasse), les eaux et forêts Wasser- und
Forstfiskus, les eaux de l'amnion (Fruchtwasser), les eaux (Bein-
leiden besonders bei Pferden), endlich laver qe dans deux eaux,
donner trois eaux à qc 2, 3 mal auswässern.

---

[1] Wenn Littré (unter mer) bemerkt, daß diese Plurale (airs, eaux, mers)
keine andere Bedeutung haben als der Sing. und nur poetischer sind, so
trifft das für das erste Wort nicht ganz zu. Unter air gibt er denn auch
(air 2°) den Plural in anderem Sinn als den Sing.

Espace steht stets im Plural in les espaces imaginaires Gebiet der Phantasie. Auch sonst ist der rhetor. Plural häufig: s'élever vers les *espaces* célestes, au milieu des *espaces* sans bornes, l'imagination s'emporte à travers les *espaces*.

Feu: les feux de l'été, de la canicule, du jour, les feux des ouvrages (Kanonenfeuer), les feux de la nuit, du firmament (Gestirne). L'adjudication n'est valable que lorsqu'elle a été faite après l'extinction de trois *feux*.[1] Les feux in der Theatersprache bedeutet: Zulage für jeden Spielabend. Les feux d'un village (Feuerstätten, Haushaltungen). Le feu oder les feux d'un diamant, le feu oder les feux de la passion.

Foule: Est-ce qu'on ne voit pas des *foules* de mots qui, sortis de la même racine, les uns gardent, les autres écartent la consonne étymologique? (Génin). Au XVIᵉ siècle, les diminutifs firent éruption dans la langue . . . Il en parut des *foules* (Ders.)

Froid (Kälte, Frost) ist sehr häufig im Plural: Ils restaient à Capri avec leurs enfants jusqu'aux premiers *froids* (E. About).

Horizon: Le soleil commençait à disparaître derrière les *horizons* de Rozet et de Plessé. Besonders im übertragenen Sinn: Aucun détail ne lui échappait dans les immenses *horizons* qu'embrassait son œil de flamme (H. Martin). Ils se virent pour la première fois libres au milieu de nouveaux *horizons*, avec le ciel sur leurs têtes et la terre devant eux (Ders.).

Instance (Bitte, dringendes Verlangen) steht fast nur im Plural.

Jardin: Puis vous vous sauverez à travers les *jardins* (O. Feuillet). En rêvant au milieu des *jardins* de Leurs Majestés (Ders.) Les fenêtres laissent apercevoir par une échappée les *jardins* du Luxembourg (H. Lavedan). Dem latein. horti, hortuli nachgebildet und wie diese in der Annahme, daß verschiedene Abteilungen vorhanden sind.

Lendemain: C'était nous qui faisions mal en ne songeant pas aux *lendemains* (J.). Ce triomphe des Vendéens eut peu de *lendemains* (Thoumas). Connaissez-vous une créature humaine qui soit sûre de vivre quelques *lendemains* dans cette pauvre Italie? (V. Hugo).

Lieu, fast ausschließlich steht der Plural in der Bed. „Ort und Stelle": se rendre, se transporter, se porter sur les lieux, wogegen bei einem Zusatz der Sing. steht: se rendre sur le lieu du crime.

---

[1] Nach französ. Ujus werden bei Immobilienversteigerungen vor dem Zuschlag drei Lichter abgebrannt; es sind allerdings nur kleine Stümpfchen oder ein größeres Licht wird durch Einschnitte in Stufen zerteilt.

Ferner ist der Plural üblich, wo es sich um Teile eines Hauses, eines Anwesens handelt: visiter les lieux. Fast nur im Plural üblich ist endlich les lieux communs, doch auch un lieu commun.

Mer: au delà des mers, au fond des mers. Anderer Plural liegt vor in les deux packets qui partent par toutes les *mers* (so stürmisch die See auch sein mag), ont changé d'habitude ce jour-là (J.).

Nuit: l'astre des nuits.

Peuple steht häufig im rhetorischen Plural, selbst wo von kleineren Ländern die Rede ist: les *peuples* de l'Espagne (Mignet), les *peuples* de l'Irlande (Ders.), les *peuples* de ces îles (Thiers). Besonders auch in Verbindung mit dem Possessiv: Un prince dépouillé est humilié et affaibli devant ses *peuples* (Villemain). Jean-Frédéric, électeur de Saxe, trouve dans l'affection de ses *peuples* les moyens de recouvrer sa puissance (Ch. Lacretelle). Ju anderem Sinn das biblische Ainsi Isaac, ayant perdu ses forces, mourut, et fut recueilli avec ses *peuples* (Genèse 25, 29). Ainsi il fut recueilli vers ses *peuples* neben Je m'en vais être recueilli vers mon *peuple* (Genèse 49, 29).

Poison: Le jour qui a versé ses *poisons* sur toute ma vie (Mme de Staël).

Pompe hat den Plural stets in den Ausdrücken les pompes funèbres, rompre avec (renoncer à) Satan, ses pompes et ses œuvres; doch auch les pompes du siècle, les pompes du polythéisme u. a.

Wie peuple findet sich auch population im rhetorischen Plural: Les *populations* rurales. Une certaine apathie, ou pour mieux dire, un certain dégoût règne parmi les *populations* (J.). Les *populations* riveraines refluaient vers les villes du centre (Hauréau).

Rage: des rages de dents.

Soleil: On avait cependant encore, dans le jour, de chauds *soleils* (Léo). Sous le poids du temps et des *soleils* (Lamartine). Häufiger in der Bed. sonnige Tage: Un de ces grands *soleils* de mai (A. Daudet). Un des derniers beaux *soleils* de l'année (J.). Endlich (in ähnlicher Weise wie eau): Cette morue a reçu six *soleils* ist 6 Tage lang in der Sonne gedörrt worden.

Temps: les anciens temps, les temps anciens, les temps antiques das Altertum. Dagegen le vieux temps (selten l'ancien temps) die alte Zeit. Les mœurs du *vieux temps* (Pr. Mérimée). Les chevaliers de *l'ancien temps* (Mme de Staël). Loin de donner aux autres époques une pareille importance, il les traite avec légèreté et avec une sorte de dédain philosophique, qui ne fait point de grâce à l'ignorance du *vieux temps*, en faveur de ce qu'il a de poétique et même d'instructif (Aug. Thierry). Be= merfe: feit undenflicher Zeit de temps immémorial oder depuis des temps immémoriaux, auch depuis un temps immémorial.

Toit: dire, prêcher, publier qc sur les *toits*. Doch auch), wo nur von den einzelnen Teilen der Bedachung die Rede ift: L'aliéné s'était réfugié sur les *toits* de la maison.

Vengeance: Le chancelier Olivier craignait d'être regardé comme le ministre des *vengeances* du cardinal de Lorraine (Ch. Lacretelle). Les Genevois étaient secondés par les *Eidgenots* fugitifs, à la tête desquels se trouvait Besançon Hugues, qui avait échappé aux *vengeances* du duc (Mignet). Stehender Aus= druck ift le Dieu des vengeances.

Als Abstraftionsplural fann man den Plural bezeichnen, welcher in Wörtern wie espèce[1], manière, nature, sorte einzutreten pflegt, wenn ein nachfolgendes oder auch vorausgehendes mit ihnen verbundenes Substantiv in diesem Numerus steht:

Manière: Des *manières* de vers (Génin). Je ne vous parle point de la guerre: on mande qu'elle est déclarée: d'autres qui sont des *manières* de ministres, disent que c'est le chemin de la paix (Mme de Sévigné).

Nature: Il y avait abondance de denrées de toutes *natures* (J.).

Sorte: Ces sortes gens (Balzac). Il y a toutes *sortes* de gens parmi eux (P. Féval). J'aime ces *sortes* de livres (Lesage). Une grande partie des Achaskidars, sortes de gardes champêtres et agents de police indigènes (A. de Bréhat). Doch auch) Toute *sorte* de richesses (H. Martin). Toute *sorte* de gens (Vauve- nargues). Die oft aufgestellte Regel, daß vor Plural nur toutes sortes stehen fönne, wird von Littré als unbegründet zurückgewiesen.[2]

Bezüglich des Numerus nach par find die Franzosen einigermaßen in Verlegenheit, weil fie häufig den diftributiven von dem bloß adver= bialen Gebrauch nicht hinreichend scheiden. Im adverbialen Ge= brauch ift der Sing. das üblichere, der Plural aber erscheint zulässig z. B. par parenthèse[3]. Par principe, par principes find ungefähr gleich häufig und gleich berechtigt.

---

[1] Beispiele für espèce vgl. § 115.

[2] Das nach deux, trois sortes, plusieurs sortes folgende Substantiv tann im Sing. stehen: Il y a deux *sortes* d'orateur: l'orateur philosophe et l'ora- teur tribun (J.). Trois *sortes* de pouvoir (Guizot). Tout le monde sait maintenant qu'il y a deux *sortes* d'épopée (Patin).

[3] Buffon fagt einmal par une parenthèse. Auch en parenthèse, oder entre parenthèses d. h. entre deux parenthèses (beides von der Afad. gegeben), da= gegen ift entre parenthèse zu verwerfen.

Auf der Grenze steht par intermittence (nicht in Akad.: La neige tombe *par intermittence* H. Le Roux). Rein distributiv dagegen sind par instants (nicht in Akad.), par moments (so die Akad. neben dans certains moments), bei welchen oft unrichtiger Sing. sich findet. Unangebracht ist der Sing. auch in *Par minute,* j'arrivais à faire taire une voix qui parlait en moi (P. Bourget). Ebenso in par degrés; unrichtig ist folglich Il vit avec inquiétude le soleil s'obscurcir *par degré* (Jaubert), während degré par degré natürlich möglich ist. Par intervalle findet sich auch bei besseren Schriftstellern (Lamartine, Droz, Asselineau), ist aber fehlerhaft.

Im distributiven Sinn kann nur der Sing. stehen bei Substantiven der Zeit=, Maß=, Gewichtsbezeichnung u. a., welche die zugrunde liegende Maßeinheit angeben, also par an, par semaine, par litre, par sac, par quintal, par kilogramme. Fehler hiergegen sind ziemlich selten: Le nouveau maître, débutant comme titulaire, ne lui aurait rapporté que 900 francs *par ans* (J.).

Andere Zahl= oder Mengebezeichnungen dagegen können nur im Plural stehen und müssen das Pluralzeichen annehmen, soweit sie dessen fähig sind: Se rassembler par milliers. Compter ses amis par douzaines. On les voyait tomber par *vingt* et par *cent* (par vingtaines et par centaines wäre korrekter, aber zugleich schleppender). Unrichtig ist daher On trouve ordinairement cet oiseau par *paire* (Buffon). Le chacal ne va jamais seul, mais toujours par *troupe* de vingt, trente ou quarante (Ders.). C'est par *vingtaine* de mille qu'on envoie annuellement des hommes et des femmes dans cet enfer de Dante (J.). Ceux qui comptent leurs maîtresses par *douzaine* (A. Dumas fils). – Besondere Fälle können sich dieser Regel entziehen, z. B. Je compte encore par *vingt* (Mme de Sévigné), d. h. ich bin noch nicht aus den 20er Jahren hinaus.

Der Plural als complément.

Unter dieser bequemen Gesamtbezeichnung fassen wir, nach dem Vorgang des französischen Circulaire ministérielle, eine Reihe von Erscheinungen zusammen, die eigentlich in das Gebiet der Syntax gehören, für die sich aber dort schwer eine Stelle finden läßt, während sie sich leicht an die in § 109 f. behandelten Erscheinungen anschließen.

Das Prädikatsnomen stimmt in der Zahl mit dem Subjekt überein; daher z. B. Ceux-ci se rendent *garants* de son innocence (Vauvenargues).

Als Ausnahmen könnte man bezeichnen être (sortir, revenir) bredouille, obwohl sich gegen den Plural dieses Wortes in attributivem Gebrauch nicht viel einwenden läßt: Finalement, les magistrats *bredouilles* ont quitté l'immeuble (J.).

Auch in folgendem Falle iſt offenbar der Plural nicht rätlich. Les deux pêcheurs se sont noyés. Ils étaient l'un et l'autre *père* d'une nombreuse famille (J.).

Im determinativen Gebrauch d. h. in den Ausf. Gr. § 288 A. aufgeführten Fällen iſt in der Regel der Plural angebrachter, doch nicht ohne Vorſicht zu verwenden. Während man ſagen könnte tous ces petits princes aspiraient au titre de roi oder de rois, würde der Plural bei der Wendung aspiraient au titre de Majesté ausgeſchloſſen ſein. La classe des privilégiés comprenait les sénateurs et tous ceux qui avaient le droit de porter le titre de *clarissimes* (Guizot). C'est de là qu'est venu l'usage de donner le titre de *princes* de Galles aux fils aînés des rois d'Angleterre (Aug. Thierry).

Auch nach dem partitiven de in Sätzen mit ne . . . que iſt der Plural am Platz: Voulait-il (Rabelais) tout obscurcir pour tout cacher? Je croirais à ce calcul, s'il n'y avait *d'embrouillés* et de confus que les endroits où la vérité pouvait être périlleuse à dire (Nisard). L'un n'a connu *d'hommes libres* que les conquérants (Guizot). Et chacun, parlant de soi, dit: Il n'y a que les nôtres de *véritables;* tous les autres sont des faussetés (Volney). Il n'y a de *bons* que les moines . . ., la noblesse présentée, et messieurs les laquais (P.-L. Courier). C'est une grisette qui n'a de *fleurs* que celles qu'elle cultive sur sa fenêtre (Saint-Marc Girardin). Bossuet s'attachera autant que possible à n'avancer *d'opinions* que celles qui sont admises, le plus anciennement et le plus généralement dans l'Église (H. Martin). Il n'y a que mes jambes de *coupables* envers vous (A. de Musset). Ce verbe (paroir) n'a plus *d'entiers* que les temps de la deuxième série et le participe passé qui servent à *paraître,* formé de l'inchoatif parescere (Chabaneau).

Wo es ſich um ein Objekt handelt oder um einen präpoſitionalen Zuſatz, kann man beide Numeri als gleich zuläſſig betrachten.

Wenn Töpfer ſchreibt ils trouveront *femme*, ſo ſchien ihm der Sing. am Platz, weil jeder für ſich nur eine finden wird; gleich darauf ſchreibt er nous leur trouverons *femmes*, weil hier die Geſamtheit der zu findenden Frauen in den Vordergrund tritt.

Der Numerus in Verbindung mit Präpoſitionen iſt vielfach gleichfalls beliebig, iſt aber von jeher ein beliebtes Steckenpferd derjenigen geweſen, die Haarſpaltereien lieben.

Das Circulaire ministérielle ſtellt als gleichwertig neben einander des prêtres en bonnet carré oder en bonnets carrés: ils ont ôté leur chapeau oder leurs chapeaux und hat damit für die Schule eine

Frage gelöst, welche manchen Prüfling zu Falle gebracht hat, die aber außer der Schule nach wie vor als eine offene betrachtet wird.

Im Jahr 1880 gab Francisque Sarcey ein Beispiel eines Textes, der, ohne daß der Verfasser der Stelle sich dessen bewußt gewesen wäre, eine Anzahl solcher traquenards enthielt: «Nulle réunion, sauf le jour de marché; ce jour-là, les paysans étalaient avec orgueil leurs deux objets de luxe: une paire de souliers et un vaste parapluie de cotonnade bleue; sur la place, quatre ou cinq oisifs qui vaquent d'un pas lent, des avocats en sabots et *en casquette,* un vieux journal à la main ... De loin en loin, pour toute diversion, un passage de troupes, diversion grandiose qui appelle sur le pas des portes les hommes *en grands chapeaux* et les femmes *en bonnets plats*». Er fährt dann fort: Pour-quoi les *avocats en casquette* ne prennent-ils pas d's tandis que les *hommes en grands chapeaux* et les *femmes en bonnets plats* sont gratifiés de la marque du pluriel? Mystère! Tu vas[1] me répondre que cela t'est fort égal! et à moi donc! Mais je te prierai d'observer que ces minuties ont une énorme importance pour les malheureux candidats.

Toute copie qui contient trois fautes d'orthographe disqua-lifie son auteur et le rend incapable d'obtenir son brevet de capacité. Tu dois comprendre l'embarras de ces jeunes gens et de ces jeunes filles ... Et ce qui te paraîtra le plus éton-nant, c'est que dans ce grave débat (si j'en crois ce qu'on me rapporte), tous les jurys n'ont pas été du même avis. Les uns ont tenu (malgré toi, cher et noble académicien) pour casquet-tes au pluriel, en sorte qu'une fois de plus s'est vérifiée la célèbre phrase de Pascal: Erreur en deçà des Pyrénées, vérité au delà.

Et il n'est pas venu à aucun de ces jurys (à aucun, entends-tu bien?) cette idée pourtant si simple d'appliquer en cette affaire la devise commode de la philosophie antique: *«in du-biis libertas»*. Est-ce que dans les phrases de cette sorte on ne pourrait pas laisser au goût des personnes le choix entre le singulier et le pluriel? Dagegen schrieb 1893 eine französische Zeitschrift über die gleiche Frage: Vous savez la phrase tradition-nelle que l'on propose comme une sorte d'énigme aux candi-dats dans certains examens: «Des jeunes filles allaient à la messe avec leur chapeau». Chaque jeune fille n'ayant vraisem-blablement qu'un chapeau, on devait employer le singulier, *leur*

---

[1] Der Angeredete ist eben der Verfasser obiger Stelle.

remplaçant *le* chapeau *d'elles*. Eh bien! désormais le pluriel pourra s'employer comme le singulier. Pourquoi? Les jeunes filles emportent-elles plusieurs chapeaux à la messe? Je ne sais pas. Oh! M. Gréard, dites-moi de grâce quelle raison vous a fait autoriser ce pluriel qui nous paraît si singulier?

Geſchlecht und Motion.

§ 122. Jedes nicht ſeinem begrifflichen Inhalt nach, ſondern nur als Vokabel im lexikologiſchen Sinn geſetzte Wort hat keinen Anſpruch auf ein eigenes Geſchlecht, iſt daher ſtets männlich: Mais *autorité* est-il identique avec affirmation? (A. Vinet).

In Savoyen heißt la Lombarde ein aus Italien, la Vanoise ein von dem gleichnamigen Gletſcher kommender Wind. La mousson wird manchmal männlich gebraucht.

Les Abruzzes bedeutet nur die Landſchaft, l'Abruzze citérieure et l'Abruzze ultérieure. Das Gebirge, dem wir dieſen Namen geben, wird zu den Apennins gerechnet.

Neben les Carpathes gebraucht Buffon le mont Carpate.

Baumnamen weiblichen Geſchlechts ſind ſelten. La vigne, la ronce, la viorne können nicht als Bäume betrachtet werden, und wenn aubépine f. ſowohl den Strauch wie den Baum bezeichnen kann, ſo findet ſich doch auch aubépin m.

So blieben alſo als weiblich beſtehen la bourdaine oder bourgène (Faulbaum), hièble (Art Hollunder) auch als m. üblich, yeuse (immergrüne Eiche) und yèble (Nebenform von hièble). Vor 1878 war übrigens hièble als f., yèble als m. bezeichnet.

Schiffsnamen werden vielfach männlich gebraucht, auch wenn ſie weiblichen Perſonennamen führen: le Brenhilda, le Diana, le Penelope, le Marie-Henriette, le Maria Pia neben la Maria Pia, le Thétis, doch auch la Jeannette, la Marie et Gabrielle, la Vesta und ſogar la Magallanès, la neben le Gneisenau von männlichem Namen, weil an la corvette gedacht wird. Wenn in Verbindung mit dem Namen ein Titel gebraucht iſt, ſo tritt der weibliche Artikel ein: la Princesse Alice, la Reine Blanche. Andererſeits aber wieder la Notre-Dame-des-Flots, weil an le steamer gedacht wird. Nach Städten genannte Schiffe ſind meiſt männlich le Belfort, le Brest, le Drepano. Der Zuſatz von ville oder cité würde das weibliche Geſchlecht herbeiführen, wogegen beim Zuſatz von city beiderlei Gebrauch ſich findet: le City of Baltimore, la City of London.

Ländernamen franzöſiſcher Form behalten das ihnen eigene Geſchlecht, wenn ſie Schiffen beigelegt werden: la Bourgogne, la Picardie, la

France, la Savoie. Die latinisierten Namen auf -a schwanken: la Borussia, le Britannia, le Cimbria, le Lucania, le Pomerania. Bei Namen anderer Art ist das Geschlecht wechselnd, z. B. la Hansa, le Métropolis, und sogar le croiseur de première classe le La Clocheterie, doch stets la Véga.

Büchertitel und Namen von Zeitungen sind vorwiegend männlich, außer wenn sie echt französische Namen sind: cet Anabasis, le Romvart, le Véda, le Deutsche Rundschau, aber la (selten le) Gironde, la Paix, la France und auch la Gallia christiana, la Parliamentary History, la Chronicle, la Germania, la Fortnightly Review, la Westminster Review, la Quarterly Review, la Wiener Abend-Post.

So findet man denn auch *Rome* (roman d'Émile Zola) est mis à l'index (J.). *Esther et Athalie*, eux aussi, avaient été écrites (sic!) spécialement par Racine en vue d'un théâtre blanc (J.).

§ 123, 1. Der Volksgebrauch bevorzugt das Femininum bei den Ländernamen auf e, daher das vulgäre la Messique für le Mexique.

Alle poetischen Ländernamen sind weiblich z. B. Albion, Érin. La verte Érin, la perfide Albion. La démonstration contre la vieille Albion (A. Robida).

Außer den genannten sind noch einige Provinzbezeichnungen auf e, es männlich: le Bigorre, le Cambodge, le Comminges, le Rouergue, le Santerre. Ferner aus der alten Geographie le Norique.

Einzelne Ländernamen haben keinen Artikel. So Cornouaille, doch findet man auch den weiblichen wie den männlichen Artikel. Galles steht niemals mit dem Artikel, kann aber als weiblich betrachtet werden, weil man sagt la Nouvelle-Galles du Sud.

Vaucluse hat ebenfalls keinen Artikel und daher kein erkennbares Geschlecht. Die Etymologie (Vallis clausa) deutet auf das Femininum, daher auch der äußerst seltene Gebrauch mit weiblichem Artikel: Il était candidat à la députation dans la Vaucluse (J.). Noch seltener ist der männliche Artikel: la population du Vaucluse (Huard).

Languedoc, Languedoïl können weiblich sein, wenn das Sprachgebiet gemeint ist: il n'était ni de la *Languedoc* ni de la *Languedoïl* (H. Martin).

Die Inseln, soweit sie Artikel haben, sind sämtlich weiblich. Auch die übrigen werden in der Regel weiblich gebraucht, da man stets île supplieren kann, so Aurigny, Jersey, Lesbos, Lipari, Madagascar, Oleron, Pathmos, Saint-Honorat, Seeland.[1]

---

[1] Auch die australische Landschaft Queensland ist f. Dagegen le Groenland.

§ 123, 2. Auch Londres, Versailles werden nur männlich ge=
braucht. Das schließt nicht aus, daß Ausnahmefälle sich finden, wie
es sogar für Paris der Fall ist: La guerre . . . se concentra autour de *Paris*, qui dès le 19 septembre fut complètement in-
vestie par l'armée allemande (Duperrex).

Selten ist auch der männliche Gebrauch beim Zutritt eines schmücken=
den Beiworts. On disait jadis, en parlant des diverses localités
de la Basse Auvergne: Clermont le riche, Riom le beau, Thiers
le peuplé (Gourdault).

Nur ausnahmsweise finden sich Namen mit antiker Form männlich
gebraucht: L'ancien Lugdunum (Pr. Mérimée). L'ancien Tusculum
(A. Dumas).

Die Etymologie, die Verbindung mit saint, mit -bourg, ist nicht
unbedingt ein Kennzeichen für das Geschlecht, so findet man männlich
Lille-le-Parjuré, Neuville, Vera-Cruz;

weiblich Bar-le-Duc, Fort-de-France, Saint-Pierre, Bourg, Édim-
bourg, Fribourg, Saint-Lô, Lons-le-Saulnier, Louisbourg, Luxembourg, Saint-Sébastien, Strasbourg. Nur die mit dem Artikel ver=
bundenen Städtenamen (le Caire, la Rochelle) scheinen stets dem
Geschlecht dieses Artikels sich zu fügen.

Ein Städtenamen ist stets männlich, wenn das beigefügte Adjektiv
erkennen läßt, daß die Bevölkerung oder ein Teil derselben gemeint
ist: l'Angoulême administratif.

§ 123. A. 3. So wird auch enfançon weiblich gebraucht: Cette
enfançon malingre (G. Camp); ebenso machin: La petite *Machin*
affirmait que le médecin lui défendait de jouer (J.). Sogar
poison als Schimpfname für weibliche Personen wird im Volksgebrauch
weiblich[1]: C'est sa femme qui est ce que j'appellerai, si vous
le permettez, *une poison* (Gyp). C'est encore cette *poison*
de marquise qui a fait le coup (J.). Dagegen le vice de Ger-
minie, le *Jupillon* entretenu et ingrat (G. Geffroy), weil es als
Diminutiv von le jupon gedacht ist.

Von anderen hierher gehörigen Substantiven wird die Motion ver=
sucht. So ist la nourrissonne ziemlich üblich, während die Akad. nur
le nourrisson kennt. La moucheronne (das kleine Mädchen) scheint
das fehlende Femininum zu le moutard ersetzen zu sollen; die Akad.
kennt nur le moucheron als Diminutiv von la mouche.

Espion kann espionne bilden, doch auch unverändert bleiben:
Votre *espion* Lucette (Ottolengui). Vgl. § 138, 2.

---

[1] Poison war früher f. und ist es dialektisch noch.

§ 123, 4. Noch zu bemerken la calcédoine, la chrysoprase, la cornaline (Karneol), la malachite, l'obsidiane ober obsidienne f., la sardonyx ober sardoine, la tourmaline.

Die mit — lithe zusammengesetzten Wörter sind weiblich. Littré führt nur chrysolithe, hippolithe, hystérolithe an und beanstandet, daß die Akad. sie als weiblich bezeichne; er selbst aber gibt allen ähnlichen Wörtern, die im Wörterbuch der Akad. nicht vorkommen, das gleiche Geschlecht: anthracolithe, anthropolithe, calcilithe, cératolithe, pseudo-chrysolithe, coccolithe, dentalithe, dolicholithe, fibrolithe, hippolithe, iolithe, périlithe, pharmacolithe, phlébolithe, pisolithe, pyrallolithe, raphilithe, typolithe. Argiolithe, artolithe, oolithe bezeichnet er als m. mit dem Zusatz, daß einzelne letzteres als fém. gebrauchen.

§ 123, 5. Unter den Namen der Feste ist Noël das einzige rein männliche Wort, wird aber auch oft weiblich gebraucht: *La Noël* du petit Zan (J. Aicard). La séance de *la Noël*. *La Noël* est proche et aussi le jour de l'An. Noël! minuit! *bonne Noël!* Des jouets que sa mère lui avait achetés à l'occasion de *la Noël* (J.).

Es ist nicht immer leicht, das Geschlecht der Flußnamen festzustellen, besonders der vokalisch anlautenden. Selbst bei französischen Flüssen finden sich Schwankungen; während z. B. l'Isère allgemein als fém. gilt, sagt Thiers doch l'Isère tout fangeux.

Außer den bereits angeführten Namen sind bemerkenswert: l'Aar m., l'Adda f., l'Amazone m., le Beraun, la Bérézina, la Bidassoa, le Brahmapoutra, le Bug, la Chesapeake, la Clyde, la Delaware, la Dhuis ober Dhuys, le Dnieper, le Dniester, le Douro, la Drave, la Dwina, l'Ebre m., l'Euphrate m., la Fecht, la Forth, la Fulde, le Gange, l'Indre f., l'Indus m., le Jaxt, la Kin(t)zig, la Lahn, le Lech, la Leitha, la Léna, la Limmat, la Lippe, le Magdalena, la March ou Morava, le Maros, le Mein, le Mersey, le Mississipi, la Moldau, la ober le Nab, la Narva, la Nébraska, le Necker, le Niémen, l'Orénoque m., le Piave, le Pisuerg, la Pleiss, la Prégel, le ober la Raab, la Regen, la Reuss, la Rœr, le Ruhr, la Saale ober Saal, la Sarre, la Savannah, la Save, la Savern ober Saverne, le Sénégal, le Séreth, la Sieg, la ober le Susquehanna, le Tauber, la Theiss, la Traun, la Trent, la Tweed, la Tyne, le Waag, la Werra.

Bemerke auch le Jade der Jahdebusen.

§ 125. Das Bestimmen des Geschlechts nach der Endung ist einigermaßen mißliebig geworden der zahlreichen Ausnahmen wegen. Die große Mehrzahl dieser Ausnahmen aber betrifft selten vorkommende, besonders wissenschaftliche oder technische Bezeichnungen, die man für den Schulgebrauch ganz außer acht lassen kann.

Mit den gegebenen Regeln läßt sich schon eine ziemlich große Sicherheit erzielen, wenn man das natürliche Geschlecht hinreichend beachtet und die in § 134 aufgezählten besonders gefährlichen Fälle sich nur soweit einprägt, um zu wissen, daß bei diesen Wörtern der deutsche Gebrauch sich von dem französischen unterscheidet. Wenn der Schüler sich nur erinnert, daß z. B. bronze, buste, groupe zu den gefährlichen Wörtern gehören, so wird er sie mit dem entgegengesetzten Geschlecht wie im Deutschen, folglich richtig verwenden.

Weitere und ins einzelne gehende Geschlechtsregeln aufzustellen ist unpraktisch, weil das Zuviel hier nur schaden kann. Praktisch ist noch die Regel, daß Wörter auf Konsonant männlich sind mit folgenden Ausnahmen:

Wörter auf f: la clef, la contre-clef, la nef, la soif.

„ „ l: Babel, la béchamel.

„ „ m: la faim, la malefaim.

„ „ n: la fin, la main, sowie (außer den Abstrakten auf on) la chanson, la maison, la prison.

„ „ r: la chair, la cuiller, la mer, la cour, la tour, sowie (außer den Abstrakten auf eur) la fleur, l'humeur (Saft), la liqueur, la primeur, la tumeur, la vapeur, la Chandeleur.

„ „ s: les Cortès, la fois, une oasis, la vis, la souris, la chauve-souris, les mœurs. Die wissenschaftlichen, bes. medizinischen Bezeichnungen auf is kann man außer Betracht lassen.

„ „ t: la forêt, la dent, la gent, la hart, la part, la plupart, la mort, la malemort, la nuit, la dot, la Toussaint.

„ „ x: la paix, la faux, la perdrix, la toux sowie (außer le choix) sämtliche auf oix.

§ 125, 1. Unter den botanischen Namen auf a gibt es nur wenige Feminina, la droséra, la coca, la dourrha neben dem üblicheren le dourah oder doura. Einzelne die früher weiblich gebraucht wurden, sind jetzt männlich, z. B. opuntia. Sonst ist als weiblich zu bemerken la grande Armada, l'influenza, la malaria, la masurka (masourka, masourque), la smala, la solfatara (meist la solfatare), la tombola und eigentümlicherweise la panetela, la régalia, so nahe auch die Ergänzung von le cigare liegt. Auf é ist weiblich Tempé, la mousmé.

§ 125, 3. Außer den genannten gibt es noch einige Feminina auf -age (sämtlich anderer Etymologie als -aticum): ambages, énallage, hypallage, passerage, populage des marais (caltha palustris), saxifrage.

In der Volkssprache wird ouvrage weiblich gebraucht: Il prit une femme de ménage pour faire *«la grosse ouvrage»* (J.). Si l'on n'est pas là-bas à l'écluse de bonne heure, on rate son affaire, *toute l'ouvrage* vous passe devant le nez (J.). Voilà de la *bonne ouvrage* de faite (J.) — Ambages als Sing. und männlich: Je n'ai pas d'ailleurs *le* moindre *ambage* à mon service (O. Comettant).

Femininum auf -ège: une allège Lichterschiff.

§ 126, 3. La rancœur (edleres Synonym von rancune) ist ein zu neuem Leben erwachtes Wort. Toute la *rancœur* résignée de sa longue virginité (M. Prévat).

§ 127, 2. Garde ist Substantiv nur in garde-bourgeoise, garde-noble, die daher f. sind. Es ist Verb in allen anderen, die daher (außer garde-robe) m. sind.

Mit den aus pare à gebildeten Zusammensetzungen sind die Bildungen mit παρά nicht zu verwechseln z. B. parabole, paradoxe, paragraphe.

Passe bildet nur männliche Komposite außer passe-fleur, passe-pierre, passerage, passe-rose.

Perce ebenso mit Ausnahme von perce-feuille, perce-neige, perce-pierre.

Tire ebenso außer tire-cendre.

§ 127, 3. Für die Zusammensetzungen ist noch zu bemerken:

a) wenn von mehreren Substantiven ein Kompositum gebildet wird, so steht das letzte determinativ und das erste bestimmt das Geschlecht: le trois-mâts-barque.[1]

b) Die Zusammensetzungen mit mi behalten das Geschlecht des Substantivs, doch ist minuit männlich, ebenso meist mi-laine, ferner werden carême und Monatsnamen in dieser Zusammensetzung weiblich: la mi-carême, la mi-août.[2]

---

[1] Ausnahmen finden sich z. B. un poney-chaise (L. Halévy).

[2] Mit Unrecht erblickt der gewöhnliche Gebrauch ein Substantiv in der Zusammensetzung mi-parti(e): Elle portait le costume le plus bizarre, taillé *mi-partie* dans des draps de lit et *mi-partie* dans des rideaux à grands ramages (J.). Mi-parti ist zusammengesetzt aus mi und dem Partizip parti (von altem partir teilen), mi-parti ist also Adjektiv und nimmt die Form mi-partie nur an in Beziehung auf weibliche Substantive. In obigem Beispiel wäre daher mi-parti zu setzen: ein Kostüm, geschnitten, halbgeteilt (nicht Halbteil, halbteils) aus Bettlaken, halbgeteilt aus Vorhängen. Das deutsche mundartliche „Halbscheid" wird übrigens ebenso gebraucht und zeigt, daß die Auffassung als Substantiv wenigstens nicht ohne logische Berechtigung ist.

c) in den Zusammensetzungen mit Präpositionen behält das Sub=
stantiv sein Geschlecht bei, ausgenommen arrière-main, avant-
main, enchaux, encroix, en-tête, entre-colonne, entre-côte,
entregent, entre-ligne, welche sämtlich männlich sind.

Ferner ist chiendent m.,[1] quelque chose (sowie autre chose,
peu de chose) ebenso, wie chèvrefeuille ist quatrefeuille m. Man
sagt le rouge-gorge, le rouge-queue (Vogelnamen), le queue-rouge
(Art Hanswurst), aber la gorge-bleue (Vogel). Duché-pairie ist m.,
volte-face f., werden aber beide auch mit dem anderen Geschlecht ge=
braucht. Patte-pelu (Leisetreter) ist m., doch kann auch la patte-
pelue von männlichen Wesen gesagt werden. Die mit sphère zu=
sammengesetzten Substantive sind weiblich: Le soleil a trois enve-
loppes: la photosphère, la chromosphère et la couronne (J.).

Diminutive werden hauptsächlich mit Hilfe folgender Suffixe
gebildet, wobei häufig Hilfs= oder Vermittlungssuffixe eingeschoben
werden:

-aille: Ces garçailles de mousses diese Rangen von Schiffs=
jungen (M. Audouin). La valetaille.

-ard, art: Le louvard (louvart) junger Wolf. Le poupard
Wickelkind.

-astre: Le médicastre. Le musicastre.

-at: Le piat junge Elster. Veraltet le louvat.

-âtre: Le bellâtre. L'écolâtre. Le gentillâtre. La marâtre.

-au, -eau: Le baleineau. Le bécasseau junge Schnepfe,
kleiner, schnepfenähnlicher Vogel. Le boqueteau z. B. de chêne
kleines Gehölz. Le canardeau. Le chevreau. Le dindonneau.
L'éléphanteau. Le gruau (zu la grue). Le héronneau. L'hiron-
deau. Le lapereau. Le lionceau. Le louveteau. Les louve-
teaux vont passer louvards (G. de Cherville). Le mâtereau (zu
le mât). Le mâtineau (zu le mâtin) bei Lafontaine. Le no-
bliau. Le perdreau. Le pintadeau. Le poéterau und le poé-
triau. Le ponceau (zu le pont). Le préau. Le ramereau (zu
le pigeon ramier). Le serpenteau. Le tuileau (zu la tuile). Le
tyranneau. Le volereau (zu le voleur) bei Lafontaine.

-aud,[2] -aut: Le levraut. Le moricaud.

-elle: La cascadelle. La coupelle kleiner Becher. La fene-
strelle. La moucherelle. Les moucherons et les moucherelles
(M. Du Camp). La tigelle Hälmchen La voiturelle.

---

[1] Ebenso trident m., welches direkt aus dem Lateinischen übernommen ist.
[2] Diese Form besonders in Adjektiven: courtaud, finaud, lourdaud u. a.
Mit eigentümlicher Form saligaud.

-et, -ette: L'ablette (zu l'able). L'amourette. L'amusette. Annette. La bachelette. Le ballonet. La barrette Stäbchen, Brettchen. La bergerette. La bergeronnette. Le bourriquet (zu la bourrique). La boutiquette. La brebiette (zu la brebis) und la brebinette (letzteres im Volkslied). Le castelet. La causette (= petite causerie). La chapelette. Le chevalet. La coudrette. La courette. La divette. L'enfantelet. L'Espagnolet (gerings schätzig für l'Espagnol). L'expositionnette. La femmelette. La fillette. Le goret. L'herbette. L'heurette (in Flandern = demi-heure). L'îlet (alt für îlot). L'influenzette. Le jardinet. La juivette. La laideronnette. Louiset (zu Louis). La machinette. La mallette Köfferchen. La masurette (zu la masure). La mer-lette Amselweibchen. La montaguette. Le moulinet. Le muret und la murette. La musette. La musiquette. La partitionnette (zu la partition). Paulinette. La personnette. La piécette. La pipette (Pfeifchen). La placette. La ponette (zu le poney). Les poucettes. Le prestolet. La réformette. La revuette. Le ridelet. La riviérette. Le roitelet. Le salonnet. La scénette. La sœurette. Susette. Suzette. Tantinette (zu la tante). Le tendelet (zu la tente). Tiennette (zu Étienne). La voiturette. Le wagonnet.[1]

-ille: Les Alpilles. L'escadrille. La faucille. La flottille. La mantille.

-in, -ine: Le bergeolin (zu le berger). Le crapoussin. La diétine (zu la diète (Reichstag). Le don Quichotin. Le fortin kleines Fort. Le galantin. Mamine (zu maman). Le papelin. Le plaisantin. Le tableautin. Tantine (zu la tante).

-ole (seltnere Form für -ule): L'absidiole. L'artériole. La ban-derole. La bestiole. La carriole. La flammerole. La gloriole. Seltener -olle: La moucherolle.

-on: L'autruchon junger Strauß. Le bestion bei Lafontaine. Le bottillon kleine Garbe. Le caneton und le canichon. Le charreton. Le chaton. Le clocheton. Le domainaillon kleines Gütchen. L'enfançon. Le fiston (zu fils). Le fromageon kleiner Käse. Le lumignon (zu la lumière). Marion. Le médaillon. Le moinillon (zu le moine). Le moucheron. Le moussaillon. Le napperon. Le négrillon. Le noblillon. Le nuagillon. L'oi-sillon. L'oison. Le peintraillon. Le peton (zu le pied). Le

---

[1] Vielfach werden mit -et, -ette Diminutive von Adjektiven gebildet: blan-chet, bravet, gaillardet, grandet und grandelet, jeunet, longuet, pauvret, pro-pret, von welchen besonders die Femininformen häufig sind. Nur fém. ist à la bonne franquette. Auch un tantinet ein Weilchen.

portillon Türchen. Le principion Ducdezfürst. Le procillon (zu le procès). Le pyramidion. Riton (zu Marguerite). Suzon. Le vallon.

-ot, -ote: L'angelot. Le bergerot. La bêtote. Le bicot Zicklein. Le bourricot. Le boursicot (zu la bourse). Charlot. Le chiennot. Le fillot. Le frérot. Le grangeot. L'îlot. Julot. Paulinote. Le paysannot. Le poulichot. Prospérot.[1]

-ule: Le globule. Le lobule. La lunule. La notule (zu la note). La plantule. La plumule. La veinule. — Die auf -cule (animalcule, cicatricule, corpuscule, édicule, nubécule, opuscule, pédicule usw.) bieten kaum spezifisch-französische Ableitungen, solche könnte man höchstens in le principicule (= principion) und le théâtricule erblicken.

Daneben finden sich zahlreiche Bildungen mit petit: Vous avez un *petit air* sérieux. Dire un *petit bonjour*. Dissimuler sa *petite douleur* (Mme de Sévigné). Il n'est pas de mon *petit intérêt* qu'elle se marie (Marivaux). Sa *petite manière*. Avoir, trouver le *petit mot* pour rire. Ce *petit plaisir*. Elle joue la *petite poitrine* die schwache Brust (Mme de Sévigné). De *petites prétentions*. De *petits rhéteurs*. J'ai gardé mon *petit silence* (Mme de Sévigné). Nous allons faire notre *petit traité* (O. Feuillet). Il ne nous fait plus sa *petite visite*.

Sehr beliebt sind reduplizierende Bildungen, besonders von männlichen Vornamen: Bébert (Albert), Bobosse (Spottname für einen Buckligen), Didique (Frédéric), Dodo und Dodolphe (Adolphe), fanfan (enfant), fifille, Fifine (Joséphine), Fonfonse (Alphonse), Gégène (Eugène), Gugusse (Auguste), Nénesse, Nénest, Nenneuil (alle zu Ernest), Nénette (zu Anne, Annette), papapa, Popaul, poupoule, Tatave (Gustave), Tonton (Gaston), Totole (Anatole), Totor (Victor), Yeyette oder Yéyette (zu Henriette, Juliette).

Eine besondere Erwähnung verdient das rhetorische Diminutiv, eine Art Litotes (antiphrase) oder ein ironisch verkleinerter Ausdruck für etwas Großes, wozu auch die abgeschwächte Negation zu rechnen ist, wenn sie den Sinn einer sehr energischen Negation erhält. Allerdings wird in den meisten Fällen die Diminutivform als solche nicht mehr gefühlt und in den von Mätzner aufgeführten Wörtern ballot, boulet, tonneau[2] kann man kaum noch Diminutive erblicken.

---

[1] Diminutive von Adjektiven sind auch hier zahlreich: bellot, faiblot, finot, maigriot und maigrichot, pauvrot, petiot, sécot, vieillot.

[2] Noch weniger in dem Wort tonneau als Gewichtsangabe. Einzelne allerdings bezeichnen tonne als demi-tonneau (d. h. 500 Kilogramm), in der Regel aber sind tonne und tonneau gleichbedeutend (d. h. 1000 Kilogramm). Das Wort tonneau, welches allmählich die Bezeichnung tonne verdrängt,

Dagegen ist in anderen Fällen das rhetorische Diminutiv im Fran=
zösischen sehr ausgebildet. So bei Adverbien, besonders der Quantität:
Il s'agit *bien* de cela davon kann keine Rede sein. C'est *modéré-
ment* flatteur das ist keineswegs schmeichelhaft. Cette idée ne lui
souriait que *médiocrement* sagte ihm ganz und gar nicht zu. Il
s'est *joliment* trompé er hat sich höchlich getäuscht. Ce n'est *pas
peu* dire das will genug heißen, damit ist alles gesagt. Il serait
peut-être *faiblement* remercié sich keinen Dank verdienen. *Pas mal*
de gens de loi eine Menge Juristen. Le corbeau . . . jura, mais
un peu tard, qu'on ne l'y prendrait plus viel zu spät. Ils se
sont enfuis, *peu jaloux* de rester plus longtemps auprès d'un
père barbare da sie keinerlei Lust hatten. Comprenez-vous? *Pas
trop* absolut nicht. Je *ne sais trop* ich habe keine Ahnung. Je ne
vous *dirais pas trop* das kann ich nicht sagen. On donne souvent
à ce mot des sens qu'il *n'a pas trop* die es durchaus nicht hat.
Cette façon . . . n'était *pas tout à fait* du goût de notre génération ganz und gar nicht nach dem Geschmack. Der auffallendste Ge=
brauch dieser Art ist wohl das populäre plus souvent oder le plus
souvent für point du tout, jamais, au grand jamais.

In ähnlicher Weise wird durch die Komparationsadverbien aussi,
autant eine äußerliche Gleichstellung bewirkt, während die energische
Bevorzugung bzw. unbedingte Ablehnung ausgedrückt werden soll. Il
ferait *aussi bien* de se mêler de ses affaires er sollte sich lieber
um sich bekümmern. Il y a certains détails que *j'aime autant*
donner par citation die ich mich wohl hüten werde, anders als in
Citatform zu geben. Vgl. englisch It is always as well to be on
the safe side.

Die Negation oder Einschränkung gibt vielen Ausdrücken eine super=
lative Bedeutung des Gegenteils: Il n'était *pas autrement* curieux
de rentrer es wäre ihm sehr unlieb gewesen, heimkehren zu müssen.
Nous n'aurons *pas volé* une nuit de bon sommeil wir haben red=
lich verdient. Cette nouvelle n'est pas *sans leur faire plaisir* macht
ihnen sehr große Freude. Ce n'est *pas malheureux* das ist ein
großes Glück. Il s'en *consolerait* darüber wird er sehr leicht weg=
kommen. Il est *inutile* qu'on me voie ich will unter allen Um=
ständen vermeiden, daß man mich sieht. Il n'avait pas *nui,* selon
son usage, au succès de la pièce er hatte tüchtig gesorgt für. Nous
venons de faire un empereur, et pour ma part je n'y ai pas

---

wurde nur der Differenzierung wegen eingeführt, so daß tonne ein Gewicht,
tonneau dagegen ein Kubikmaß angab; daher die fernere Unterscheidung
tonneau de jauge (2,83 Kubikmeter und tonneau d'affrétement 1,44 Kubik=
meter, d. h. die Hälfte des vorigen).

nui (P.-L. Courier). Am üblichsten ist ne pas se soucier: Je ne me *soucie* pas qu'il fasse de moi un Ménélas (E. Thiaudière). Il ne se *souciait* pas que la noce finît par son enterrement (J.). Je ne me *soucie* pas de voir sauter les dents de ma mâchoire (Saint-Marc Girardin). Vgl. englisch Mice care not to play with kittens.

Die *antiphrase* ist eine der Umgangssprache besonders geläufige Rede=figur, die teils der Ironie entspringt (quel ange de douceur was für ein Satan; vous aurez bonne grâce à le faire das wird Ihnen übel anstehen), teils auf einen Euphemismus zurückzuführen ist: Que le bon Dieu vous bénisse! j'ai failli me casser le cou dans votre escalier (Droz) = hol's der Teufel. Quinze bénédictions! antwortet die erboste Marktfrau einer Käuferin, die statt des verlangten Franc nur quinze sous geboten hat.

§ 128. Es würde ganz unmöglich sein, alle substantivierten Ad=jektive aufzuführen, besonders die wissenschaftlichen Bezeichnungen. Es kann sich hier nur darum handeln, die Regel festzustellen, daß alle Adjektivsubstantive, bei welchen animal, mammifère, oiseau, poisson, mollusque, crustacé, insecte, arbre usw. zu ergänzen ist, dem männ=lichen Geschlechte zufallen, diejenigen dagegen welche plante, fleur zur Ergänzung haben, weiblich sein müssen.

Von den üblichen Adjektivsubstantiven sind männlich:[1] l'abstrait (n.), l'accessoire (n.), l'acéphale (animal), l'agréable (n.), l'alterne-interne (angle, innerer Wechselwinkel), l'amphibie, l'anabaptiste,[2] l'ancien (Schriftsteller des Altertums), im Plural die Alten, die älteren Jahrgänge, die Hochstämme u. a., l'anglais und so alle Sprachen=bezeichnungen, l'Anglais und so die übrigen Völkernamen, l'anni-versaire, l'antique das Antike, das Altertum,[3] l'arbitraire (n.), l'Asiatique (meist Plural), l'auxiliaire, le barbe (cheval), le bas der Strumpf (volles Substantiv geworden), le bas (meist Plural, les hauts et les bas), le beau, le bien-venu, le bimane, le bipède, le blanc, le bleu, le petit bleu, le bon (n.),[4] le brut (z. B. pé-

---

[1] Ein zugefügtes (n.) bedeutet, daß das Wort nur in neutralem Sinn vorkommt.

[2] Die Akad. bezeichnet anabaptiste, calviniste, optimiste, royaliste als Ad=jektive, dagegen non-conformiste, impérialiste, légitimiste, méthodiste, pessi-miste als doppelgeschlechtige Substantive.

[3] Dagegen une antique ein antikes Kunstwerk. Doch findet man auch hierfür un antique, und das ist unbedenklich, wenn man statt statue etwa buste, torse u. dgl. ergänzen kann.

[4] Meist durch le bien ersetzt, doch kann man auch scheiden le bien das Gute, le bon das Brauchbare, Taugliche. Jedenfalls hat le bien eine viel weitere Bedeutung: Ma marche vers le bon, vers l'utile, vers le grand, — ma marche vers le bien enfin (A. Dumas).

trole, Gegenſaß von raffiné), le calme (n.), le capital (voßes Sub=
ſtantiv geworden), le carnivore, le caustique,[1] le Céleste (= Chinois), le centenaire, le bi-centenaire, le certain (n.), le cétacé,
le chaud (n.), le chaud-froid, le chinois (Porzellan), le chroma-
tique (früher auch f.), le circonflexe, le civil, le clair, le comique,
le commercial (tribunal, Gegenſaß le civil), le commun, le communal (meiſt les communaux), le complet, le composite, le con-
cave, le concret (n.), le conifère, le conirostre (passereau), le contraire (n.), le coupable, le crématoire, le criminel, le définitif,
(n.),[2] le défunt, le délié (Haarſtrich, Gegenſaß le plein), le difficile
(n.), le digitigrade (animal), le diurne (oiseau), le double, le
doux (n.), le dramatique, le dur (z. B. ein Branntwein, auch Zucht=
hauß), l'empirique, l'étranger, l'exécutif, l'extraordinaire (n.), l'extrême (meiſt Plural), le fâcheux, le faible, le fauve, le faux (n.),
le féminin, l'éternel féminin, le ferme (z. B. amener un sanglier
au ferme ſtellen), le féroce (meiſt Plural), le fidèle, le fixe, le
fluide, le formulaire, le fort, le fossile, le fragile (serpent), le
frais (n.), le froid, le funiculaire, le futur, le gai (n.), le garni,
le général (n.), le gothique (genre, style),[3] le grand, le graphique,
le gras, le grave (meiſt Plural), le petit-gris, le gros, le haut,[4]
l'herbivore, l'hexamètre, l'historique, l'holothuride, le hongre
(cheval), l'honnête (n.), l'hostile (n.), l'humain (meiſt Plural), l'idéal,
l'illustré, l'impaire, l'imperméable, l'impratique (n.), l'incertain (n),
l'inconnu, l'incunable, l'indispensable, l'infusoire, l'ingrat, l'injuste,
l'innocent, l'insectivore, l'instantané, l'intellectuel, l'intrus, l'invi-
sible, le jaune, le jeune (meiſt Plural), le joli (n.), le juste, le
laid (n.), le lanifère, le large, le largue, ledit, le législatif, le
Léman, le liquide, le lointain, le long, le lourd (n.), le mal-
honnête (vulgär), le malin, le mammifère, le mauvais (n.), le
maxillaire, le même (meiſt n.), le menu, le méridien (früher
auch la méridienne, sc. ligne), le Métropolitain, le meublé, le
moderne, le moral, le moyen, le myriapode, le nasal, le national (meiſt Plural), le naturel, le nécessaire, le nécrophore, le
neuf, le neutre, le noble, le nocturne (oiseau), le noir, le nu,
le numéraire, l'obscur (n.), l'oral (examen), l'ovipare (animal),
le pachyderme, le palmipède (oiseau), le parasite (insecte u. a.),

---

[1] Doch la caustique als Ausdruck der Optik.

[2] Oft auch unrichtig en définitif für en définitive.

[3] Dagegen la gothique gotiſche Schrift, Fraktur.

[4] Haut, large, long finden ſich ſubſtantiviſch ſtatt hauteur, altitude, lar-
geur, longueur; für profondeur, épaisseur werden aber die entſprechenden
Adjektive nicht bei Dimenſionsangaben gebraucht. Bei anderen z. B. circon-
férence fehlt ein Adjektiv.

le paresseux, le particulier, le pathétique, le patient, le pauvre,
le perdicé (meist Plural), le périodique, le petit, le plantigrade,
le plein, le trop plein, le politique, le populaire, le possible (n.),
le postal (coli), le potager (jardin), le praticable, le précieux
(n.), le préliminaire (meist Plural), le présent, le principal, le
privé, le profond, le propre, le public (volles Substantiv), le quadrumane, le quadrupède, le rapace (oiseau), le rapide (train), le
réel (n.), le reptile, le riche, le rond (= sou, franc), le rouge,
le sage, le sauvage, le savant, le sec, le serein, le sérieux, le
silencieux (n.), le sleeping (car), le solide (corps), le solipède
(animal), le sous-marin (bateau), le spinelle (rubis), le spirituel,
le stationnaire (vaisseau), le submersible (bateau), le subtil (n.), le
superflu (n.), le synonyme, le temporel, le terrible (n.), le territorial (meist Plural), le tiers (état), le tonique (remède),[1] le tragique, le transatlantique, le Tropique, l'uniforme, l'utile (n.), le
vague, le vert, le viager, le victorieux, le vide, le vieux, le vif,
le vivipare, le vrai (n.), le vulgaire, le zoophyte.

Die weiblichen Adjektivsubstantive sind begreiflicherweise weit weniger
zahlreich als die männlichen, schon weil die letzteren durch die Wörter
sächlicher Bedeutung bedeutend vermehrt werden. Dafür aber hat die
weibliche Gruppe die Eigentümlichkeit, daß ihr fast ausnahmslos die
Argotbezeichnungen zufallen: l'acoustique, l'active (armée), l'Adriatique,[2] l'affirmative, l'agame (plante), l'Amicale (Berufsverein, z. B.
l'Amicale des instituteurs, l'Amicale des anciens élèves du lycée
de . . .), l'arachnoïde (membrane), l'automobile, l'autre (in dem
Ausdruck en voici bien d'une autre), la babillarde (Argot: Brief,
Glocke), la baccifère (plante), la Baltique, la bavarde (Argot:
Zunge), la Belgique, la belle[3] (Revanchepartie), la blanche (note),
la bleue (dépêche, auch für la côte d'Azur), la blonde (bière),
la boiteuse (= justice), la bonne (auch in en faire une bien
bonne à qn), la bordelaise (bouteille), la brève (voyelle), la brune
(nuit, jeune fille, bière), la cactée (meist Plur.), la canine (dent),
la capitale (ville, lettre), la capsulaire (plante), la caractéristique,
la Caspienne (mer), la céréale, la chimique (allumette), la circulaire (lettre), la Cisalpine, la clinique (médecine), la cochinchinoise (poule), confidentielle,[4] la conifère (plante), la conique
(section), la copulative (conjonction), la correctionnelle (chambre

---

[1] Aber la tonique (syllabe, note).

[2] Zu ergänzen mer, auch golfe de Venise genannt. Es würde indessen
nichts hindern, auch bei l'Adriatique das Wort golfe zu supplieren.

[3] Auch de plus belle (sc. façon): immer ärger, stärker.

[4] Vermerk auf einem Schreiben; auch als Mask. confidentiel.

de tribunal), la courbe (ligne), la crucifère (plante), la crurale (artère), la cryptogame (plante), la définitive (en définitive), la dicotylédone (plante), la disjonctive (conjonction), la douloureuse (Argot: Rechnung), la droite (main)[1], la drôle (aventure, histoire: il m'en est arrivé une bien drôle), la dure (terre), la dynamite (poudre), une enclitique (particule)[2], l'équivoque, la féminine (rime), la fine (champagne), la fraîche (frische Luft, Abendfühle), la frite (meist Plural, pomme de terre), la gauche (main), la gavotte (danse), la glorieuse (in les Trois-Glorieuses = 27, 28, 29 juillet 1830), la gothique (écriture), la haute (société), l'honorée (lettre), l'horizontale (Argot: Dirne), l'hydraulique (science), l'imaginative, l'impériale (Wagendeck, Münze), l'incise (proposition), l'incisive (dent), l'inconnue (grandeur numérique), l'initiative, la judiciaire (Gerichts=barkeit, Verstand), la jugulaire, la jumelle (meist Plural: Opernglas), la laïque (école), la lanifère (plante), la Laurentienne (bibliothèque), la légère (cavalerie), la légitime (épouse, portion), la locomobile, la locomotive, la longue (voyelle), la lourde (Argot: Tür), la marine, la matérielle (Argot: Lebensunterhalt), la mathématique (science, meist Plural), la Mazarine (bibliothèque), la Méditerranée, la mobile (armée), la molaire (dent), la moyenne, la muette (Schul= argot: Mißbilligung durch eisiges Schweigen), la mutuelle (école, assurance), la nasale (voyelle), la Navale (école), la négative, la noire (note), la Normale (école), l'optique (science, boîte), la panique (terreur), la parallèle (ligne), la parasite (plante), la pareille (rendre la pareille à qn.), la paroissiale (église), la particulière (Argot: Liebste), la patente (lettre), la pauvre, la pénultième (syllabe), la phanérogame (plante), la polaire (étoile), la portugaise (huître), la polygame (plante), la Polytechnique (école), la présente (lettre), la prochaine (lettre), la professionnelle (fille de mauvaise vie), la profonde (Argot: Hosentasche), la pulmonaire (plante), la raide (en conter de raides), la réciproque, la ronde (note), la rousse (Argot: Polizei), la routière (locomotive), la scolastique (philosophie), la secrète (police), la sévère (en voilà une sévère eine tolle Geschichte), la territoriale (armée), la torride (zone), la Transalpine, la Transpadane, la tyrolienne (chanson = Jodler), la Vaticane (bibliothèque), la verte (Argot: Absynth), la vieille (femme, un vieux de la vieille sc. garde, ma vieille im Argot: alter Freund).

In der Verbindung à la . . . können Adjektive leicht substantiviert werden: A l'anglaise, messieurs, à l'anglaise! c'est le vrai courage

---

[1] Früher auch le droit (côté).

[2] Auch un enclitique (mot).

(A. Daudet). On prend tout *à la bonne* (qui suffisent. J. Richepin). Vivre *à la douce* (H. Lavedan). Elle éleva *à la dure* ses huit garçons (A. Daudet). Répondre *à l'étourdie* (Girardin). Il y a tant de braves gens qui se jettent *à l'étourdie* au beau milieu de votre sentier (J. Janin). Le parc a été refait à la mode anglaise: pelouses, blocs de verdure, corbeilles de fleurs, tout *à la grande* et par masses (E. About). Du café préparé *à la turque* (J.).

Die Adjektive im Komparativ zeigen manche Besonderheiten. Ausdrücke wie monter au sommet pour voir plus grand, il en pense plus long qu'il ne dit, refaire un discours en moins long, il y a du mieux, l'instinct du mieux erklären sich von selbst. Wichtiger ist die Ellipse von quelque chose de bei neutralem Sinn: On n'imagine pas plus *banal* (E. Renoir). On a vu plus *étrange* encore (J.). Il a fait plus *fort* encore (J.). On a élevé des statues à des gens qui avaient fait moins *fort* que ça (J. Montet). Dussé-je encourir un blâme sévère ou *pis* encore (E. Gaboriau). Ebenso die Ellipse von quelqu'un de vor Sing., selten vor Plural bei Personenbezeichnung: Nous laissons ce soin à plus *compétent* que nous (J.). Tu te prends à plus *dur* que toi (Lafontaine). S'attaquer à plus *fort* que soi (A. de Musset). Nous laissons à plus *hardis* et moins *scrupuleux* que nous le triste honneur de détruire la société moderne (J.). Mais il y a plus *heureux* qu'Achille, et ce sont ces esprits qui auront pu vivre longtemps sans paraître pour cela moins jeunes aux yeux de la postérité (J. Barbey d'Aurevilly). Nous avons trouvé plus *malin* que nous (X. de Montépin). Doch können alle diese elliptischen Ausdrücke niemals als Subjekt auftreten: Puisque Charlemagne . . . avait lui-même payé le tribut mortel, *les moindres* que lui, les rois et princes du siècle présent, avaient bien pu mourir (Sainte-Beuve). Le lecteur relèvera de lui-même mes erreurs, et *de plus habiles* que moi décideront (A. de Musset).

Im Superlativ erlauben viele Adjektive eine Substantivierung, besonders im neutralen Sinn, die sie sonst nicht zulassen: Le *plus adroit*, le *plus glorieux* même, n'est donc pas à la guerre de remporter des succès éclatants et stériles (J.). Pierrot reçoit le *plus beau* de la volée sur ses maigres épaules (Th. Gautier). La petite fille qu'on avait mis dans *son plus beau* (A. Daudet). Un libertin qui portait le *plus clair* de son bien à une méchante femme (Th. Gautier). Le *plus clair* de mon temps se passait à feuilleter ces registres (J.). La ligne du chemin de fer va toujours *au plus court* (J.). Couper *au plus court* (Vinet). C'est là *notre plus court* (sc. chemin. Lafontaine). Quel est le *plus court* pour s'y rendre? (A. Theuriet). *Le plus dangereux* était fait (J.). *Au dernier* (= à la fin). Avoir *le dernier* (sc. mot). Courir *au plus pressé*, viser *au plus droit* (Sainte-Beuve). Dans *le plus épais* du bois (Mme A. Tastu). Jouer *au plus fin* avec qn. Le fameux droit *du plus fort* (Voltaire). *Le plus fort* est fait (J.). *Au plus fort* de la Terreur (J.). Il est un terme à la force active *du plus habile* (Villemain). *Le plus joli*, c'est qu'en voulant leur faire entendre raison, il reçut tous les coups (J.). Cet imbécile de cocher a pris *le plus long* (Droz). Je suis revenu par *le plus long* (O. Feuillet). Conservez votre sang-froid dans une querelle, et vous aurez toujours *le meilleur* (J.). Mon mari voulut qu'on leur servît *du meilleur* (É. Souvestre). *Le meilleur* de l'argent qu'ils reçoivent va aux pauvres (J.). Il passait *le meilleur* de son temps à bouquiner dans les abbayes (Carrel). *Le plus plaisant* de l'affaire (J.). Il faut aller *au plus pressé* (J.).

Ordinalzahlen lassen leicht die Substantivierung zu: Le premier de l'an. La jeune première (du théâtre). Mlle Marie D. . . ., première dans un atelier de la rue de la Paix. La première aux Corinthiens. Une cuisinière de première (sc. force). Monsieur le premier (sc. président). Du premier (Vorlauf beim Keltern des Weins). Servir aux soldats des côtelettes première (sc. qualité). La classe de seconde. Du second (Most, der erst durch Pressen der Kelter erzielt wird). Le quatrième (sc. étage). Les soupers de centième (sc. représentation). Portraits d'aïeux, pur dix-huitième (siècle). Une église de village dans le style du quinzième. Les chasseurs de la 7e de ligne. La troisième (compagnie) du premier (bataillon). Und selbstverständlich bei Bruchzahlen: Cet immense espace. environ le septième du globe. Un soixantième de la récolte est perdu.

Die Partizipien lassen wie die Adjektive substantivischen Gebrauch zu: Ajoutant ainsi continuellement à son *acquis* (= savoir acquis) . . . Buffon est arrivé sur les plus grands sujets qu'il soit donné à l'œil humain d'embrasser (Sainte-Beuve). *L'ambulant* (wagon de poste d'un train) de Paris à Tergnier (J.). Tous les *arrivants*[1] étaient en grand deuil (A. Daudet). *L'aspirée* (consonne). *Le bouilli* (bœuf). *La bouillie*. Des chromolithogravures à sujets fantastiques où *le criant* le disputait à l'impossible (J.). Ils imposent *au crucifié* la couronne d'or au lieu de la couronne d'épines (H. Martin). Le corps *d'un décédé* subitement sur la voie publique (J.). Bonhomme *au demeurant*. La balance *du donné au rendu* (Volney). D'ailleurs tout *l'écrit* (examen) a été

---

[1] Kaum im Sing. üblich. Ebenso les assistants, les absents, les présents.

d'une médiocrité déplorable (Ch. Foley). *L'enterré* vivant
(H. France). *Le fatigant*[1] était de les (les arrosoirs) enfoncer dans
le bassin (H. Malot). *Au figuré* (sens). Le *Pour et contre*, ouvrage
périodique d'un goût nouveau ... ressemble pour la forme aux
journaux anglais d'Addison, de Steele, de Johnson, avec moins
de *fini* et de *soigné* (Sainte-Beuve). Apprécier *le bien fondé*
d'une supposition (J.). Un plat de *frites* (A. Germain). *L'im-
portant* est que vous soyez pour moi (E. Renoir). *L'imprimé*.
Faire citer qn en répétition de *l'indû* (wegen Herausgabe des zu
Unrecht gezahlten Betrags). Pour ober jusqu'à plus ample *informé*
(J.). Le parlement de Paris ... effaça de *l'intitulé* des actes
judiciaires le nom du roi (H. Martin). Faire feu *au jugé* (J.).
Le labouré (champ, meist Plural). Le chevreuil s'en va vers une
remise située à trois kilomètres de son *lancé*[2] (J.). Un *levé*
topographique (J.). Avoir du *liant* (gefälliges, leutseliges Wesen).
Le marié, la mariée. Les mordants (Beizmittel in der Färberei).
Le mort saisit le vif (Rechtsgrundsatz). *Un mort* célèbre (Sainte-
Beuve). La mémoire *du mort* par amour (J.). Quand on ra-
masse *un mort* de faim dans les rues de Paris (J. Simon). Ces
morts fameux (Sainte-Beuve). *Aux Morts* pour la patrie (Ju-
schrift). Adjuger qe au plus *offrant*. La règle nouvelle était
l'opposé de l'autre (Génin). On trouva donc chez les sous-
officiers une pépinière toute naturelle d'excellents officiers pour
remplacer *les partants* (Thoumas). *Le passé*. Sous *le percé* de
la forêt (Sainte-Beuve). Un monsieur très bien mis et *d'un
poli* (J.). Votre autre *préféré* (Scribe). Le *présent*. Un *rendu*
pour un *prêté* (Wurst wider Wurst). Après le *prononcé* du jugement (J.). Prendre les *raccourcis* (Weg abschneiden. R. Dubreuil).
Les *rampantes* (plantes). Pour le *restant* de sa vie (A. Karr).
Une pièce de *petit salé* (E. About). Des *semblants* (Nisard).
La *serrante* (ceinture des ouvriers du port. J. Richepin). Le
surprenant c'est que ... (J.). Les deux *tombés* se relevèrent
(M. Champimont). Voilà mes bas et mes *vernis* (J.). Oh! *le
déjà vu* des églises et des palais (P. Bonnetain). Les abords
du Guggi lui donnaient une sensation de *déjà vu* (A. Daudet).

Ungleichheiten sind bei diesen Substantivierungen nicht ausgeschlossen.
So bezeichnet die Akad. 1822 bivalve und multivalve als f., univalve blieb ohne Angabe, wurde aber mit bivalve zusammengestellt,
sollte also wohl auch f. sein. Seit 1836 ist multivalve noch f. (co-

---

[1] Wo wie hier Doppelformen existieren, ist die Form des adjectif verbal
am Orte.

[2] Wohl irrtümlich für son lancer. Vgl. Littré, Suppl.

quille ergänzt), bivalve und univalve dagegen m. (coquillage er=
gänzt).

Auch Unrichtigkeiten finden sich: *La belle Arcturus* de la constel-
lation du Bouvier. Der weibliche Gebrauch des Mask. Arcturus ist
offenbar durch den Gedanken an étoile herbeigeführt.

In gleicher Weise werden Substantive, die zur Namengebung ver=
wendet werden, ihrem eigentlichen Geschlecht entfremdet und nehmen
das Geschlecht des zugrunde liegenden Artbegriffes an. Der Artbegriff
oiseau hat z. B. das männliche Geschlecht herbeigeführt bei den Namen
le rouge-gorge, le rouge-queue, le gorge-bleue, le gorge-noire.

So sagt man la dynamo, la locomobile, la Perkins (alle mit Er=
gänzung von machine), la Flobert (ergänze carabine), un cider
(ergänze canard), le havane (ergänze cigare). Dagegen le Colmar,
le Messire Jean, le beurré blanc (gris, rouge), obwohl in allen
Fällen poire zu ergänzen ist.

Ferner sind zu erklären durch Supplierung von rose: Elle tenait
à la main une *maréchal Niel* (R. Saint-Maurice), von fusil: un
percussion centrale (M. Léna), von piano: un *demi-queue* (E. du
Maurier), von chapeau: les employés de la société sous leur
haute-forme, un peu bourru, mais correct (J.), von style: Cette
profusion de tourelles et de pignons qui caractérise *le faux
renaissance* (R. Saint-Maurice). Schwer zu bestimmen ist das in
Gedanken vorschwebende Substantiv bei: Cela ne vous absorbait pas
comme *le pleine nature*[1] qui écrase de sa grandeur (J. Richepin).

Eine Ergänzung ist wohl auch als bestimmend anzusehen in Fällen
wie endosser le traditionnel *«queue de morue»* (J.). Je m'assurerai
si mon *bergère des Alpes* est encore dans l'armoire (L. Desnoyers),
wobei costume als das zugrunde liegende Wort gelten kann.

Wörter, die sich erst einbürgern, haben dann öfter schwankendes
Geschlecht; so sagt man meist une automobile (ergänze voiture), doch
findet man das Wort, wie übrigens auch locomobile, manchmal als
Mask.

§ 129, 2. Die Regel, daß amours nur weiblich ist für voran=
stehendes, nicht für nachfolgendes Adjektiv, wird auch von Lafaye
gegeben. Ebenso stimmt damit das Circulaire ministérielle überein,
welches im Plural beiderlei Geschlecht für zulässig erklärt, aber in den
Beispielen (de folles amours, des amours tardifs) jene Regel innehält.

Selten findet man amours männlich bei voranstehendem Adjektiv:
Cette vague jalousie, compagne inséparable des *premiers amours*
(Ch. de Bernard). Noch seltener freilich ist toutes les amours:
Toutes les amours qu'elle (c.-à-d. la ville) enfermait (G. de Mau-

---

[1] Vgl. damit une pleine-eau Bad im freien Fluß.

passant). *Toutes ces amours* douteuses qui conduisent à des catastrophes (A. Germain).

Häufiger findet sich der Plural weiblich auch bei nachstehendem Adjektiv. Hier aber sind zunächst die poetischen Beispiele auszuscheiden; ferner diejenigen, welche Adjektive aufweisen, deren männlicher Plural mehr oder weniger gemieden wird: Des *amours banales* (G. Duruy). Des *amours* vulgaires et *vénales* (E. Renan). Dann bleiben verhältnismäßig wenig Beispiele übrig: Cette évocation *d'amours* à jamais *disparues* (P. Bourget). Les *amours vagabondes* (A. Hermant). Rien ne devait subsister en elle des *amours anciennes* (P. Bonnetain). Besonders selten ist die weibliche Form bei prädikativem Adjektiv: Si nos *amours* sont un jour *livrées* à la curiosité du monde (E. Daudet). Auch nachgestelltes tout findet sich wohl nur in männlicher Form: Les *amours* d'aujourd'hui, *tous* les mêmes (P. Bourget).

Das neugebildete humour (welches Littré ioumeur sprechen will, als englische Umbildung von humeur) ist in der Regel m. Une pointe *d'humour* villageois (E. About).

§ 129, 3. Ne ... personne kann nicht weiblich gebraucht werden. Es ist selbstverständlich auch nicht erlaubt, syleptisch ein vorausgegangenes männliches personne dann als weiblich zu behandeln. Folgender Satz ist also eine stilistische Ungeschicklichkeit: Le départ de l'amiral Bienaimé n'a surpris *personne*, au moins de *celles* qui par devoir professionnel fréquentent au ministère de la marine (J.).

Chose ist nebenbei männlich in der Verwendung für männliche Personen oder Gegenstände, die man nicht mit ihrem Namen bezeichnen will. *Le petit chose* (A. Daudet). Il est homme de cheval, dans le sang! Que veux-tu? C'est né *le chose* sur une selle! (F. Vandérem). Qu'est-ce que c'est donc que ce *gros chose* vert là-bas? — Mais, c'est le bois de Boulogne, monsieur (E. Auriol).

Der Plural von orgue ist jetzt als männlich oder weiblich zugelassen. Der männliche Plural wurde schon vorher öfter gebraucht: des *orgues ambulants* (A. Daudet), les pauvres *vieux orgues* enroués (R. Maizeroy).

Keine der drei genannten Bedeutungen von œuvre als Mask. gestattet einen Plural. Daher kann man sagen, daß das Wort im Plural ausschließlich weiblich ist.

Jedoch findet sich œuvre männlich auch in anderen Fällen: L'esquisse *d'un œuvre* d'art (G. Servières). L'œuvre aussitot *né*, la question de sa viabilité se pose (J.). L'œuvre est *né*, comme l'enfant, sans tuer sa mère (J.).

Bei fremden Ausdrücken entscheidet man sich entweder nach dem Auslaut z. B. le Sobranyé, le Royal Academy, cette Charter-house, l'entrée de la Court-House,[1] ober nach dem beigefügten oder beifügbaren Appellativ z. B. la National Society, la Charter-house (maison), la Schillerplatz, la Gresham (société d'assurances), la troika (voiture), la scotish (danse), la czardas (danse), la landwehr und la landsturm (armée bzw. levée), la Christmas (fête), le télégramme du ›Veritas‹ (bureau), la Norddeutscher Lloyd (société oder compagnie), oder endlich man richtet sich nach dem entsprechenden französischen Substantiv z. B. la rocking chair (vgl. chaise), la struggle for life (vgl. lutte pour l'existence), la gentry (vgl. noblesse), la mob (vgl. populace, plèbe), la garden party (vgl. partie), la Sunday street (vgl. rue). Verhältnismäßig selten wird bewußterweise das fremde Geschlecht beibehalten: Des carrosses d'archiducs qui vont à la Burg (Wiener Hofburg. H. Lavedan).

§ 130. Außerdem haben das Geschlecht gewechselt bzw. die frühere Doppelgeschlechtigkeit aufgegeben un abîme, une affaire, une alcôve, une antichambre, une apostrophe, un argent (vulgär noch f.), un automne (manchmal noch f. z. B. la fraîcheur embaumée de l'automne commençante bei A. Theuriet), le bronze, la caaba, le calque, le centime, le chiffre,[2] le cloaque, la comète, le comté, le crabe, le cyclone, le digeste, la disparate, le duché, une ébène, un emplâtre, une enclitique, un entre-sol, les éphémé-rides f., un épiderme, une équivoque, un esclandre, un exercice (vulgär als f. z. B. Messieurs, la dernière exercice, disait le pitre bei E. de Goncourt), un holocauste, une horloge (war provinziell m., so noch le Gros Horloge Gebäude in Rouen), un horoscope, une hydre, une insulte, une intrigue, le légume,[3] la maxime, minuit, le naphte, une ocre, un omnibus, un opuscule, un ordre, une orfraie, la pagode, le panache, le pétale, la préface, un rien, le sphinx, le squelette, le stade, le steppe (noch vielfach als f.), la thériaque, un ulcère.

Aise ist oft masc. in den Redensarten à son bel aise, à leur bel aise und avoir tous ses aises (in der Regel mit Negation).

---

[1] Doch findet man auch Beispiele wie le Smithsonian Institution. Oder ist dabei an l'Institut de France gedacht?

[2] Nur mißverständlich in unserer Bed. „Waschlappen" für la chiffe (= chiffon): Elle devenait molle comme *une chiffre* à la besogne (Zola). Wahrscheinlich nur Nachahmung der vulgären Sprechweise, welche auch z. B. coutre statt coude u. dgl. kennt.

[3] Légume ist weiblich in der Sprache des Troupiers: les grosses légumes (die höheren Offiziere; wohl wegen der grains d'épinards d. h. Majorsepau-letten so genannt) und dann auf Zivilverhältnisse angewandt: trouver en qn un avocat gratuit auprès des ›grosses légumes‹ du parlement et de la presse (J.). Dieser Gebrauch beruht darauf, daß die Volkssprache légume als weiblich behandelt.

Es sind sprachliche Reste aus der Zeit, wo aise noch doppelgeschlechtig war.

Wörter schwankenden Geschlechts sind selten, z. B. la oder le casse-nole, la oder le jungle, le oder la lignite, la oder le métrète, le oder la pagne, le oder la sigle, le oder la steppe. Bei verschiedener Form: le campanile oder la campanille, le réal oder la réale. Unter den noch nicht von der Akad. zugelassenen Wörtern sind die Schwankungen noch zahlreicher.

Es ist selbstverständlich, daß hin und wieder Substantive mit unrichtigem Geschlecht gebraucht werden. Daher gehören z. B. wissenschaftliche Ausdrücke, die in den allgemeinen Gebrauch übergegangen sind. Statt la glucose findet man oft le glucose.

§ 131, 1. Das Geschlecht des so entstandenen Appellativs wird durch dasjenige des Ergänzungsworts bestimmt, daher un manille (sc. cigare), une précieuse malines (sc. dentelle), la valence (sc. orange), la portugal (sc. huître), la hollande [1] (sc. pomme de terre), la brignoles (sc. prune, nach der Stadt Brignoles genannt). Um so auffallender ist das Maskulinum bei allen Bezeichnungen für Porzellan: une coupe bleu Sèvres (A. Hermant).

Ländernamen können zur Bezeichnung des Beherrschers oder eines Angehörigen desselben dienen und werden dann männlich: L'empereur et le pape Innocent XI . . . s'unirent pour donner cette principauté *au jeune Bavière*, frère du dernier mort (Voltaire).

Aigle. Beispiele für das Fem. sind l'aigle romaine, l'aigle impériale, la double aigle. Le vautour autrichien succédait à *l'aigle française,* M. de Metternich à Napoléon, et les conquêtes des jésuites à celles du grand peuple (Ch. Lacretelle).

Doch findet sich auch das Masc. Le drapeau est aujourd'hui surmonté *d'un aigle* (Barrau). Sous les deux Napoléons, les drapeaux français étaient surmontés *d'un aigle* d'or tenant la foudre dans ses serres (Ders.). En 1482, la Russie prit les armoiries de l'empire grec renversé par les Turcs, c'est-à-dire *l'aigle noir* à deux têtes (Quitard).

Weiblich ist das Wort selbstverständlich auch, wenn das weibliche Tier gemeint ist; ebenso wenn das Wort auf eine Frau angewandt wird: Mme de Richelieu, *cette aigle* des dames d'honneur (Mme de Sévigné). Jedoch sagt man elle n'est pas *un aigle* (sie hat nichts weniger als große Gaben).

Brandebourg m. Verschnürung; f. weitärmeliger Rock (veraltet).

---

[1] Wogegen le hollande (sc. papier) holländisches Papier: Ferronnaye prisait ce papier plus que *le beau hollande* et déclarait que, en bonne justice, il valait le japon (Rosny).

Bulbe ist männlich „in der Bed. verdickter Teil, knollige Wurzel" (Anatomie) z. B. le bulbe des poils, des cheveux. Es ist weiblich (seltener m.) in der Bed. „Wurzelknolle, Zwiebel" (Botanik) z. B. la bulbe du lis, du glaïeul.

Cartouche ist m. 1) in der Bed. „Umrahmung" z. B. eines Medaillons, einer Inschrift, eines Wappens bei Bauwerken, eines Titels auf Karten und Schriftstücken, oft auch eines Rahmens ohne Inhalt bei Brückenpfeilern u. dgl. 2) Straßenräuber (ursprünglich Personennamen). 3) Hülse für verschiedenartiges Feuerwerk. — Es ist f. in der Bed. 1) Gargusse bei der Artillerie, Patrone bei der Infanterie. 2) Militärpaß (in der Soldatensprache m.), wofür jetzt livret militaire.

Civette f. die Moschuskatze, le zibet das Moschustier.

Claque f. Klaps, Theaterclaque; m. Klapphut.

Cloaque ist m. außer in dem historisch-archäologischen Ausdruck la grande cloaque, la cloaque maxime: Sur l'autre rive, ils voyaient *la Cloaque Maxime* (E. Duruy).

Comparse f. Auftreten der Quadrillereiter im Karussel; m. Statist. Als fém. für letzteres gebraucht man la figurante.

Couple ist stets m. in der Bed. „geschlechtlich verschiedenes Paar": Les anciens qui donnaient à chaque pays une population indigène, autochthone, ne pouvaient croire que toute l'humanité descend *d'un* même *couple* (Poirson). Noé renferma dans l'arche *un couple* de chaque espèce d'animaux (Lamotte). Es ist stets f. in der Verbindung mit sächlichen Substantiven: *une couple* d'heures, *une couple* de fois l'an. Ces deux demoiselles projetaient de céder leur fonds dans *une couple* d'années (A. Cim.). Encore la différence tient-elle le plus souvent à *une couple* de voix (J.). Sehr selten als m.: *un couple* d'heures (P. Bourget). Außer dem erwähnten Falle kommt es bei Personen sowohl als m. wie als f. vor: *Un couple* d'enfants. Le *vieux couple*, qui n'était pas mari et femme, mais frère et sœur, y vivait depuis un temps immémorial (J.). Dans ces tours blanches vivent *une couple* de gardiens (Gourdault). Bei Tieren steht dann ausschließlich das f. und zwar soll man sagen une couple de chevaux bei nicht zusammengehörigen Pferden, une paire de chevaux bei einem Gespann von Pferden, doch ist couple auch im letzteren Sinn gebräuchlich. Man trifft auch la paire von einem Paar geschlechtlich verschiedener Tiere: Jamais le même buisson ne logea deux *paires* de ces oiseaux, aussi fidèles qu'amoureux (Buffon).

Crêpe m. Krepp; f. ein dünnes Gebäck.

Custode f. Art Vorhang in der Kirche; m. Kustos.

Décembre war früher f. (la décembre d. h. mit Artikel) für die Art Karneval, welche früher um Weihnachten stattfand.

6*

Décime m. ist ein wenig üblicher Ausdruck für dixième partie du franc (= 10 centimes). Als f. ist das Wort nur noch historisch wichtig; la décime bedeutete den außerordentlichen Zehnt, les décimes den regelmäßigen Zehnt, welchen der Klerus an die Krone zu entrichten hatte. Dagegen la dîme der Zehnt, welchen Laien-Zehntpflichtige an Klerus oder Gutsherren zu zahlen hatten.

Délice ist m. im Sing., f. im Plural und geht wahrscheinlich auf verschiedene lat. Formen (delicium, deliciae) zurück. Der Sing. ist wenig üblich und kommt kaum noch mit Artikel vor, so daß der Geschlechtsunterschied verschwindet: flâner avec délice (H. Moreau).

Écho, m., dagegen f. als Name der Nymphe.

Élève ist m. wird aber f. in der Bed. 1) Schülerin, 2. Aufzucht 3. B. l'élève des chevaux, des mulets.

Espace m. Raum; f. Spatium (als Letter).

Font f. ist ein altes, nur noch in Ortsnamen erhaltenes Wort: le hameau de la Font-de-l'Arbre, l'abbaye de Fontfroide. Die neuere Sprache kennt nur das Mask.: les fonts, les fonts baptismaux, les fonts de baptême.

Foudre. Beispiele für das verhältnismäßig seltene Mask.: C'est la mythologie des anciens qui, nous représentant toujours Jupiter armé *du foudre*, nous inspire tant de frayeur de Dieu, de la divinité (Bernardin de Saint-Pierre). Un bas-relief, représentant deux aigles soutenant une guirlande avec *un foudre* voilé au milieu (Pr. Mérimée). Les armes des Bonaparte sont d'azur à l'aigle d'or empiétant sur *un foudre* du même (J.). Dagegen selbstverständlich als f.: Prométhée dit à Jupiter, dans un dialogue de Lucien: Tu prends *la foudre* au lieu de répondre, donc tu as tort (Quitard).

Fourbe m. (gemeiner Betrüger) ist f. in der Bedeutung „Betrug": Leur *fourbe* était *retorse* et savante et c'était autour du Palais comme un jeu de chausse-trapes (J.). Das Wort ist selten und wird meist durch fourberie ersetzt.

Le garde des sceaux der Justizminister; la garde des sceaux das Amt des Justizministers.

Garde-robe ist m. nur in der Bedeutung „Kleiderschürze"; es sollte in allen Bedeutungen männlich sein, da es mit Verb zusammengesetzt ist.

Geste m. (die Bewegung, Gebärde); la geste, meist chanson de geste (Ritterepos).

Gîte m. Heimstätte, Lager, unterer Mühlstein; la gîte Strandungs-platz eines Wracks (Hatzfeld-Darmesteter).

Greffe m. Schreibstube, Sekretariat, Aktuariat; f. Pfropfreis.

Guide m. Führer; f. Leutriemen, Zügel. Guide in der Bedeutung gedruckter Führer war früher f.

Hoplite m. griechischer Schwerbewaffneter; f. Stein mit metallisch glänzender Oberschicht.

Hymne findet sich auch im profanen Sinn als f. Sur les femmes … il y a de *petites hymnes* galantes et comme de petits couplets destinés à plaire aux belles et sensibles lectrices (Sainte-Beuve). A sa mort, les prêtres qu'il enrichissait … chantèrent dans leurs *hymnes payées* d'avance, que les peuples étaient en larmes pour la mort du grand roi (Aug. Thierry). *Une hymne* d'adoration en l'honneur des saintes joies du foyer (J.). Les voix de la nuit se confondaient tumultueusement dans *une hymne* de désespoir (Molé).

Inde f. Indien; m. Indigofarbe, Campecheholz.

Interligne m. Dagegen f. als Bezeichnung des Streifens aus Letternmetall zwischen den Zeilen.

Iris ist f. als Name der Göttin und in den Anwendungen dieses Namens a) als poetischer Frauenname, b) als Name eines Planeten. In allen übrigen Bedeutungen (Regenbogen, prismatische Farben, Irisstein, Irisblume, Iris des Auges, Schmetterling) ist das Wort m., wird aber in der Botanik oft weiblich gebraucht.

Laque ist f., doch le laque de la Chine und so auch m. für lackierte chinesische oder japanische Pappwaren.

Manœuvre als m. ist durch manouvrier so sehr verdrängt, daß erstere Bezeichnung nur verächtlich steht oder für einen bloßen Gelegenheitsarbeiter gebraucht wird. Die Form manœuvrier bedeutet: geschulter Führer, tüchtiger Kapitän oder Stratege, ferner Lehrbuch der Schiffslenkung.

Maroufle m., aber la maroufle Art Leim.

Masque in seinen zahlreichen Bedeutungen ist m. Doch ist es f. als Übelname: häßliche Frau, boshaftes Weib. Die Wörterbücher erwähnen nicht den sehr üblichen und schon bei Molière vorkommenden Sinn „Heuchlerin“, der in der Regel als eine Art Kosewort verwendet wird: Voyez-vous *la petite masque?* (A. de Musset). Je crois bien que *la petite masque* avait voulu illuminer en l'honneur de son musicien (C. Lemonnier). *Petite masque!* me dit-il, aurais-je jamais songé qu'elle avait un amoureux (M. Prévost).

Menstrue m. Lösungssäure; menstrues f. Regeln.

Mode m. Modus, Art; f. Mode.

Office m. ist nur f. in der Bedeutung Speisekammer (zugleich zur Aufbewahrung der Tafelwäsche und des Tafelgeräts).

Palme f. Palme; le palme Maß (Handbreit).

Panthère ist f., daneben le panther Art Schakal.

Pâque im Sing. und als f. soll nur das jüdische Feſt bezeichnen; le Pâque dagegen (neben Pâques m. und f.) das chriſtliche Feſt. Auch für das chriſtliche Feſt ſteht öfter la Pâque. Anna devint grosse et Henri publia son mariage vers *la Pâque* de 1533 (H. Martin). — Selten wird Pâques als Zeitbeſtimmung im Plural und mit weiblichem Geſchlecht gebraucht: jusqu'à *Pâques prochaines* (Ponson du Terrail).

Pendule als m. für Perpendikel wird von der Akad. noch feſt= gehalten. Auch Lafaye ſagt: le pendule est dans la pendule une partie seulement. Jedenfalls kennt der wirkliche Gebrauch nur das Wort balancier.

Période m. bedeutet Höhepunkt, Gipfelpunkt; trotzdem findet man es vielfach in den Verbindungen le dernier oder le plus haut période.

Pivoine f. Päonie; m. (auch f.) Dompfaff.

Podagre f. das Podagra; le podagre der mit dem Podagra Be= haftete, Podagriſt (von Littré als Adj. betrachtet).

Polaque oder polacre m. polniſcher Reiter; f. Tanz (= polonaise). La polacre oder polaque (Art Schiff) hat andere Etymologie.

Pourpre f. für Purpurfarbe (poetiſch) z. B. la pourpre de l'horizon, la pourpre des grappes, la pourpre des cieux, les dernières pourpres du couchant. On voyait encore se dessiner sur *la pourpre* du couchant les fines silhouettes des voiliers épars (A. Houssaye). *La pourpre* du sang colore à nouveau des joues à jamais décomposées (P. Bourget).

Réclame f., doch m. in der Bed. Lockpfeife.

Régale f., doch m. in der Muſik.

Relâche iſt ſtets m.; f. iſt es als Marineausdruck: Ankerplatz, kurzer Aufenthalt an einem nicht als Zwiſchenſtation vorgeſehenen Orte (letzteres wäre escale).

Remise iſt ſtets f., doch le remise hin und wieder für voiture de remise.

Rencontre früher doppelgeſchlechtig iſt jetzt nur f., außer in der Heraldik.

Rossinante als Pferd Don Quixotes iſt m.; la rossinante da= gegen = mauvais cheval décharné.

Solde f. wird nie von den Mannſchaften gebraucht, dafür le prêt.

Stalle iſt f., kann aber in der Bed. „Chorſtuhl" noch m. ſein.

Vêpre m. Abend (veraltet); les vêpres f. Veſper.

Vigogne f., doch m. als Vigognehut.

Vulnéraire m. Wundbalſam; f. Heilkraut.

Bei Heranziehung der ſubſtantivierten Adjektive laſſen ſich dieſe Scheideformen noch vermehren: la cosmétique die Schönheitslehre, le cosmétique das Schönheitsmittel; ähnlich le caustique, la caustique le critique, la critique, le commode, la commode, le faune, la faune, le finale, la finale, le gothique, la gothique, le lévite, la lévite, le minime, la minime, le poétique, la poétique, le physique, la physique, le politique, la politique, le pulmonaire, la pulmonaire, le sagittaire, la sagittaire, le scolastique, la scolastique, le serpentaire, la serpentaire.

Manchmal scheidet man noch la cotyle und le (neben la) cotyle (anatomischer Ausdruck). In anderen Fällen ist das Doppelgeschlecht aufgegeben; so war héliotrope früher f. als Name eines Halbedelsteins, jujube als Frucht, réglisse war m. als Bezeichnung des eingekochten Saftes; neben la primevère (Primel) fand sich früher le primevère (Frühling); salamandre konnte m. sein in der Bed. Feuergeist; sexte f. war früher m. in der Bed. sechstes Buch der Dekretalen.

§ 132. Aune als f. verschwindet natürlich, da das Maß jetzt le mètre heißt und das Instrument le mètre (à auner le drap).

Barbe f. Bart; le barbe Berberpferd (substantiviertes Adjektiv).

Barde, m. Sänger; la barde Brustpanzer für Pferd, Speckscheibe.

Câpre als f. die Kapernfrucht; le câpre das Kaperschiff (veraltet), jetzt le corsaire, vaisseau armé en course.

Carpe f. Karpfen; m. Handwurzel.

Coche als m. bedeutet 1) Flußpassagierschiff vor Einführung der Dampfschiffe, 2) alte Art Postwagen vor Einführung der diligences. Als f. 1) Kerbe, Einschnitt, 2) Hutmacherwerkzeug.

Drille m. Bursche, Kerl; la drille Trillbohrer.

Foret m. Bohrer; la forêt Wald.

Givre m. die Eiskruste; la givre Schlange (in der Heraldik).

Litre f. Trauerdraperie; m. Hohlmaß.

Môle f. die Mole, Mondkalb; m. Molo.

Moufle m. Fausthandschuh; la (auch le) moufle Muffel, Art Flaschenzug usw.

Moule m. Form; la moule Muschel.

Nielle m. Art schwarzes Email; la nielle Kornbrand, Ackerrade.

Ombre f. Schatten, Umbrafarbe; m. Äsche (ein Fisch).

Part f. Teil; m. Geburt d. h. Neugeborenes.

Platine m. das Platin (Metall); la platine hat eine größere Zahl technischer Bedeutungen, wovon die wichtigste ist: Pfanne am alten Gewehr.

Poêle m. hat auch die Bed. Zimmer, in welchem sich der (die Hausgenossen um sich versammelnde) Ofen befindet; fast nur auf holländische oder vlämische Verhältnisse angewandt: Descartes médite enfermé dans *son poêle* (G. Geffroy).

Ponte m. Spieler; f. das Eierlegen, das Gelege.

Prétexte f. Prätexta; m. Vorwand.

Psylle m. Schlange, Schlangenbeschwörer; f. Erdfloh.

Quadrille m. ist ein Kartenspiel; f. war das Wort als Bezeichnung für einen Tanz oder für Reiterquadrille. Es ist jetzt stets m., nur die Reiterquadrille kann noch als f. gebraucht werden.

Souris f. Maus; le souris = le sourire.

Triomphe ist m., dagegen la triomphe (vom Verb gebildet) ein Kartenspiel, der Trumpf.

Trouble m. Verwirrung; la truble oder trouble Art Netz

Manche führen noch auf la basque Rockschoß, le Basque der Baske, le basque das Baskische.

Früher auch la poulpe (jetzt pulpe) Fleisch der Obstfrüchte usw. neben le poulpe Polyp.

§ 133. In der Umgangssprache ist gens geradezu als Gegensatz zu animaux eingetreten; bêtes et gens ist eine sehr übliche Verbindung. Trotzdem kann das Wort auf Tiere angewandt werden: Ces animaux féroces sont les meilleurs *gens* du monde (É. Deschamps). Qui peut nombrer les jouissances illégitimes entre *gens* d'espèces différentes? (Buffon). Les moineaux . . . leur familiarité est incommode, leur pétulance grossière est à charge; ce sont de ces *gens* que l'on trouve partout et dont on n'a que faire (Ders.).

Öfter findet man quels gens, de tels gens, was sich durch den Gleichlaut der männlichen und der weiblichen Form dieser Fürwörter erklären läßt.

Auch toutes les gens ist aus der Volkssprache in den Schriftgebrauch eingedrungen: Il faut repousser les services de *toutes ces gens* (G. de Maupassant). La pensée de faire des visites . . . fit surgir en lui la haine instantanée de *toutes les gens* qu'il connaissait (Ders.). D'abord, où vous recevrais-je, en admettant que je puisse me rendre libre, un instant, de *toutes ces gens* qui m'enserrent de leurs amabilités (C. Marfaux).

Bemerkenswert ist auch: Quelqu'un qui ne connaît *aucune des gens* que l'on connaît (P. Hervieu).

Selten ist männliches tous vor weiblichem Adjektiv: un coup à *tous ces bonnes gens* pour qu'ils boivent à ma santé (Séjour).

Wie gens de bien gelten auch die übrigen Zusammensetzungen² als nur männlich: Je ne voudrais pas qu'on me soupçonnât de vouloir livrer le monde aux bons jeunes gens (Anatole France). Doch wird certaines gens de lettres von Littré als zulässig betrachtet.

---

¹ Auch choses et gens finden sich zusammengestellt.

² Sie lassen auch die Beifügung von Zahlwörtern zu, die bei gens selbst vermieden wird: deux jeunes gens.

Der Sing. la gent ist ziemlich häufig:[1] Cette gent (c.-à-d. les mendiants) était échelonnée sur le parcours (P. Loti). La gent artiste (E. Renoir). La gent barbue (= les hommes. J. de la Brète). La gent cabotine (Sarcey). La gent corvéable (Courier). La gent décrivante (écrivains aimant les descriptions à perte de vue. Fr. Wey). La gent étudiante (Robert). Les ouvriers du progrès, gent fort peu galonnée (E. About). La gent gouvernée (Courier). La gent hippocratique (Gourdault). Les paysans qui sont gent ingrate et méfiante (G. Sand). La gent léonine (Chassaing). La gent lettrée (Littré). La gent littéraire (Balzac). La gent ministérielle (Courier). Cette gent oiselière (J.). La gent parisienne (L. de Tinseau). La gent perdue (Littré). La gent porte-soutane (Janin). La gent rapace de l'autre monde (c.-à-d. de l'Amérique. J. Barbier). La gent révolutionnaire (Prince de Joinville). La gent sarrasine (Nisard). La gent souriquoise (Ph. Boyer).

Sätze mit verschiedenem Geschlecht von gens haben nur einen Wert, wenn sie aus Schriftstellern, nicht aus Grammatikern entlehnt sind, z. B. Quelques *vieilles gens seuls, attachés* aux antiques usages osent encore porter la large culotte (Fr. Coppée).

§ 135, 1. Manchmal wird bei vieillards unterschieden in vieillards-hommes und vieillards-femmes, z. B. bei Benennung der verschiedenen Säle in einem Hospiz. Auch der Sing. kann auf Frauen Anwendung finden: Elle avait une bonne figure de *vieillard* (J.). Doch wird besser eine andere Wendung genommen, z. B. Elle avait conservé cette sorte de fraîcheur fanée particulière aux *vieillards* que l'on appelle bien conservés (E. Souvestre). Sehr auffällig ist die Bildung la vieillarde: Cet aspect de *vieillardes* (G. Gelfroy). —

Nicht richtig ist, daß der Plural von enfants stets männlich sein müsse: La duchesse de Chartres avait remarqué parmi les plus *jolies enfants* qui jouaient au Palais-Royal, une petite fille, qu'on appelait Marie (E. Fournier). Auch andere männliche Substantive können Personen beiderlei Geschlechts zusammenfassen, so les jeunes *princes* (H. Martin) von einem Ehepaar gesagt; ebenso Le roi boit! la reine boit! vivent les *rois* (H. Le Roux) d. h. das Königspaar beim Dreikönigstagsfestmahl.

Die Motion der Völkernamen bietet entweder keinerlei oder ziemlich große Schwierigkeit. Keine Schwierigkeit liegt vor bei den zahlreichen Namen auf -ais, -ois, -ain, -ien (Portugais, Suédois, Romain,

---

[1] Der allgemein zugestandene Gebrauch des Wortes in der Fabel wird nicht weiter mit Beispielen belegt.

Athénien) oder bei solchen die im adjektivischen Gebrauch ein allgemein anerkanntes Femininum bilden (Allemand, Grec, Turc.)[1] Wenig Schwierigkeiten bieten auch die Namen auf -e, welche für beiderlei Geschlecht brauchbar sind: Les *Arabes* sont soustraites aux regards de tout autre homme que leur seigneur et maître (Cunisset-Carnot). Doch kann das lange beanstandete Suisesse als durchgedrungen betrachtet werden; es war eine Notwendigkeit, da la Suisse das Land selbst bezeichnet. Sehr mißlich dagegen steht es bei lautem Endvokal. Die auf -ou fügen e an: une Hindoue, la Mandchoue, la Zouloue. Bei den übrigen aber muß man auf eigene Femininform verzichten und Namen wie Hova, Fellah, Esquimau, Kymri, Basuto, Ovambo usw. unverändert mit weiblichem Artikel setzen: une Esquimau (J.). Trotzdem werden eigene Bildungen versucht: Dans la grande salle, une foule de Hovas et de *Hovasses* décolletées (J.), eine scherzhafte und auf die männliche Form Hovas zurückgehende Form. Les *fellahines* passaient, nues dans le fourreau de toile bleue qui laissait voir leur sein maigre (L. de Tinseau). Boer, boerine[2] ist üblich geworden: quelques dames *boerines* (J.).

§ 135, 2. Außerdem sind üblich belle-maman, le beau-neveu, les beaux-parents (wofür auch oft les grands-parents, vgl. Études de gramm. et de litt. fr. I, N° 1). Les beaux-fils hat auch die Bedeutung Stutzer, elegante Schwachköpfe: Cependant quelques *beaux-fils* s'obstinent à parler de la commune (J.). Für Stiefbruder usw. ist auch demi-frère, demi-sœur möglich, doch kaum üblich.

Bru[3] ist keineswegs als bäuerischer Ausdruck zu betrachten, dieser ist vielmehr la nore. In der Normandie findet sich auch für gendre der Ausdruck le bruman.

Beau in der alten Gebrauchsweise ist provinziell noch üblich, so in der Provence, wie sich aus folgenden Stellen von A. Daudet ergibt: *Beau saint Pierre* . . . pourriez-vous me dire, si je ne suis pas trop curieux, combien vous avez de Cucugnanais en paradis? *Bel ange* de Dieu, je veux savoir, — je suis bien curieux peut-être, — si vous avez ici des Cucugnanais?

Gelegentlich der Motion kann erwähnt werden, daß parricide zugleich Muttermörder, fratricide auch Schwestermörder(in) bedeutet, sowie daß für „schwesterlich,“ „geschwisterlich“ fraternel eintritt. (Vgl. Études de gramm. et de litt. fr. II, N° 3). Die Bildungen matricide,

---

[1] Doch scheint die Form une Turque manchen nicht ausreichend: comme s'ils se fussent mis en guerre contre les Turcs et les Turquaises (V. de Brunoy).

[2] Dagegen ist boer als Adj. unveränderlich: la guerre anglo-boer.

[3] E. Daudet gebraucht auch la petit-bru = Frau des Enkels.

sororal oder sororial haben keinen Eingang gefunden: Sa sœur, parlant de lui avec l'abandon *sororal* (II. Gréville).

§ 135, 3. In der männlichen Form werden von Frauen gebraucht
ferner acquéreur, amateur (Dilettantin), ange[1], arbitre, bachelier
ès-lettres, cavalier, cerbère, confrère[2], dernier-né (nebst premier-
né, nouveau-né, mort-né[3]), elfe, flirt[4], mentor, modèle, monstre
(la monstresse ist kaum üblich), officier d'académie, orateur, otage,
parjure, phraseur oder phrasier, possesseur, précurseur, premier
prix, publiciste, romancier, soldat, successeur, sujet, traducteur,
marchande de vin traiteur, trottin: Il la fit répéter, fut content
de son talent et ravi du titre de simple *amateur* qu'elle demandait (L. Morin). Mlle Rose Bertin fut, durant de longues années,
un des *arbitres* suprêmes du goût et de la mode (J.). Une
jeune fille . . . a été reçue *bachelier* ès-lettres (J.). Cependant
c'est *un cavalier* inlassable (J.). *Le modèle* Riquiqui pose en jupon,
nue par en haut jusqu'à la ceinture (H. Lavedan). Son *dernier-
né*, une petite fille (J.). Un de vos *anciens flirts* (P. Bourget).
Voici *un monstre* accompagné de son mari (J.). Mme Lienard,
directrice des cours pour les jeunes filles, vient d'être nommé
officier d'académie (J.). *L'orateur* n'est ni jeune ni belle (J.).
On a arrêté sa fille pour en faire *un otage* (H. L. Roux). Doch
auch: La petite fut entre les mains de Charron *une otage* (J.).
Une jeune fille, *possesseur* d'un patrimoine de 30,000 francs, (J.).
Jeanne Darc avait été *le précurseur* de la Mère Jeanne (H. Martin).
Mlle Periga, *un premier prix* du Conservatoire (Th. Gautier).
Le publiciste Isabelle Eberhart a trouvé la mort dans l'inondation
d'Aïn-Sefra (J.). Elle n'est encore qu'*un jeune soldat* du Christ
(Joanne). Il fallait, pour tout dire, un *successeur* à maman
(J. J. Rousseau). *Un sujet* (weibl. Individuum) de vingt-deux ans
(Lesage). Marguerite de Valois trouva dans sa bonté ingénieuse
et éclairée le moyen de rester le plus fidèle *sujet* (Untertanin)

---

[1] Das versuchsweise gebildete angesse ist glücklicherweise nicht durchgedrungen. Als überflüssig kann auch ange mit weiblichem Artikel gelten:
Vous êtes *une ange* (Gastyne). Quand vous venez chez moi, il me semble
que c'est *une ange* de bon Dieu, elles sont comme vous les anges, belles
et bonnes (P. Desbuys).

[2] Bloß scherzhafte Bildung ist consœur: La concierge était romanesque
comme beaucoup du ses *consœurs* (C. Bias).

[3] In allen diesen Verbindungen ist nur né veränderlich und zwar stets
im Plural, während es die weibliche Form nur im adjektivischen Gebrauch
zuläßt.

[4] Eigentlich Sachname: Liebelei, Tändelei. Auch adjektivisch: Une très
jolie femme, très brune, *très flirt*, très dernier cri (Gyp).

de François Ier (Nisard). La sujette (Untertanin) ist z. B. von Mahalin verſucht worden.

Trottin als Ausläuferin (von Modiſtin, Kleidermacherin u. dgl.) iſt ſehr üblich. Ebenſo ſollte cordon bleu (Köchin) rein männliche Form behalten, doch findet man auch Marie, *distinguée cordon bleu*, connaissait ses manies et flattait ses goûts (J.).

In einer Reihe von derartigen Bezeichnungen können auch ſolche, die ſonſt eine weibliche Form bilden, die männliche beibehalten. Mme Sarah Bernhard mérite la croix comme tragédienne, comme *peintre*, comme *sculpteur*, comme *aéronaute*, comme *voyageur*, comme *écrivain*, que sais-je? (J.).

Als vereinzelten Fall kann man den auf ſtaatsrechtlichen Gründen beruhenden oder auch bloß emphatiſchen Gebrauch des Wortes roi in Anwendung auf Frauen bezeichnen: La diète proclama le *roi* Marie-Thérèse (H. Martin). Sous Élisabeth (d'Angleterre), cette métamorphose fut consommée. Femme et *Roi*, une cour brillante plaisait à ses goûts et servait son autorité (Guizot). Mehr oder weniger gerechtfertigte Abſonderlichkeit iſt es dagegen, wenn die Jungfrau von Orleans als Jeanne, *le héros* (J. Janin), Katharina II. als Catherine *le Grand* (Voltaire) bezeichnet wird oder wenn der Ausdruck gewagt wird: Le jury se montra implacable pour le frère de *cette honnête homme* Geneviève (H. Leverdier).

Einzelne der hierher gehörigen Wörter können allmählich eine weibliche Form erhalten. So wäre die Bildung von bachelière ès-lettres leicht[1] und nicht unangemeſſener als die von la lauréate, während die Akad. nur le lauréat anerkennt. Mme Boidin-Puisais, *lauréate* du Conservatoire (J.).

Avocat bildet das f. avocate nur in der Bed. „Fürſprecherin", nicht auch in der Bed. „Advokatin": Il ne s'agit pas de faire des *avocats femmes* ou des médecins femmes (J.).

Das aus matelot gebildete la matelote (Art Fiſchragout) iſt durch Vermittelung von à la matelote entſtanden. An der Nordküſte Frankreichs oder wenigſtens in Calais iſt ein wirkliches Fem. zu matelot vorhanden: Deux cent trois Calaisiennes revêtiront, pour la circonstance, le si pittoresque costume local de *Matelottes* (J.), wobei die unterſcheidende Schreibweiſe (tt) abſichtlich gewählt iſt.

Bei den auf e auslautenden Wörtern erlaubt die Akad. manchmal beiderlei Geſchlecht, ſo z. B. le und la philosophe, verbietet aber den weiblichen Artikel bei anderen z. B. botaniste, cannibale, capitaine, disciple, géomètre, suicide (Nebenform von suicidé). Die Schrift-

---

[1] Bachelière findet ſich ſchon hin und wieder. Chevalière de la légion d'honneur iſt bereits häufig.

ſteller kehren ſich vielfach nicht daran: la petite suicide (P. Bourget),
la botaniste (L. Noël), la capitaine Hauptmannsfrau (Goron); über
la capitaine Hauptmännin, Anführerin § 140, 2.

Man trifft hier manchmal überraſchende Motionsformen z. B. la
cavalière Dame beim Quadrille (J. L'Hôpital), l'huissière (bei Voltaire), la bas-bleue (Mᵐᵉ Lafarge). l'empoisonneuse bas-bleue
(Huard).

Wie in jeder Sprache iſt auch im Franzöſiſchen die Motion nur
ſchrittweiſe vorwärts gegangen. So ſagte man ehemals ausſchließlich
le roi des abeilles (le roi des abeilles est femelle) und die Form
la reine bürgerte ſich erſt ſpäter ein.

Das Wörterbuch der Akad. hat allmählich eine große Zahl von
weiblichen Formen zugelaſſen, und es ſteht außer Frage, daß es in
Zukunft noch weitere Zugeſtändniſſe machen muß. Sie wird candidate
nicht mehr lange ausſchließen können, wird adjoint nicht immer als
ausſchließlich männliche Funktion anſehen und ſtatt conjointe nicht
immer un des conjoints verlangen dürfen. *Les candidates* doivent
avoir seize ans (J.). Mˡˡᵉ Georges Wymer, membre *adjointe* du
Comité d'enseignement des études dramatiques (J. Claretie).
Il s'était fait l'ombre et l'écho de sa *conjointe* (L. Desnoyers).
Sie wird vielleicht auch dem Argot Ausdrucksweiſen wie Tu es une
zig (Gastyne) zugeſtehen und während vorläufig die Orthographie noch
zwiſchen un zig und un zigue ſchwankt, fällt letztere Schreibung vielleicht dem Fem. zu.

Bei fremden Wörtern dürfte höchſtens der Gebrauch des weiblichen
Artikels, nicht aber eine eigentliche Motion ſtatthaft ſein. Alſo la
médium [1], la pickpocket: Elle prétendait que sa fille était une
si excellente *médium* que les esprits se précipitaient en foule
autour de son lit (J.). Verwerflich aber ſind Bildungen wie la
médiume (O. Comettant), la pickpockette (G. Macé).

Die Zuſätze von femme, dame, femelle ſind manchmal nicht zu
vermeiden, ſo z. B. bei écrivain, wenn es nicht „Schriftſtellerin“,
ſondern „öffentliche Briefſchreiberin“ bedeutet: Il y a encore des
dames écrivains, mais c'est un métier qui s'en va (J.). Ähnlich
un escroc femelle nämlich Mᵐᵉ de la Motte (H. Martin), une
femme faux monnayeur (J.). So kann man auch ſcheiden müſſen
les artistes hommes, les artistes dames, les bicyclistes hommes,
les bicyclistes femmes oder les dames bicyclistes, im Sportgebrauch
auch mit engliſcher Bezeichnung z. B. les cyclistes mâles et les
cyclewomen.

---

[1] Gerade dieſes Wort kann ja als vorzugsweiſe dem weiblichen Geſchlecht
zugehörig betrachtet werden.

Garant in der Redensart je suis garant, je vous suis garant ist im Geschlecht veränderlich, wenn das Subjekt eine Person, unveränder= lich, wenn es eine Sache ist. Je vous suis garante qu'il ne tient pas autrement à notre amitié. Dagegen: Sa modération même était *garant* de sa sincérité (J.). La vénération que j'avais pour sa mémoire, m'était *garant* que . . . (J. J. Rousseau). Manche setzen dann den Artikel: Ma conduite passée est *un garant* de ma conduite à venir (Delcassé).

Einzelne Substantive sind doppelgeschlechtig, d. h. sie können bei gleicher Form mit dem männlichen und weiblichen Artikel verbunden werden, je nachdem sie auf männliche oder weibliche Wesen Anwendung finden. Solche sind le, la camarade, le, la concierge, le, la con= tumace, besonders aber Substantive auf -aire [1] z. B. le, la dépositaire, le, la légataire, un, une incendiaire, le, la locataire, le, la par= tenaire, le, la propriétaire, le, la signataire. Viele substantivierten Adjektive sind hierher gehörig z. B. le, la malade, le, la Belge, le, la fidèle, le, la profane [2] u. a.

Sehr leicht tritt diese Doppelgeschlechtigkeit bei vokalisch anlautenden Substantiven ein wie acrobate, aristocrate, artiste, élève, émule, esclave, idolâtre, ilote, enthousiaste u. a. Der bestimmte Artikel tritt nie hindernd in den Weg und der unbestimmte klingt bei der Bindung so sehr an die weibliche Form an, daß kaum ein Unterschied bemerkbar bleibt.

Seltner finden sich mit weiblichem Artikel andere Substantive gebraucht, doch ist das zulässig, wenn dabei eines der obigen Sub= stantive suppliert werden kann, wie im folgenden Fall das Wort élève: L'une de mes petites *cancres* (C. Lemonnier). Gewagt ist une *colosse* = femme forte et de forte corpulence (P. Vernier).

Unter den Wörtern, die in weiblicher Form auch auf Männer angewandt werden, bildet Peau-rouge eine Ausnahme, da man sagt

---

[1] Bei einzelnen auf -aire bezeichnet die Akad. nicht beide Geschlechter als üblich, so mandataire u. a. Daher meiden viele unnötigerweise une auxiliaire: L'*auxiliaire* précieuse qu'avait été Édith (P. Lacour). Ses *auxiliaires* prin= cipales (Ders.). Auch libraire gilt ausschließlich als m., von Frauen soll man sagen: une marchande libraire. Der Gebrauch stößt sich nicht daran: L'assassinat de la *libraire* de la rue Fontaine (J.). Ebenso ist secrétaire nur m., trotzdem liest man Mᵐᵉ Flammarion est aussi la *secrétaire* de son mari (J.). Dasselbe gilt von adversaire, welches die Akad. ausdrücklich als nur männlich bezeichnet (cette femme est un dangereux adversaire), trotzdem kann man unbeanstandet lassen cette ville *adversaire* décidée de la France (Huard).
Die Altersbezeichnungen septuagénaire, octogénaire, nonagénaire haben beiderlei Geschlecht.
[2] Coupable kann noch nicht als weibliches Substantiv gebraucht werden: Le *coupable* serait une dame ayant appartenu au grand monde (J.).

un Peau-rouge (jo Littré; in der Akad. fehlt das Wort). *Un* de ces *Peaux-Rouges* de la civilisation (J. Claretie). Elle avait l'oreille *d'un Peau-Rouge* (Rosny). Doch findet man auch die weib= liche Form: Je fais pour *cette Peau-Rouge* ce que je voudrais qu'*une Peau-Rouge* fît pour moi (É. Souvestre).

Unter den Bezeichnungen für Sänger sind noch weiblich la basse, la basse-contre, la haute-contre; veraltet sind la taille (jetzt ténor), la basse-taille (jetzt baryton), la haute-taille.

Recrue im eigentlichen Sinn wird meist durch conscrit, jeune soldat ersetzt, kann aber noch gebraucht werden: Le lieutenant F . . . s'oublia jusqu'à cravacher *une recrue* (J.). Quelquefois des *recrues* se sont *battues* comme de vieux soldats (Barrau). Auch mauvaise paye (schlechter Zahler, schlechter Kunde) gehört zu den weiblichen Aus= drücken, die auf Männer Anwendung finden, ebenso wie die figürlichen Bezeichnungen plume (für écrivain), épée (für soldat, escrimeur), langue (für orateur), fourchette oder cuiller (für mangeur): Eh bien, mon garçon, dit le jardinier, tu es *une jolie cuiller* (H. Malot). Hin und wieder findet man Wörter wie ordonnance, estafette und sogar recrue mit männlichem Artikel: le *vieil ordonnance* (R. O'Monroy). *Un ordonnance* vint dire . . . (Gyp). Le parquet de Versailles fut immédiatement informé par *un estafette* (J.). La femme *du recrue* (H. Gréville).

Ausdrücke wie Votre (Sa) Majesté, Altesse, Grandeur usw. gelten als wirkliche Feminina. Zugehörige Adjektive oder Pronomina erhalten daher weibliche Form, mögen sie vorangehen oder folgen. Selbstver= ständlich aber wird man sagen Votre Majesté est *le* plus éclairé des rois oder wie Littré mahnt, lieber den Satz anders gestalten. Prädikatives Substantiv folgt dem natürlichen Geschlecht: Votre Majesté a été l'initiateur de cette œuvre. Der althergebrachte Satz Votre Majesté est (le) maître ist nicht gut gewählt, da maître auch sonst in bezug auf weibliche Subjekte als Prädikat zu stehen pflegt: D'un regard elle était *maître* de lui (H. Malot). Les nourrices sont nos *maîtres* dans la langue maternelle (J.-J. Rousseau). L'histoire . . . est *un maître* impartial dont nous ne pouvons réfuter les raisonnements (de Ségur). L'expérience qui ne s'acquiert que par des fautes, est *un maître* qui coûte trop cher (ap. Bescherelle). Es ist klar, daß die Form maîtresse hier leicht komisch wirken könnte.[1]

Leicht verständlich ist, daß ein männliches Pseudonym männlich gebraucht wird. So sagt Georges Sand von sich: Enfant, j'ai voulu

---

[1] Aus demselben Grund unterblieb die Motion in La baronne F., grand-maître de la cour de l'ex-princesse royale (J.). Doch auch la princesse Galitzine va être nommée ‹grande-maîtresse› (J.).

me le représenter; *homme* je ne dois plus tenter ce mirage. Auch andere, die von ihr sprechen, gebrauchen oft das Maskulinum.

Seltsam berührt uns die Anwendung von oie auf männliche Personen, die dem Englischen geläufig ist (don't be a goose, John), im Französischen mir aber nur bei O. Feuillet begegnet ist: Votre cocher est bien décidément *une oie*. — Madame votre mère élevait aussi *des oies*, monsieur le duc. — Un mauvais plaisant qui semble croire depuis un quart d'heure qu'il a affaire à *une oie*, quand il me parle. Zu bemerken ist, daß diese Verwendung dem Französischen erleichtert ist, weil das eigentlich injuriöse, auf weibliche Wesen beschränkte Wort nicht oie, sondern dinde ist.

Zu den weiblichen Wörtern, die auf Männer Anwendung finden, gehört auch vierge, in welchem die Akad. hier ein Adjektiv erblickt, wohl weil es nur prädikativ, und nur ohne Artikel vorkommt: Il serait mort *vierge* à trente-huit ans. Adjektivisch steht es z. B. in métal vierge.

§ 135, 4. Auf Mask. -in gehen zurück Agrippine, Albine, Antonine, Aquiline, Augustine, Bernardine, Blandine, Célestine, Christine, Clémentine, Crispine, Delphine, Faustine, Firmine, Florentine, Justine, Marceline, Marine, Martine, Mathurine, Pauline, Rufine, Sabine, Séraphine, Victorine, Zéphyrine.

Analoge Bildungen sind:

Adolphine, Alexandrine, Alphonsine, Ambroisine, Baptistine, Bénédictine, Caroline, Césarine, Ernestine, Guillelmine, Honorine, Jaqueline, Joséphine, Léopoldine, Micheline, Philippine. — Aline ist Nebenform von Alène, Balbine (ohne m.).

Gewöhnliche Motion haben:

Alfrède, Andrée, Armande, Béate, Bénédicte, Benoite, Bérengère, Chrétienne, Christienne, Cyprienne, Denise, Désirée, Donate, Émilienne, Fernande, Françoise, Frédérique, Gabrielle, Germaine, Gilberte, Huberte, Jeanne, Julienne, Louise, Marcelle, Maximilienne, Michelle, Noëlle oder Noële, Philiberte, Renée, Richarde, Romaine, Sébastienne, Simonne, Ulrique.

Veränderte oder Diminutivbildungen:

Antonie (zu Antoine), Edmonne (zu Edmond), Étiennette (zu Étienne) neben Stephanie, Georgette (zu Georges), Henriette, Julie, Sidonie (zu Sidoine), Yvette (zu Yves).

Männlich und weiblich sind: Bénigne, Calliope, Calliste, Camille, Candide, Claude, Cyrille, Dominique, Elpide, Fauste, Grégoire, Hortense, Maxence, Modeste, Olympe, Prudence, Rustique, Théodore u. a.

Weiteres Beispiel für Familiennamen: On devait rappeler à Charles de Bourgogne qu'il était le petit-fils *d'une Lancastre*

(Benazet). Über die Motion der Familiennamen enthalten die Études de gramm. et de litt. fr. II, N° 3 folgendes: Dans beaucoup de langues le peuple a l'habitude de joindre l'article aux noms propres, petits noms comme noms patronymiques, et de joindre une terminaison féminine à ces derniers noms pour désigner les femmes.

Jaubert mentionne cet usage pour les patois du Centre: Le nom de famille est souvent fémininisé en l'honneur des filles, surtout des aînées, qui, alors, le conservent même mariées.» «Pour les femmes marriées, on donne ordinairement la terminaison féminine au nom du mari, ainsi *la Bernarde* pour la femme de *Bernard.*» Il donne pour exemples encore *la Grossebotte* (de la famille Grosbot), *la Vaillante, la Durande.* George Sand, qui place volontiers ses romans dans le Berry, province qui fait partie du Centre, suit cet usage; dans ses romans nous trouvons *la Roqueberte* (femme de Roquebert), *la Barbeaude* (femme de Barbeau), *la Brulette* (fille de Brulet), etc. Mme de Sévigné fait de même dans ses lettres, elle dit tantôt *la Robinet,* tantôt *la Robinette.* Dumas nous parle d'une demoiselle *Vaillot* qu'on appelait *la Vaillotte;* Léo (légendes corréziennes) dit *la Bénotte* (femme d'un certain Bénot); dans un procès, la femme d'un certain *Jegadot* est toujours appelée par les témoins *la Jegadotte.* Enfin H. Martin, en parlant des filles d'un certain *Foucaud,* les nomme *les Foucaudes,* désignation qui est devenue historique.

Eine ähnliche Motion kann in der Schriftsprache versucht werden, um die Manier, den Stil, die Schreibweise einer Person zu bezeichnen: Des impressions de voyages, où j'aurais fait ma petite *Bourgette* d. h. wo ich in der Art von Paul Bourget hätte schreiben können (H. Lavedan).

§ 135, 4. Le dindon, la dinde gelten jetzt als zusammengehörige Formen. Früher le coq d'Inde, la poule d'Inde und daraus le dinde (noch bei Buffon, welcher das weibliche Tier als dindon femelle bezeichnet).

Zu dem männlichen perroquet wird als weibliches Wort la perruche verwendet, obwohl es eigentlich nur eine kleine Art von Papageien bedeutet. Ebenso gilt la guenon oder diminutiv la guenuche als die weibliche Form zu le singe, bedeutet aber eigentlich nur langschwänzige Affen der alten Welt (Meerkatze u. dgl.).

La hase bedeutet eigentlich nur den weiblichen Hasen. Früher war es, wie Duez bezeugt, auch in der Bed. vieux lièvre üblich. Es wird übrigens auch für das zahme oder für das wilde Kaninchen gebraucht: la hase domestique; la hase, femelle du lapin de garenne (Marc de Brus). Das männliche Tier heißt auch bouquin: le bouquin de garenne (Marc de Brus). Die weibliche Form lapine ist zugestanden, wird aber meist nur auf kinderreiche Frauen angewandt: c'est une véritable lapine. Das Volk gebraucht weder hase noch lapine, es sagt une mère (de lapin), ebenso wie es den bouquin als père (de lapin) bezeichnet. Auch Buffon sagt le pigeon-père. Vgl. unten.

Manchmal hat der Tiername eine Motion und es ist trotzdem üblich, bei Bezeichnung des Geschlechts noch ein Kennwort hinzuzufügen: z. B. le faisan, le coq faisan, la poule faisane oder poule faisande.

Étalon ist im Volksgebrauch kaum üblich, dafür tritt ein cheval entier, auch un entier.[1] Das Wort wird auch zu anderen Tiernamen gefügt, um das männliche Geschlecht zu bezeichnen, besonders un âne étalon. In derselben Weise werden père, mère, coq u. a. zur Bezeichnung des Geschlechts verwendet: Le cri sonore et le battement d'ailes d'un *coq-faisan* saluent le soleil qui reparaît (J. Mary). Vient ensuite une *mère serpent* Python longue de plus de cinq mètres (J.). Manchmal findet man unveränderliche Tiernamen mit dem weiblichen Artikel: Une caniche noire (E. de Goncourt).

Wie chameau: chamelle hat man auch gebildet une moinelle (H. Rabusson). Von oiseau ist seit alter Zeit das fém. oiselle üblich, so in dem Kinderspielvers Mon père est oiseau, Ma mère est *oiselle*, Tire la ficelle! Ähnlich un petit sursaut *d'oiselle* effarouchée (Ch. Foley).

Die Vorschrift, daß in Verbindung mit le lait nur der Name des weiblichen Tieres gebraucht werden soll (lait d'ânesse, lait de buflesse,[2] lait de chamelle) findet sich oft mißachtet; auch Buffon sagt lait de chameau. Doch wohl nie anders als lait de jument.

In seltenen Fällen ist eine männliche Form erst aus der weiblichen gebildet worden. So wurde dinde zunächst (mit oder ohne Zusatz von coq, poule) als männlich und weiblich gebraucht, später schied man le dindon, la dinde. Le marmot ist der wahrscheinlichsten Etymologie nach auf la marmotte zurückzuleiten. Das neben chose gebräuchliche machin, (monsieur machin, madame machin Herr, Frau Dingsda) ist aus machine entstanden. Je trouve que tous ces *machins-là* se ressemblent (Gyp). Aus la concubine wurde le concubin gebildet; ebenso sind zu den Bezeichnungen la grisette, la lorette zeitweise die Maskuline le griset, le loret üblich gewesen. Le canari (eigentlich le serin canari) ist aus Canarie f. (Insel) oder

---

[1] Neben la jument findet sich la cavale.

[2] Auch bufflon(n)e findet sich; die Akad. kennt keines dieser Feminina.

les Canaries f. (Archipel) gebildet. Über le champagne aus la Champagne u. a. vgl. § 131.

Eine seltene Bildung aus Jeanne D'Arc ist folgende: Il a appris là, ce qu'il avait ignoré jusqu'alors, lui, le Jean d'Arc[1] de la presse catholique, qu'il y avait pour les organes de l'homme des développements particuliers (J.).

Es könnte scheinen, daß le bêta[2] (vielfach auch bêtat geschrieben) eine Fortbildung von bête wäre. Das Wort ist jedoch nach Littré die dialektische Form von bétail. Manchmal findet sich bête männlich gebraucht, in Anwendung auf männliche Personen: Gros bête, va! (G. de Maupassant).

Mit diesen Fällen umgekehrter Motion läßt sich zusammenstellen die Herausbildung eines Maskulinums aus einem früher vorhandenen Femininum. So hat man aus la fausse monnaie gebildet le faux monnayeur, aus la Franche-Comté ist das Gentile le Franc-Comtois entstanden. Das bei dem Plural erwähnte les centrals ist aus maison centrale (Zuchthaus), les centraux aus école centrale gebildet, ebenso geht les territoriaux auf das Femininum l'armée territoriale oder la territoriale zurück wie le médaillé colonial auf la médaille coloniale, le garde national auf la garde nationale.

Öfter findet sich ein Pronomen wie un, chacun, quelqu'un auf ein Femininum bezogen. So in der Redensart et d'un (das war Nummer eins; mit der wären wir fertig). Nous nous retrouverons aussi, après que nous aurons fait *chacun* notre tour (Mme de Sévigné). Mademoiselle Favart débutait aux Variétés par le rôle de Mignon. Pour *tout* autre, c'eût été une audace hasardeuse (Th. Gautier). Messieurs, voici *quelqu'un* qui me vengera (mit Bezeichnung einer Frau. Mémoires d'une Contemporaine). Stets muß quelqu'un in männlicher Form stehen im Sinne von „Person von Bedeutung": Elle était quelqu'un (J.).

So wird auch fast ausschließlich l'un ... l'autre auf Personen verschiedenen Geschlechts zurückdeutend gebraucht; l'un wird dann auf die männliche Person bezogen. Selten wird anders verfahren: À peine le malheureux Lorrain est-il sur le paquebot, que le capitaine Roger, affectant une sévérité toute puritaine à l'endroit des mœurs, sépare Herminie de M. Lorrain, envoyant *l'une* dans la cabine des femmes, séquestrant l'autre dans la cabine des

---

[1] Diese Form ist absichtlich gewählt der komischen Wirkung halber. Denn es lag nichts näher als zu sagen un Jeanne Darc mâle, so wie Th. Gautier sagt: La reine Anne, Louis XIII femelle.

[2] Hierzu wieder eine neue Femininform bêtasse: Elle, très jalouse ... même un peu bêtasse (A. Daudet).

hommes (Th. Gautier). Sonſt ſteht l'une . . . l'autre nur, wo beider=
ſeits Frauen gemeint ſein können: Qu'il est douloureux d'être si
loin *l'une* de l'autre (Mme de Sévigné).

Fürwörter wie eux, ceux, ceux-ci können ſich zuſammenfaſſend auf
Subſtantive verſchiedenen Geſchlechtes beziehen, doch findet man auch die
Trennung der Geſchlechter: M. le Prince et M. le Duc faisaient
beaucoup d'honnêtetés à tous ceux et *celles* qui composaient
cette assemblée (Mme de Sévigné).

§ 136. Es iſt bemerkenswert, wie ganz ähnliche Subſtantive ſich
in der Motion verſchieden verhalten. Ami nimmt leicht die weibliche
Form an und trotz des (für die meiſten Ohren wenigſtens) abſoluten
Gleichklangs von ami und amie finden ſich beide öfter verbunden:
Une femme de ses *amies* (Sainte-Beuve). Cinq ou six personnes
qui se mêlent comme moi d'être de vos amis et *amies* (Mme de
Sévigné). Cette femme quelque peu abandonnée de ses amis
et de ses *amies* (A. Houssaye). Dagegen findet ſich äußerſt oft
ennemi ſtatt der ſo leicht zu bildenden weiblichen Form: Puis il s'était
fait encore un autre ennemi . . . *cet ennemi,* c'était milady
(C. Dumas). Il avait *un ennemi* de plus, la mère du roi
(Michelet). *Un* des plus opiniâtres (ennemis du cardinal) . . .
Marie de Médicis, n'existait plus (H. Martin). Quand elles
avaient des tantes, elles les avaient pour *ennemis* (A. Karr).
La mer revenait à la charge, haute, implacable et furieuse,
ennemi trop robuste pour que je pusse continuer la lutte
(Mme A. Tastu).

Adjektiv.

§ 137. Subſtantive auf e haben in der Regel beiderlei Geſchlecht,
wenn ſie auf männliche und weibliche Weſen anwendbar ſind.

Ermite: Nous ne l'avons vue que modeste *ermite* (M. Barrès).
Man findet auch ermitesse.

Modèle: Un artiste peintre avait projeté une partie fine en
banlieue avec une de ses *modèles* (J.). Vgl. § 135.

Singe: Des gestes de petite *singe* (Mme L. Lacour). Die Form
singesse (vgl. unten) iſt wenig üblich und guenon (§ 135, 5) nicht
überall anwendbar.

Eigentümlicherweiſe ſoll comparse (Statiſt) nur m. ſein, obwohl es
aus la comparse (vgl. § 131) entſtanden iſt. Coloriste ſoll nur in
einer Bed. (celle qui colorie des estampes, des gravure) als f.
möglich ſein, despote ſoll überhaupt nur männliches Geſchlecht zulaſſen:
Quel despote que cette femme (Acad.).

§ 137 A. 1. Folgendes ſind die weiblichen Subſtantive auf -esse (außer denjenigen von einem Maſk. auf eur, vgl. § 139, 6): abbesse, ânesse, borgnesse, chanoinesse, comtesse nebſt vicomtesse, déesse, devineresse, diablesse, diaconesse, dogaresse und dogesse, drôlesse, druidesse, duchesse nebſt archiduchesse und grande-duchesse, évêchesse, hôtesse[1], ivrognesse, ladresse, larronnesse, maîtresse, moinesse, mulâtresse, négresse, ogresse[2], pairesse, papesse, patronesse, pauvresse, poétesse, prêtresse, princesse, prophétesse, quakeresse, sauvagesse, siresse, Suissesse, tigresse, traîtresse.

Neben larronnesse ſteht la larronne; sauvagesse ſteht ſelten von Eingeborenen, meiſt hat es den Sinn: Frau von menſchenſcheuem, unzugänglichem Weſen.

Außerdem findet man

Bougresse: la vieille bougresse (J.), la pauvre *bougresse* (É. Zola).

Bufflesse: le yoghourt est fait avec du lait de *bufflesse* (J.).

Centauresse findet ſich neben centaurelle (Complément du dictionn. de l'Acad.).

Cheffesse oder chefesse[3]: les *cheffesses* du parti féminin (A. Robida). Nur ſcherzhaft.

Clownesse: une pirouette de *clownesse* (R Maizeroy). P. Déroulède gebraucht die angliſierte Form clowness[4].

Confréresse exiſtierte früher: les confrères et les *confréresses* (J. Rossel).

Consulesse: Mme la colonelle Trotter, *consulesse* générale d'Angleterre à Beyrouth (J.). Une élégante *consulesse* avec sa fille (L. de Tinseau).

Faunesse: les jolies *faunesses* des pendentifs (L. Morin), une riante figure de jeune *faunesse* (H. Le Roux).

Hommesse in der Bibel: On la nommera *Hommesse*, car elle a été prise de l'homme (Genèse 2, 23).

Lavanderesse = lavandière (A. Mélandri).

Mairesse = femme du maire (ſcherzhaft): madame Lonnier, la *mairesse* (L. Halévy). L'instituteur, un pauvre hère, jalousé du paysan, craignant monsieur le maire et madame la *mairesse* (J.). Mairesse = femme exerçant les fonctions de maire (bei L. Lacour).

---

[1] Hôtesse hat nur der Bed. „Wirtin", nicht auch „weiblicher Gaſt": Partout *hôte* respecté et bienvenu, la cigogne paie, par des services, le tribut qu'elle doit à la société (Buffon).

[2] Daneben une ogre femelle. Auch bei anderen anerkannten Formen iſt nicht ausgeſchloſſen, daß daneben andere Motion ſich findet; ſo ſteht la larronne neben larronnesse, la mulâtre neben mulâtresse.

[3] Sonſt bleibt chef unverändert. Guillaume le Picux y fonda une abbaye, devenue *chef d'ordre* vingt ans après (Huard).

[4] In dieſer Form ſtets la lady mayoress.

Minimesse = religieuse de l'ordre des Minimes: Dans un coin de l'appartement, sont jetées pêle-mêle les diverses pièces du costume de *minimesse* (J.).

Ministresse |djerzhaft für femme exerçant les fonctions de ministre (A. Robida). Auch = Frau eines Ministers, eines Gesandten.

Monstresse: C'est vous, petite *monstresse* (R. Maizeroy). Elle devait être la *monstresse* dont riait Mme de Creuilles (Ders.).

Notairesse findet sich ziemlich oft, z. B. bei A. Theuriet.

Peintresse findet sich, doch selten.

Phoquesse: la *phoquesse* du Jardin d'acclimatation (J).

Secrétairesse (bei L. Lacour).

Singesse: On ne rencontre là-bas que d'horribles *singesses* (= femmes laides comme des singes. Fr. Coppée).

Tartaresse: Les jeunes Tartares et *Tartaresses* (Thoumas).

§ 137, A. 3. Die Zusammensetzungen weiblicher Substantive mit dem eingeschlechtigen grand waren früher viel zahlreicher. Allerdings bestanden schon in älterer Zeit Schwankungen zwischen den Formen mit grand' und denjenigen, welche grande aufweisen. Noch üblich sind la grand'bande (dichter Schwarm), la grand'bête (gespenstiges Tier), la grand'chambre (Abteilung des alten Parlamentsgerichtshofes), grand'chance (gute Aussicht, alle Hoffnung), grand'chose (nur negativ), la Grand'Combe (eine Kohlenzeche), la Grand'Côte (Teil der bretonischen Küste), grand'crainte (große Furcht), la grand'croix oder grand-croix (Großkreuz, le grand-croix der Inhaber desselben), les grand'dents (dialektisch: stumpfe Zähne vom Genusse saurer Früchte), aller grand'erre, s'enfuir grand'erre (in großer Eile), grand'faim (starker Hunger), faire grand'faute (dialektisch: sehr abgehen, sich sehr vermissen lassen), grand'fête (großer Schmaus), la grand'garde (Feldwache), la Grand'-Gueule (nachgebildetes Ungeheuer, in Poitiers bei Festumzügen benützt), la grand'halte (große Ruhepause bei Märschen), en grand'hâte, grand'honte (arge Schande), la grand'hune (Name eines Mastkorbs), grand'maman, la grand'mère, la grand'messe, à grand'peine, grand'peur, grand'pitié, la grand'place, la grand'porte (Hoftor), grand'raison, la grand'route, la grand'rue, grand'soif, la grand'-tante, la Grand'Ville (Name mehrerer Örtlichkeiten). Einzelne dieser Ausdrücke werden jetzt fast immer regelmäßig gebildet, so grande rue und auch grande route. Manche finden sich nicht mit dem Artikel, da sie nur mit Verben wie aller, avoir, faire artikellose Verbindungen bilden. — Die Mundarten haben noch weitere Ausdrücke dieser Art bewahrt, die man in G. Sand's Dorfgeschichten u. a. finden kann.

Weitere Reste des früheren eingeschlechtigen Adjektivs sind Rochefort, des ordonnances royaux, des lettres royaux, selten in zweigeſchlechtiger Form [1]: Allez, monsieur, allez prendre les *lettres royales* (A. de Musset).

§ 137, Zuſatz. Eine Reihe von Adjektiven entbehren entweder der männlichen oder der weiblichen Form, weil ſie ausſchließlich mit Sub= ſtantiven eines der beiden Geſchlechter verbunden werden.

Accort, accorte von der Akad. gegeben, doch iſt wie Fr. Wey bemerkt, das m. kaum üblich.

Adverse iſt nach der Akad. für beide Geſchlechter üblich; Littré erklärt auch advers für vorhanden.

Afflictif, -ive kommt ſo gut wie ausſchließlich im f. vor.

Albinos m. müßte für beide Geſchlechter gebraucht werden. Privat-Deschanel gebraucht f. albine: Les yeux roses en (sc. du furet) feraient une variété *albine*.

Aliquote iſt nur f. (zugleich weibl. Subſtantiv).

Apostat hat keine weibliche Form.

Aquilin ebenſo.

Ardu, ardue iſt kaum im m. üblich.

Bée nach der Akad. nur in gueule bée. Rester bouche bée iſt ſehr üblich.

Bot wird nur mit pied verbunden, hat daher kein f.

Brief, briève; das m. nur noch in dem Rechtsausdruck ajourner à trois *briefs* jours.

Canin, canine findet ſich nur in der weiblichen Form.

Capot hat nur dieſe Form für beide Geſchlechter und beide Numeri.

Châtain von der Akad. auf das m. beſchränkt, das f. châtaine iſt von Schmager nachgewieſen.

Chevaline hat keine männliche Form.

Crasse ebenſo.

Déchaux (= déchaussé) hat keine weibliche Form.

Discord ebenſo.

Dispos ebenſo.

Dive iſt nur weibliches Adjektiv.

Enceint, e iſt kaum im m. nachweisbar.

Enclin, e das Vorkommen des f. wird von Laveaux mit Unrecht beſtritten.

Explicite findet ſich kaum mit einem männl. Subſtantiv verbunden.

Fat iſt nur als m. üblich. Nach Littré (Suppl.) gebrauchte Châteaubriand das f. fate.

Fée (von der Akad. nur als Subſtantiv gegeben) iſt Adjektiv für beide Geſchlechter: Cet arbre était *fée* (A. Vitu). Un arc d'or

---

[1] Lettres iſt hier ein Singular (königliches Handſchreiben), kann aber auch Pluralbedeutung haben.

qui était *fée* (Aycard). La clef était *fée* (Perrault). Cette gondole est *fée* (O. Feuillet).

Grognon hat nur diese Form für beide Geschlechter.

Infus, infuse kommt kaum im m. vor.

Lie nur in faire chère *lie*.

Mental, e findet sich schwerlich als m.

Muscade wird nur als f. gefunden.

Muscat ist ausschließlich adj. m.

Nacarat hat keine besondere weibliche Form.

Ovale für beide Geschlechter.

Ovine ist nur weibliches Adjektiv.

Pair hat keine weibliche Form.

Philosophale steht nur bei pierre, daher ohne m.

Pie findet sich nur mit œuvre verbunden.

Plénier, ère kaum im m. nachweisbar.

Pluvial, e ebenso.

Quiet, quiète, im m. kaum gebräuchlich.

Régale nur mit eau verbunden, daher ohne m.

Rosat für beide Geschlechter, ohne bes. weibl. Form.

Rostrale, die männliche Form fehlt.

Salique wird kaum mit männl. Substantiv verbunden.

Serpentin nur mit marbre, daher bloß m.

Serpentine nur mit langue verbunden. Auch des routes *serpentines*.

Vélin nur als m. üblich (papier vélin).

Voyer ohne weibliche Form: architecte *voyer*, agent *voyer*, travaux *voyers*.

§ 138, 1. Bei den Adjektiven auf lauten Vokal finden sich Ungleichheiten; während die Adjektive auf ou (hindou, zoulou, mandchou) ein e anfügen,[1] bleiben hindoustani, kymri, somali unverändert (la langue hindoustani, l'infanterie montée somali). Ebenso ist esquimau unveränderlich, doch auch à l'esquimaude (G. Servières). Malai bildet malaise von der Nebenform malais. Tréma wird von der Akad. als Adjektiv beider Geschlechter und beider Numeri bezeichnet. Über hébreu vgl. § 142, 2.

Als Adjektive auf -gu sind neben aigu noch ambigu, contigu, exigu vorhanden.

---

[1] Dagegen Je peux être *froufrou*, coquette, fantasque (R. Maizeroy), weil das Wort kein eigentliches Adjektiv ist. Hurluberlu ist in dem gleichen Fall, wird aber von manchen verändert: Avec une intonation *hurluberlue* (P. Margueritte).

§ 135, 2. Die Substantive auf -on bilden das Femininum wie die Adjektive (manchmal wird -one statt -onne[1] geschrieben): La fête est une *compagnonne* stupide (A. Boutique). Sous ton dernier écu tu trouveras la misère, qui est une *compagnonne* dont le commerce n'a rien d'attrayant (M. du Camp). S'il a porté la bombe c'est pour la remettre à une *compagnonne*[2] qui l'a mise dans son panier et est allée la déposer (J.). Des yeux de *démone* (R. Maizeroy). Les *mormonnes* (O. Comettant). Cette *négrillonne* (Mme L. Lacour). Sa *nourrissonne* (O. Barot). Les *pinsonnes* (G. de Cherville).

Scherzhafter Art ist die Bildung De jolies et jeunes *tabellionnes* (Inauth). Ebenso à côté des *franches-maçonnes* et des libres-penseuses, on rencontrait sans étonnement une chrétienne (J.). Obwohl espionne von der Akad. zugestanden wird, gebraucht A. Dumas des espions femmes. Champion bildet kein besonderes Femininin, daher: Celle qui s'était constituée son *champion* (Balzac). Le plus souvent, la France s'est constituée le *champion* des doctrines absolutistes (Grancolas). L'Angleterre, *champion* du passé (Th. Lavallée). Doch auch: Les railleries spirituelles du député de Northampton ne font qu'accuser dans cette ingérence les qualités de ténacité de ces *championnes* (J.).

§ 139. 1) Galant in der Bed. geriebener Bursche bildet das f. galande. Das Wort ist nahezu veraltet.

2) Die Schreibung frank, langue franque ist von Aug. Thierry zuerst eingeführt, vgl. Dix ans d'études historiques, 361 f. Sonst gebraucht er das f. franke: les dynasties *frankes*. Auch turk, turke ist bei neueren Historikern üblich geworden.

3) Eigentümliche Formen auf -eux sind ambitionneux in den Dialekten statt ambitieux, avaricieux ebenso dialektisch für avare, findet sich aber auch in der Schriftsprache (Acad.: Il est familier, et il vieillit), grisouteux (aus grisou).

4) Auch suret, surète wird gebildet, wogegen Littré geltend macht, daß hier -et Diminutivform ist, also -ette bilden müßte.

5) Nach der Akad. tritt die Verdoppelung des t nur bei bellot, pâlot, sot, vieillot und dem Substantiv le linot, la linotte ein. Auch falot bildet oft falotte. Dagegen z. B. huguenot, dévot, cagot mit einfachem t.

---

[1] Seltenere Adjektive und Substantive auf -on bevorzugen die erstere Form: La félone famille (Littré).

[2] Compagnonne in diesem Sinn (Genossin) ist allgemein üblich. Im gewöhnlichen Sinn (= compagne) hat auch V. Hugo das Wort gebraucht.

Ein f. auf -ote wird auch von rigolo, rococo gebildet: Votre figure est *rigolote* (J.). Très jolie, mais pas *rigolote* (Gyp). Une danse *rococote* (Th. Gautier); dagegen Combien *rococos*, du reste, les femmes émancipées de 1840 à 1852! (J.); nach der Akad. ist rococo ausschließlich adj. m.

Von profès lautet das f. professe; veraltet ist déconfès, déconfesse; coulis ist jetzt nur adj. m., früher fand sich das f. coulisse.

6) Bemerkenswerte Formen auf -euse:

Absorbeuse (zu dem fehlenden absorbeur): La mer, *absorbeuse* d'énergies, tueuse du temps (G. Geffroy).

Acteuse (neben actrice) für Schauspielerin niederen Ranges, vgl. chanteuse neben cantatrice und weiter unten théâtreuse: Une *acteuse* en vogue (R. Maizeroy). Elle est moins bête que la plupart de ces *acteuses* (Ders.). *Acteuse* aux Nouveautés (J. Verne). La chanteuse ou *l'acteuse* (J.).

Amuseuse: Les *amuseuses* dont le maquillage s'écaillait et coulait (J.).

Assesseuse: *Assesseuses:* La Très Excellente Duchesse de Astorga, la Très Excellente Comtesse de Villarcayo . . . (C. Vergniol).

Bailleuse (z. B. bailleuse de fonds) findet sich, gilt aber als unrichtig statt bailleresse.

Bockeuse (Biertrinkerin): des bockeurs et des *bockeuses* (J.).

Chemineuse zu dem Mask. chemineau (Landstreicher).

Chroniqueuse: Mon autorité de *chroniqueuse* féminine (Vicomtesse de Renneville).

Clameuse (ohne Mask.): Les hirondelles de mer sont alors plus inquiètes et plus *clameuses* que jamais (Buffon).

Gaffeuse zu dem Neologismus gaffeur (Mensch, der sich lächerliche Versehen zu Schulden kommen läßt) bei A. Daudet.

Gouverneuse, Ausdruck, den J.-J. Rousseau von Thérèse Levasseur und ihrer Mutter gebraucht.

Harangueuse: Les *harangueuses* de foules (P. Bourget).

Insulteuse: Mme Z., une *insulteuse* de l'art, une pervertisseuse du goût public (Alexis Martin).

Jugeuse (zu dem fehlenden jugeur): Mme de Staël était si *jugeuse* que, disait-elle, en allant à la guillotine elle aurait jugé le bourreau (J.).

Libre penseuse ziemlich oft, z. B. bei G. Ohnet.

Pervertisseuse (ohne Mask.) vgl. oben insulteuse.

Pierreuse ist eine einzeln stehende Form, die zu dem Mask. pierrot gezogen werden kann: Elle chantait des refrains de *pierreuse* (H. Le Roux). Daneben pierrette: Les comparses obligés des

Gilles sont des dominos de toute couleur, d'élégants pierrots et *pierrettes* (J.).

Politiqueuse: La race abominable des politiqueurs et des *politiqueuses* (J.). Männliche wie weibliche Form sind Neologismen.

Commissaire-priseuse von Fr. Coppée gebraucht.

Semeuse häufig, z. B. die bekannte Figur auf den französischen Geldstücken.

Théâtreuse (Theaterdame, Maßk. fehlt). Les Théâtreuses Titel eines Buches von Auguste Germain.

Tiers-porteuse selten statt tiers-porteur: La belle-mère avait comme *tiers-porteuse* une créance de quelques cent mille francs sur Mme Humbert (J.). Man sollte tierce-porteuse erwarten.

Trahisseuse (ohne Maßk.). Elle était abondonnée, trahie à son tour, la *trahisseuse* (Fr. Coppée).

Verseuse (Kellnerin, also nicht zu verseur gehörig): Le projectile lancée par la patronne alla frapper en plein visage une *verseuse* (J.).

Voyageuse scheint von der Akad. auf die Bed. „reiselustige Frau" beschränkt zu werden. Ihr einziges Beispiel ist: c'est une grande voyageuse. Das Wort hat auch die Bed. „weiblicher Fahrgast, Passagier". Le capitaine était plein de prévenances pour les *voyageuses* (J.). L'un des brancards a blessé grièvement au bras gauche l'une des *voyageuses*, Mme G. (J.).

Folgende Substantive auf -trice, teilweise ohne männliche Form auf -teur (mit * bezeichnet) gelten als Neologismen:

*Annonciatrice: Une ombre légère, *annonciatrice* de la nuit (A. Germain).

Auditrice: *auditrices* bénévoles Hospitantinnen (J.).

*Auxiliatrice: La chapelle des sœurs de Marie-*Auxiliatrice*, 25, rue de Maubeuge. La femme, *auxiliatrice* de Dieu (J. Lemaître).

Calculatrice: La petite et *calculatrice* coquetterie des jeunes filles de Paris (Balzac).

Compositrice (Schriftsetzerin): le métier de *compositrice* (J.).

Créditrice: La France est le banquier de l'Europe et partout elle est *créditrice* à l'étranger (J.).

Cultivatrice: Une *cultivatrice*, Mme B. et son fils furent trouvés assassinés dans leur demeure (J.).

Dessinatrice: Malgré toutes les recherches, on ne peut jamais savoir ce qu'était devenue la *dessinatrice* (L. Lanier).

*Dévoratrice: La bête . . . plus que *dévoratrice* de l'homme (J.-H. Rosny).

*Éducatrice von Goron in ironischem Sinn gebraucht.

*Émancipatrice: Cette ville où se déroulait, il y a un siècle, la Révolution *émancipatrice* des hommes, des peuples et des races (J.).

Factrice: Le doute n'était plus permis et le parfumeur fit arrêter la *factrice* infidèle (J.) d. h. Ladengehilfin. Auch la *factrice* de la poste distribue des lettres de Paris (L. Halévy).

Monitrice: Ils trouveront toujours, dans la classe, un hardi moniteur et une gentille *monitrice*[1] aux jarrets solides (J.). Et, se tournant vers la *monitrice:* Sister Florence, êtes-vous contente de Thyra? (H. Le Roux).

*Négatrice: Notre théorie politique est négatrice du principe plébiscitaire (J.).

Oratrice: Mme Louise Michel a débuté, à l'Élysée-Montmartre, dans le rôle *d'oratrice* de club (J.).

Perceptrice: Mme la perceptrice (J. L'Hôpital).

*Perforatrice Bohrmaschine für Tunnelbau (L. Figuier).

Prestidigitatrice: Une *prestidigitatrice*, Mme O., avait obtenu du colonel l'autorisation de donner dans la salle d'école de la caserne une représentation (J.).

Répétitrice: Les professeurs ou *répétitrices* (J.).

*Revendicatrice: Le moraliste averti, le féministe consommé, le directeur de conscience laïque des mondaines mûres, des viriles *revendicatrices* . . . Marcel Prévost (J.).

*Salvatrice: Une issue *salvatrice* (Villiers de l'Isle-Adam). La lumière bénie et *salvatrice* d'un phare mystique (J.).

*Simulatrice: Mme G. ne pouvait être considérée comme une *simulatrice* (J.). Alors, dans un langage scientifique, c'est une *simulatrice,* mais une simulatrice à demi inconsciente (J.).

*Vociératrice: Des crieurs de programmes annonçaient le spectacle avec des voix de *vociératrices* (E. de Goncourt).

Folgende Substantive auf -eur bilden eine weibliche Form auf -esse: bailleur, bailleresse, chasseur, chasseresse, défendeur, défenderesse, demandeur, demanderesse, docteur, doctoresse, enchanteur, enchanteresse, pécheur, pécheresse, tailleur, tailleresse, vendeur, venderesse, vengeur, vengeresse. Die Formen doctoresse en médecine, doctoresse en droit sind häufig genug, doch findet man auch noch die männliche Form gebraucht[2]: Dans cette commission Mme la

---

[1] Trotz des zugestandenen Femininums findet sich auch die männliche Form beibehalten: Chaque jeune fille qu'on instruit devient, aussitôt qu'elle est mère, le «*moniteur*» de sa famille (E. Rendu).

[2] Aber auch neben dem zugestandenen législatrice kann man die männliche Form finden: L'Académie est devenue le *législateur* de l'usage orthographique (Coty); ebenso kann das übliche coadjutrice verschmäht werden: Elle est l'humble *coadjuteur* de la Première (L. Roux).

docteur Madeleine Brès représente à la fois la science et la maternité, étant médecin et femme (J.), während es zwei Zeilen weiter heißt: cette encore jeune doyenne de nos *doctoresses*.

Man findet ferner damneresse zu dem fehlenden damneur: les chèvres *damneresses* Art Dämonen im Volksaberglauben (V. de Brunoy), pastoresse zu pasteur, Pastorenfrau (M. Prévot), professoresse.[1] Je parodie les *professoresses* (L. Lemonnier) neben der üblicheren Form professeur de musique, professeur d'espagnol u. a.

Einzelne Formen sind nur noch in Ortsnamen oder lokalen Bezeichnungen enthalten, so zu dîmeur: la grange dîmeresse die Zehnten-scheune, zu receveur: la Recevresse Gebäude für Annahme und Aufbewahrung von Opfergaben.

Keinerlei weibliche Form haben z. B.

Agitateur: Mlle Wabnitz, bien connue comme *agitateur* socialiste (J.).

Porteur[2]: La valeur des papiers dont elle était *porteur* (J.).

Traducteur: Le véritable *traducteur* était Mme Baudelaire (J. Levallois).

Transgresseur: La femme devient *transgresseur* (O. Comettant). Vainqueur im Sportsgebrauch, die Siegerin bei Wettfahrten u. dgl.

Üblichere Formen auf -eux sind: se louer comme aoûteux (Erntearbeiter. H. Le Roux), un grand bailleux (Erzfaulenzer, wohl bâilleux. J. L'Hôpital), les boueux (Müllfuhrleute. J.), un bouleux (Kegelschieber. J. Richepin), un cajoleux (O. Feuillet), le coqueleux (Wärter des Kampfhahns. D. Louis), un cornemuseux (R. Maizeroy), laisse-nous, décourageux (Spielverderber. J. Richepin), ce n'est point un écriveux (Mme de Sévigné), un épouseux (Freier), le faucheux (langbeinige Spinne), un jeteux de sorts (Hexenmeister. J.), j'ai servi de marmiteux au château (Villemer), les noceux (Hochzeitsgäste. A. Theuriet), va donc, beau parleux (Séjour), le vieux piqueux (Jagdhüter. Gyp), les ramasseux de mégots (Zigarrenstummelsammler. H. Le Roux), un soupireux (Anbeter. E. de Goncourt), les tireux d'bois (Flößer. J. Richepin), le violoneux (E. Goudeau).

§ 140. 1) Die Volkssprache und noch mehr die Dialekte bevorzugen Femininbildungen auf -te z. B. jambes tortes für jambes torses; dialektische Formen sind gai, gaite (Jaubert), cru, crute, dur, durte, noir, noirte, sûr, sûrte (Vermesse). Daher kommt es, daß das f. coite manchmal gemieden wird: En présence des ces opi-

---

[1] Daneben madame la professeuse (die Frau eines Professors) scherzhaft dem deutschen Gebrauch nachgebildet (E. About).

[2] Porteuse nur in bestimmten Verbindungen z. B. porteuse de pain.

nions diverses il n'est pas possible que la critique française se tienne *coi* (J.).

2) Rousseau (rothaarig) hat weder f. noch Nebenform auf -el. Als f. dafür sind üblich rousse, roussotte.

Bel ist auch in Ortsnamen enthalten: Villiers-le-Bel. Sehr selten ist es vor Nichtsubstantiven in anderen als den angeführten Fällen: Du courage, c'est *bel* à dire (L. Leconte). Le *bel* et redoutable animal avait parcouru la ville (J.). Un *bel* et noble amoureux (Sainte-Beuve). — In vulgärer Sprache findet sich auch der Plural bel(s): Ils sont plus *bel* hommes (Delacour). Et de *bel'* hommes (P. Loti).

Nouvel steht nach dem Subst. in dem Rechtsausdruck passer titre nouvel eine neue Tatsache vorbringen, in die Rechtsverbindlichkeit eines Dritten eintreten. Gegen le nouvel arrivé (Thiers) ist nichts einzuwenden; manchmal findet sich auch diese Form vor et: Un *nouvel* et terrible accident de chemin de fer s'est produit (J.). Je crois savoir qu'un *nouvel* et très sévère avertissement sera donné au général (J.).

Fou als Substantiv kann nicht die Form fol annehmen: Un fou orgueilleux; bei Lafontaine findet sich jedoch noch die alte Form: Un *fol* allait criant . . . Das adjektivische fol steht in dem geflügelten Wort Souvent femme varie. Bien *fol* est qui s'y fie; sonst sehr selten: Il alla demander . . . si je n'étais pas *fol* à lier (E. Goudeau).

Die Form mol ist nach Littré nicht in die Umgangssprache übergegangen. Auch bei diesem Wort hat sich der alte Gebrauch vor Nichtsubstantiven vereinzelt erhalten. Le *mol* et inerte Philippe V (H. Martin). Il est *mol* au travail (Mme Ch. Reybaud). Auch nachstehend: En un lit *mol* (Boiteau) oder prädikativ: le français est aussi «nerveux» que l'italien est *mol* (Rossel) und sogar vor Konsonant: Le *mol* bercement du bateau l'ayant assoupie peu à peu . . . (H. Conti); ebenso als Plural: Oui, c'était encore de la beauté qui palpitait sur ce visage et descendait en larges ondes aux *mols* contours de la gorge à demi voilée (Ch. Le Goffic).

Vieil homme ist ungemein häufig, vieux homme ist etwas seltner und wird von manchen für unrichtig erklärt, findet sich aber bei guten Schriftstellern (G. Sand, G. de Maupassant, J. Claretie). Selten ist vieux nachgestellt: Je suis un homme *vieux*, mais pas encore une vieille femme (A. de Musset). In der Regel bezeichnen vieil homme, vieux homme einen Mann vorgerückteren Alters, der aber noch nicht als vieillard bezeichnet werden kann; so sagt G. Augustin-Thierry von einer Person le vieil homme, die er früher als presque un vieillard bezeichnet hatte. Doch findet man diese Ausdrücke auch synonym mit vieillard gebraucht: Une voix tremblante et cassée de *vieil* homme (L. de Saint-Valery). Jamais je n'avais vu un si *vieil* homme, et je ne m'imaginais pas qu'il pût en exister de si vieux (J.). C'était un très *vieil* homme, presque tombé en enfance (J. de Gachons). — Jedenfalls kann im über= tragenen Sinne nur le vieil homme gesagt werden: Le *vieil homme* perçait sous le nouveau (J.). Vieil steht in alter Weise noch bei Ortsnamen: Vendin-le-Vieil, Saint-Florent-le-Vieil, Vieil-Castel, le Canal Vieil (Name eines versandeten Kanals bei Aigues-Mortes).

Manchmal steht auch vieil vor et: Le *vieil* et vénérable Ulfila (Amédée Thierry). Le maréchal de Broglie, autre *vieil* et médiocre capitaine (H. Martin). Le *vieil* et puissant idiome (A. Vinet). Le *vieil* et le tors ouvrier des Ternes (E. de Goncourt). — Auch der Plural vieils ist in den Dialekten enthalten. — Ein Satz, der absichtlich die drei Formen des Adj. vereinigt: C'est une vieille traduction d'un vieil auteur en vieux français (P.-L. Courier).

3) Als eigentümliche Motionen[1] sind noch zu bemerken:

Autocratrice zu autocrate.

Benête zu benêt: Comment y a-t-il encore des *benêtes* pour croire à ces sottises-là! (P. Margueritte).

Carmelite zu carme.

Chartreusine zu chartreux: Un monastère de *Chartreusines* (Huard).

Gosseline zu dem allerdings nicht einmal von Littré aufgenommenen gosse: Des gosses et des *gosselines* (Fr. Coppée).

Hoberette zu hobereau: Quelques *hoberettes* de province (R. Maizeroy).

Jouvencelle zu jouvenceau. Vgl. Akad.

Lévrier hat als f. la levrette.

Lieutenante, gebraucht der Prinz von Joinville, ebenso wie la capitaine, bei Erwähnung einer Truppe von Cauchoises, die eine Art von Ehrenschwadron der Königin bildeten. Schon Maupas hatte das fém. la lieutenande aufgeführt.

Potentate wird von Littré (Suppl.) erwähnt.

Preuse zu preux: Les clercs vantaient sans cesse les femmes fortes de l'Écriture, Judith et Déborah, les neuf *preuses* et les sibylles qui prophétisaient (Anatole France). Les neuf *preuses,* Sémiramis, Déifemme, Lampédo, Thamyris . . . (Mme Carette).

Pythonisse ist einzeln stehende Form. Vgl. Akad.

---

[1] Einer meiner Kritiker hat zu voyou die Motionsformen voyoute und voyouse entdeckt. Wo? sagt er nicht. Diese Formen sind ungefähr ebenso berechtigt wie die bekannte Schülerantwort: Qu'est-ce qu'une voyelle? — Monsieur, c'est la femelle du voyou.

Rien qui vaille ¸u vaurien: Petite *rien qui vaille* (C. Bias).
Vaurienne ist daneben im familiären Gebrauch üblich und durch
dialektischen Gebrauch gestützt.

'Robine ¸u robin wird von A. Dumas für Frau eines Gerichts=
beamten gebraucht.[1]

Sacristine ¸u sacristain[2]: La sœur *sacristine* (G. Rodenbach).
Auch von E. Renan gebraucht.

Sphinge ¸u sphinx: Cette année, on citera, parmi les œuvres
les plus curieuses, un ange de Willette, une Muse d'Aman-Jean,
une *sphinge* de Khnopff (J.). Cette *sphinge* à face de Méduse (J.)
Cette *sphinge,* comme disent ceux de nos camarades qui veulent
bien prouver qu'ils ne savent pas le grec (P. Bourget).

Sylphide ist f. ¸u le sylphe.

Tritonne ¸u Triton.

Früher bildete man ¸u le Bas-Breton das f. la Basse-Brette;
ebenso ¸u le gentilhomme als f. la gentillefemme.

Als weibliche Form ¸u pâtre kann la pastoure betrachtet werden:
Les ébâts des pâtres et des *pastoures* (A. Mélandri).

Verhältnismäßig selten werden Fremdwörter mit der fremden Motions=
form gebraucht: La destinée qui s'est acharnée sur Marie-Henriette,
en *impresaria* habile, a machiné chaque drame, pour en rendre
l'exposition plus effrayante (Léon Gressel).

So konnte auch das Wort bravo durch brava (Plural brave) ersetzt
werden, wenn es sich um weibliche Darsteller handelte. Dieser Brauch
ist veraltet. Vgl. § 109 A. S. 3.

§ 141. Meist zeigen solche Verbindungen gleiches Geschlecht: la
race-mère, l'idée-mère, la pensée-mère, la donnée-mère. Zugelassen
sind andere Verbindungen z. B. horloge étalon (Normaluhr), principe
mère u. a. Zu dem letzteren bemerkt Littré, daß das Wort nötig sei,
da man principe père nicht sagen könne, daß es aber im style sou-
tenu nicht verwendbar sei.

Im prädikativen Gebrauch gelten die Regeln über den Vorzug des
männlichen Geschlechts wie bei dem prädikativen Adjektiv: Les vertus
devraient être *sœurs* ainsi que les vices sont frères. Aber:
Christianisme et liberté sont *frères* (Grancolas).

Es ist nicht üblich, im prädikativen Gebrauch den weiblichen Artikel
bei Substantiven ¸u setzen, welche ihn in substantivischer Verwen=
dung nicht zulassen: La lune est appelée *le satellite* de la terre (J.).
On voit que Dante a fait entrer dans le domaine de son voyage

---

[1] Ähnlich marine ¸u marin im Sinne von „seemännisch veranlagt": Je ne
te savais pas si *marine*, dit Guen (R. Bazin).

[2] Vgl. daim, dine neben daine.

imaginaire la Fortune païenne, devenue *un ministre* des volontés divines (Littré). Civilis était encouragé par la fameuse Velléda, que révéraient les Germains comme inspirée des dieux, ou plutôt comme si elle eût été *un dieu* elle-même (Michelet). Auch in der Appofition kann die Motion fehlen: La république de Venise, *allié* plus ancien et plus sûr (Ch. Lacretelle).

In les déclivités maxima liegt der lateinifche Plural auf -a vor. Auch summum findet fich: Ce chiffre summum, 30 ou 40 francs, en dit long sur la moyenne des salaires (J.).

§ 142, 1. Scharf laffen fich Subftantive und Adjektive vielfach nicht trennen (die älteren Grammatifer fcheiden beide überhaupt nicht). Subftantive in adjektivifcher Verwendung haben meift Motion und Pluralendung: Un caractère élevé, droit, *ami* de la justice (Guizot). Et pas une main, pas une main *amie* pour lui fermer les yeux (Sandeau). *Ami* lecteur. *Amis* voyageurs, gardez-vous du kani (l'hôtellerie) de Dernitza (Belle.) L'homme *animal* farouche (Buffon). La régularité *artisane* (G. Geffroy). La portion la plus légère et la moins *artiste* du public (Th. Gautier). La petite table *bijoutière* à forme de cœur (R. Saint-Maurice). D'un ton assez *bonhomme* (E. Soulié). C'est donc chose importante pour apprécier la valeur *boulangère* d'une farine que de doser ces débris (J.). La vie *boulevardière* (J.). Maison *bourgeoise*, mine *bourgeoise*, manières *bourgeoises* (Acad.). La garde *bourgeoise* de Florence (de Leuven). Ces cheveux *carottes* (C. Bias). Les chemins sont remplis d'oiseaux *chanteurs* (J. Janin). L'arrondissement *chef-lieu* (E. Rendu). Ce roi *chevalier* (Scribe). La langue *chimpanzée* (J.). L'homme *citoyen* civilisé (Buffon). Des inscriptions *cochonnes* (R. Maizeroy). Elle était *coquelicote* (familiär). Une bohémienne *couleur*[1] locale (naturgetreu, Th. Gautier). Le côté *cour* d'une maison (J.); auf der Bühne le côté cour,[1] le côté jardin. Les deux extrémités zinc[1] et *cuivre*[1] de la pile voltaïque (J.). Il y a des ennemis si *diables* (Mme de Sévigné). Le public *dilettante* (Th. Gautier). Le désinence *duelle* (Dualendung. Littré). Ses toilettes *empire*[1] (Fr. Sarcey). L'éternel secrétaire *empire* (A. Daudet). La reine complètement abandonnée fuyait seule avec son fils *enfant* (Benazet). Des peuples simples et pour ainsi dire *enfants* (Barante). Une causerie universelle, active, bonne *enfant*, charmante (J. Janin). L'armée *ennemie* (Thiers). Des espérances *ennemies* (Villemain). Le travail *esclave*

---

[1] Diefe Wörter find unveränderlich. Keine Veränderung laffen natürlich zu Wörter wie nord, est ufw. Ferner die Subftantive, welche Stilarten bezeichnen wie empire u. a.

(H. Martin). Les Grecs, cette nation *eunuque* (Th. Lavallée).
Ça doit être *farce*[1] (A. Vitu). Que c'est bien *femme*[1] ce que
vous dites là (A. de Musset). Une de ces protestations qu'au-
torisait l'indulgence bonne *fille* de la République (A. Daudet).
Le désordre *financier* de la France (Bachelet). Le Conseil d'Espagne . . . voulut écarter une reine trop bonne *Française* (Mᵐᵉ
de Sévigné). Les villes *frontières* (Villemain). Les provinces *frontières* (Michelet). Les départements *frontières* (J.). La ville
n'était pas *frontière*[1] (Napoléon Iᵉʳ). Le regard *gamin* (Cadol).
Cette foule *gamine* et parée (G. de Maupassant). Un garçon
apothicaire (Th. Gautier); ebenſo un garçon *boulanger* u. a. Son
contralto de voix *garçonne* (C. Lemonnier). Les vagues *géantes*
(Amiel). Les choses *géantes* qui se passent au sénat (J.); von
manchen verworfen, weil gigantesque als Adjektiv vorhanden iſt.
C'est commun, c'est vulgaire, c'est petites *gens*[1] (Masson-Forestier).
L'air *gentilhomme* (Balzac). L'industrie *horlogère* (J.). La partie
illustration[2] de l'ouvrage (J.). L'homme *individu* (Volney). Des
génies *inventeurs* (A. Vinet), nach der Akad. wäre inventif zu gebrauchen. Les maximes *jacobins* (Cantu, trad. Aroux). Il n'y a
rien de *jésuite* comme un désir (Balzac). Une sorte de hié-
rarchie *larbine* (H. France). Un *maître* sot (Fr. Sarcey). Une
maîtresse femme (J.). La supériorité *manœuvrière* (H. Martin).
Prix *marchand*, quartier *marchand*, bâtiment *marchand*, valeur
marchande, place *marchande*, ville *marchande*, marine *marchande*
ſind geläufige Ausdrücke; ce blé n'est pas *marchand*,[1] la rivière
n'est plus *marchande* depuis quinze jours (Acad., Laveaux). Midi
läßt den Gebrauch nicht zu, daher wohl le côté sud, aber nicht le
côté midi. Les points *milieux* (Buffon). Un discours *ministre*
(J. Janin). Un juron *moyen-âge*[2] (Th. Gautier). Ces armures
moyen-âge (A. Daudet). Grandeur *nature*[2] iſt ſehr üblich, dagegen
des figures de demi-nature (Acad.). Ce détail *nature* (Th. Gautier). C'est un cri humain, un mot *nature* (J.). Comme le
geste est *nature*[1] et bien imité (J.). Le pôle *Nord*. Un vent
nord-ouest. Le passage *nord-est*. A cinq lieues *nord* des ruines
d'Apollonia (Paganel) in adverbialem Gebrauch. Un inventeur de
génie s'est dit qu'il restait une mine non exploitée, le dessous de
la nappe *océane* (J.); nach der Akad. iſt océane adj. f. und nur
in dem veraltenden la mer océane gebräuchlich. Le côté *ouest*.

---

[1] Im prädikativen Gebrauch ſtehen Subſtantive viel ſeltener adjektiviſch
als im attributiven.

[2] Dieſe Wörter ſind unveränderlich. Keine Veränderung laſſen natürlich
zu Wörter wie nord, est uſw., ferner die Subſtantive, welche Stilarten bezeichnen wie empire u. a.

Le congrès *ouvrier* (J.), des maisons *ouvrières* (G. Rolland); die
Akad. erblickt hierin mit Unrecht ein wirkliches Adjektiv. On compile
des glossaires *patois* (Génin). Une chanson *patoise* (Quitard).
Des locutions *patoises* (Livet). Le cœur *patriote* de Vauban
(H. Martin). Un mépris *paysan* des irréguliers (H. Le Roux).
Une longue mante *paysanne* (A. Daudet). Des professions de
foi plus que *libres-penseuses* (J.). Une nature *peuple*[1] comme la
sienne (J.). Sa vrai nature, un peu *peuple* (Allard). Ceux qui
croient n'être point *peuple*[2] (Voltaire). Ces manants *poètes* (É.
Souvestre). Les terreurs *propriétaires* de 1848 (V. Hugo). Le
vers *refrain* (L. de Gramont). Tous les billets étaient changés
soit en rentes, soit en actions *rentières* (Th. Lavallée). C'était
assez grand *seigneur*[2] (E. Despois). Le style *soldat*[1] (J.). La
région *sud* (Catat). Lorsque les vents sont *sud*[2] et sud-est
(Buffon). L'angle *sud-ouest* de la Gaule (Drioux). Dans l'antiquité, les poètes, les triomphateurs, les généraux *vainqueurs,*
étaient couronnés de laurier (Delavigne). Rien n'irrite plus le
pouvoir, surtout un pouvoir *vainqueur,* que le sentiment de son
impuissance (Guizot). Dans l'ombre des chambres *vaticanes* (J.).
Un pays *vignoble.* Un petit bourg *vignoble* (Balzac). Une
propriété *vignoble* (J.). Notre paysage *vignoble* (A. Theuriet).
Si l'on n'était pas petite *ville*[2] dans une oasis, où le serait-on?
(E. About). Une rectification de la route *voiturière* (M. de
Vogüé).

Weniger einzuwenden ist gegen diese Gebilde (wie le Nord-Amérique)
wenn sie fremde Form annehmen: Les châtellenies de l'Ost-Flandre
(H. Martin). Die übrigen scheinen hauptsächlich unter dem Einfluß
der Börsensprache entstanden zu sein: Un des ports les plus importants du Centre-Amérique (J.). Les routes du Sud-Amérique,
la côte Ouest-Amérique (M. de Vogüé). Les actions du Sud-
Autriche (österreich. Südbahn) sont plus faibles, à 185 (J.). —
Mit l'Est-Africain läßt sich zusammenstellen la situation du Sud-
Oranais; le sud-européen et le sud-asiatique de l'empire russe.

Als wirkliche oder als substantivierte Adjektive sind solche Zusammensetzungen sehr üblich geworden, so z. B. la guerre sud-africaine; les
républiques sud-africaines; la fougue impérieuse des Nord-
Américains; les rivières nord-américaines (H. Martin); le conti-
nent sud-américain (Ders.); les États sud-américains; une créole

---

[1] Diese Wörter sind unveränderlich. Keine Veränderung lassen natürlich
zu Wörter wie nord, est usw., ferner die Substantive, welche Stilarten bezeichnen wie empire u. a.

[2] Im prädikativen Gebrauch stehen Substantive viel seltener adjektivisch
als die attributiven.

sud-américaine (G. Deschamps); la limite sud-occidentale du
Sundgau (Gourdault); les rives sud-occidentales de la Baltique
(Parieu); les territoires de l'Afrique sud-orientale; le coin sud-
oriental de la Belgique (L. Huard); la région nord-orientale
(Ders.); le problème extrême-oriental; le monde extrême-
oriental, ujw.

2) Gegen hébreue wäre nichts einzuwenden. So findet sich auch
les sages-femmes Hébreues (Exode, 1,15).

3) Die Reste des alten Adjektivs mal sind umfangreicher als
Littré sie angibt (bon gré mal gré, bon an mal an, il est mal
de faire qc, malefaim, maleheure, maletache). Aus seinem Wörterbuch könnte man noch anführen malgré, malheur, maltalent, male-
bête, malebouche, malchance, malfaçon, malformation, mal-
habileté, à la malheure, malemort, malepeste, malerage, mal-
semaine, maltôte und wohl auch malencontre, während in mal-
donne das Adverb mal vorzuliegen scheint. Dagegen könnte allerdings
das synonyme male prise (Irrtum, Mißgriff) sprechen: On con-
viendra demain, cette semaine, qu'il y a eu *male prise* (J.). In
den Dialekten existiert das Adjektiv noch: C'est une *male affaire*
(Jaubert). In Namen, besonders Ortsnamen hat es sich gleichfalls
erhalten: Mauclerc, Mautalent, Maubourguet (Ort bei Mont-de-
Marsan), Maurepas, rue Mauconseil, la Male Bouche (gefährliche
Enge bei der Insel Ré), Malegouverne (Ort bei Donzy), la Mal-
maison, rue des Malmaisons, Maltaverne (Ort bei Cosne).

Veraltete Redensarten[1] sind toutes fois et quantes, toutes et
quantes fois beliebig oft, seltener tantes et quantes fois: Je me
suis battu *tantes et quantes fois* (Jules Fréval). Meist in Form
einer temporalen Konjunktion mit que: Balernes était redevenu
affable et souriant, comme toutes fois et *quantes* qu'on lui parlait d'une rétribution large (Grammont). Si toutes fois et
quantes qu'il y a quelque part un spectacle, agréable sans être
obscène, vous vous hâtez de le faire disparaître sous des voiles épais,
vous allez contre vos propres intentions (J.). Auch bei A. Dumas.

Souventes fois (Acad. und Littré bevorzugen die so gut wie un-
gebräuchliche Form souventefois) ist noch üblicher: *Souventes fois* nous
sommes tentés de leur crier . . . (V. Hugo). Ce terme de
messieurs, dont il se servait *souventes fois* avec nous, ne laissait
pas que de nous flatter (J. Sigaux). Les infirmes ont *souventes
fois* l'heur de rencontrer en chemin un ange de patience (H.
Hazart). Il suffit bien que nous soyons déjà gratifiés d'écri-

---

[1] Veraltet bedeutet hier „altertümlich" d. h. verwendbar, aber nicht in
jeder Redeweise.

vaıns politiques, lesquels *souventes fois* ne sont rien moins qu'impolitiques (Fr. Wey).

§ 142 Zusaß. Fehlende Adjektive. Kein Adjektiv eriſtiert zu den Zeitadverbien aujourd'hui (daher les événements du jour oder d'aujourd'hui), hier (daher les amis d'hier oder de la veille), avant-hier, demain (daher les adversaires de demain oder du lendemain), après-demain (daher la séance du surlendemain). Auch zu le moyen âge fehlt das Adj., und der Neologismus moyen-âgeux iſt nicht in allen Fällen verwendbar.

Von fremden Namen können öfter Adj. nicht gebildet oder in gewiſſen Verbindungen nicht gebraucht werden, daher la mer d'Azof, la mer de Kara, le chemin de fer de Berg et Marche, la paix de Francfort.

Auch die vorhandenen Adjektive leßterer Art können nicht überall Verwendung finden, daher l'ambassadeur d'Espagne, l'église d'Orient, l'empire d'Occident; während l'ambassadeur anglais, le roi français u. dgl. ſehr ſelten ſind, finden ſich bei monarque oder souverain faſt ſtets die Adjektive: le monarque portugais, le souverain égyptien.

Die wiſſenſchaftlichen Adjektive auf -ique werden allmählich üblicher und ſo kann man jeßt ſagen un jardin zoologique, un jardin botanique (früher jardin de botanique), une opération oder une analyse mathématique (aber un problème de mathématique), l'axe optique, un verre optique (dagegen les instruments d'optique) und une illusion optique neben illusion d'optique, un phénomène physique, le monde physique (aber un problème de physique) und une expérience physique neben expérience de physique, un dictionnaire orthographique (aber une faute d'orthographe[1]).

Wenn auch droit, gauche als Adjektive üblich ſind, iſt es doch öfter empfehlenswert, ſie durch de droite, de gauche zu erſeßen, z. B. l'extrémité de droite, mon voisin de gauche. Sehr üblich iſt (de) retour für revenu, retourné z. B. ce militaire retour d'Égypte avec le grade de chef de bataillon. Ebenſo iſt de rigueur üblicher als die Ausdrücke obligatoire, voulu, prescrit: la tenue de rigueur. Obwohl die Adjektive quotidien, journalier vorhanden ſind, ſagt man häufig notre pain de chaque jour oder de tous les jours, le pain de la journée, une application de tous les jours. Endlich war es wohl üblich zu ſagen le procureur impérial, während derſelbe Beamte unter dem Königtum und der Republik nur le procureur du roi bzw. de la république heißen konnte.

---

[1] Une faute orthographique wäre contradictio in adjecto: ein orthographiſch-richtiger Fehler; allerdings könnte das vorkommende eine faute grammaticale eigentlich auch nur einen von der Grammatik zugelaſſenen Fehler bezeichnen.

Sehr geläufig ist dem Französischen der Ersatz eines mangelnden Adjektivs durch einen adverbialen Ausdruck:

On y (à Arles) voit plusieurs curieux monuments romains et *du moyen âge* (Cortambert). Les *Maximes* de la Rochefoucauld sont comme les catégories dans les listes des suspects . . . l'innocent (est) si près de ressembler au coupable, que *le plus en règle* court le risque d'y lire son nom (Nisard). Chrétien orthodoxe, Bossuet tient compte de tous les états du chrétien, et, en particulier, de la vie solitaire et contemplative, qui est *de tradition* (Nisard). Faire quelque chose de *contre nature* (J.). Les cœurs réputés *de glace* (G. Haurigot). Une famille *sans culotte* (Thiers). Alors il devenait *sans pitié* (Amédée Thierry). La question des arènes de Lutèce redevient *d'actualité* (J.). Ah! croyez-vous que je sois sitôt devenue *sans cœur* et sans souvenir? (É. Souvestre). So un châpeau *bon marché* (à bon marché) oder *dans les prix doux*, les ouvriers *sans travail*, les sans-travail, les hommes *sans patrie*, les sans-patrie, la voiture était *au complet*, doch auch schon les compartiments étaient complets.

Zahlreich sind die Fälle, wo ein Adjektiv durch präpositionalen Infinitiv ersetzt wird: un homme à craindre, une affaire à regler, une ligne à suivre usw.

Unter den Fällen, in welchen französisches Adjektiv statt des von uns erwarteten Substantivs mit de steht, ist der erwähnenswerteste: une guerre religieuse, offenbar in Anlehnung an guerre étrangère oder extérieure, guerre civile gebildet.

§ 143, 2. Von den Adjektiven auf -al bilden die in Antiqua gedruckten nach der Akad. den Plural auf -aux[1], wogegen derselbe für die in Kursiv gedruckten nicht gegeben wird: abbatial, *adverbial*, allodial, amical, amiral, *ammoniacal* (les sels ammoniacaux. J.), animal, anomal, antimonial, *arbitral, archiépiscopal, architectural* (fehlt in Akad.; ornaments architecturaux. J.), *aromal* fehlt in Akad.; des corps aromaux. Th. Gautier), arsénical, *assessorial* (fehlt in Akad.), *astral*, augural, *augustal* (fehlt in Akad.), *austral* (les continents austraux. Buffon), *automnal* (nach Akad. ohne pl. m.; les ors automnals. Judith Cladel), azimutal, banal (der pl. -als findet sich oft), *bancal*, baptismal, *bénéficial* (hat kaum anderes Subst. als matière), *bestial* (les monstres bestiaux de l'enfer. E. Pelletan), *beylical* (fehlt in Akad.), biennal, *boréal*, brachial, *bronchial* (fehlt

---

[1] Bei einzelnen vermerkt die Akad. diesen Plural nur im substantivischen Gebrauch z. B. clérical, cordial, coronal, minéral, original, pectoral, quatriennal, total.

in 𝔄𝔨𝔞𝔟.), *bruinal* (fehlt in 𝔄𝔨𝔞𝔟.), *brumal* (kaum als m. üblich), brutal, *buccal,* bursal, cadastral, *canonial, cantonal* (les mâls cantonaux. H. Martin), capital, cardinal, *catarrhal, causal* (fehlt in 𝔄𝔨𝔞𝔟.), *central* (les quartiers centraux. Th. Gautier), *centumviral,* cérébral, cervical, chirurgical, claustral, clérical, collatéral, *collégial* (faßt nur f.), colonial, *colossal* (nach 𝔄𝔨𝔞𝔟. im ℜlural nur als f., vgl. les dieux colossaux. J. 𝔄uch Littré ſpricht für den ℜlural m.), commercial, communal, *conjectural, conjugal* (accidents conjugaux. Th. Gautier; orages conjugaux. Ders.; chagrins conjugaux. J.), consistorial, *continental* (climats continentaux. Ganot), coronal, *cortical,* costal, co.val, *crucial* (nur im f. üblich), *crural, cubital,* curial, *décemviral,* décennal, *décimal* (Wey erklärt den ℜlural décimaux für unentbehrlich), *déloyal, dental, départemental* (les boursiers départementaux. Rendu), *diaconal, diagonal, diamétral,* dictatorial, *directorial, doctoral,* doctrinal, domanial, dorsal, dotal, *ducal, éditorial* (fehlt in 𝔄𝔨𝔞𝔟.; les éditoriaux des journaux. J.), égal, électoral, épiscopal, équinoxial, *estival* (les derniers parfums estivaux. Hippolyte Lencou), ethmoïdal, *expérimental* (des faits expérimentaux. Sainte-Beuve), *facial* (les muscles faciaux. Jouy), *familial* (fehlt in 𝔄𝔨𝔞𝔟.; les adieux familiaux. E. Barbier; les rapports familiaux, les sentiments familiaux. J.), *fatal* (nach 𝔄𝔨𝔞𝔟. ℜlural -als, doch ſelten; les fatals ciseaux. Th. Gautier; la lueur des yeux fatals. P. Hervieu; les réflexes fatals commandés par la moelle; un des hommes qui lui furent le plus fatals. J.), féal, *fécal* (faßt nur im f. üblich), féodal, *filial* (des soins filiaux. Ch. Corbin), *final* (nach Littré -als, doch auch -aux; quelques coups de lime finaux. Rosny), fiscal, floral, *fluvial* (les bassins fluviaux. H. Martin), *focal,* fondamental, frontal, *frugal* (nach 𝔄𝔨𝔞𝔟. ohne ℜlural m.; des repas frugals. Dubroca), *génal,* général, *génial* (fehlt in 𝔄𝔨𝔞𝔟.; les penseurs géniaux. J.), génital, *géometral, glacial* (nach der 𝔄𝔨𝔞𝔟. ohne ℜlural m.; Wey will vents glaciaux zulaſſen), *glénoïdal, gouvernemental* (fehlt in 𝔄𝔨𝔞𝔟.; les palais gouvernementaux. A. Robida), grammatical [1], *grand-ducal,* guttural, hémorrhoïdal, *historial, hivernal,* horizontal, *humoral, idéal* (idéaux von Laveaux gebilligt; des monstres idéaux. J.), illégal, *illibéral* (fehlt in 𝔄𝔨𝔞𝔟.), *immémorial* (-aux iſt üblich), immoral, impartial, impérial, inégal, infernal, *infinitésimal* (animalcules infinitésimaux. J.), *inguinal, initial* (les e sourds initials. Ricard), *inquisitorial* (les pouvoirs inquisitoriaux. H. Martin), *instrumental, intégral,* intercostal, intestinal, *jovial* (nach 𝔄𝔨𝔞𝔟. ohne ℜlural m.), *labial,* latéral, légal, libéral, *lilial* (je ht

---

[1] Das Wort iſt in manchen Verbindungen nicht ſehr üblich. So ſagt man kaum une faute grammaticale (E. Rendu), ſondern eher une faute de grammaire, une faute de français, une faute de langage, une faute contre la langue.

in 𝔄ᾳᾳᾳ.), *linéal, lingual, littéral* (Laveaux gibt Beiſpiel für littéraux), littoral, local, *longitudinal,* loyal, *lustral,* machinal (nach der 𝔄ᾳᾳ. machinaux, doch nicht ſehr üblich; des gestes machinals. Frappa; des étudiants, graves, cheminaient machinals. J.), *magistral, marginal, marital,* martial, *matinal* (les boutiquiers matinals. J.), matrimonial, *matutinal, médial* (les e sourds médials. Ricard), *médical, médicinal, mental,* méridional, *minéral* (Plural auf -aux unbedenklich), *modal* (die 𝔄ᾳᾳ. hat nur das f.), *monacal,* moral, municipal, *mural,* musical, nasal (z. B. les os nasaux; doch eher les sons nasals. Dubroca, Géhant), *natal,* national, *naval* (nach 𝔄ᾳᾳ. ohne Plural m.; les ingénieurs navals, les chantiers navals, les attachés navals, les commandements navals, les renforts navals, les milieux navals, des carrousels navals. J.; des combats navals, Dubroca, L. de Soudak), *nominal* (Plural auf -aux unbedenklich), *notarial* (fehlt bei 𝔄ᾳᾳ.; les livres notariaux. J.), *nundinal,* nuptial, *obsidional* (ausſchließlich im f. üblich), occidental, occipital, *officinal,* ombilical, *oral* (les examens oraux. J.), ordinal, oriental, *original* (Plural auf -aux unbedenklich; ses dessins originaux. Th. Gautier), *orthogonal, papal* (les collecteurs papaux. H. Martin), *paradoxal* (des aperçus paradoxaux. E. Goudeau, Saint-Marc Girardin), pariétal, *paroissial* (des documents paroissiaux. J.), *partial* (nach 𝔄ᾳᾳ. der Plural -aux unüblich), *participial* (fehlt bei 𝔄ᾳᾳ.; des substantifs participiaux. Romania), *pascal* (nach 𝔄ᾳᾳ. Plural auf -aux nicht üblich), pastoral (nach 𝔄ᾳᾳ. der Plural auf -aux nicht ſehr üblich; les poètes pastoraux. Saint-Marc Girardin), *patriarcal,* patrimonial, *patronal,* pectoral, *pénal,* pénitential fehlt ebenſo wie pénitentiel (doch exiſtiert der Plural pénitentiaux, pénitentielles), *phénoménal* (der Plural phénoménaux bei Vinet), *pluvial,* pontifical, *postal* (colis postaux. J.), *préceptoral, préfectoral* (des arrêtés préfectoraux. E. Rendu; les ordres préfectoraux. Jules Lermina), préjudiciaux (wird als Plural zu préjudiciel betrachtet), *presbytéral,* prévôtal, *primordial,* principal, *professoral,* pronominal, *provençal* (fehlt in der 𝔄ᾳᾳ., -aux völlig üblich), *proverbial* (des mots devenus proverbiaux. Th. Gautier), provincial, *prudhomal* (fehlt bei 𝔄ᾳᾳ.), pyramidal, *quadrilatéral, quatriennal,* quinquennal, radical, *réal, rectoral,* rénal, *réversal, rhomboïdal,* rival, *rostrale* (nur als f. üblich), rural, sacerdotal, sacramental (oder -el), sapientiaux (ohne Sing.), seigneurial, sénatorial, *sentimental* (nos trois amis devinrent sentimentaux. J. Deux jeunes gens très sentimentals. J.), *septennal,* septentrional, sépulcral, *sexennal* (fehlt bei 𝔄ᾳᾳ.), *sidéral,* social, *sororal* (fehlt 𝔄ᾳᾳ.), spécial, sphénoïdal, *sphéroïdal, spinal,* spiral, *stationnale* (nur als f. üblich), *stomacal, successoral* (fehlt bei 𝔄ᾳᾳ. Les droits successoraux. J.), *syndical,* synodal, temporal (bei der 𝔄ᾳᾳ. nur anatomiſche Bezeichnung), terminal, *territorial* (des propriétaires territoriaux. Aug. Thierry), *théâtral* (les derniers tours théâtraux, les reporters théâtraux. J.), *théologale* (bei der Akad. nur als f.), *thériacal, tombal* (meiſt nur mit pierre verbunden), *total, transcendental, transversal*, triennal, triomphal, trivial (nach Akad. Plural auf -aux. doch nicht ſehr üblich); mille détails trivials. G. de Maupassant), tropical, unilatéral, universaux (ſubſt. Plural), vaginal, *végétal*, vénal. (auch der Plural auf -als findet ſich: des bravos aussi vénals qu'inintelligents. Eugène Paz), verbal, *vernal*, vertébral, vertical, *vésical* (des troubles vésicaux. J.), *vicennal, virginal, viscéral*, vital (die Akad. gibt für den Plural m. nur das veraltete les esprits vitaux. Vgl. les intérêts vitaux. H. Martin; les phénomènes vitaux. Zeller). vocal, *zodiacal*.

§ 144, 1. Les sourds-muets (Gegenſatz les entendants-parlants) ſind Taube, die infolge dieſes Gebrechens nicht ſprechen gelernt haben, les sourds et muets dagegen ſind von Geburt aus mit beiden Gebrechen behaftet. Doch wird die Unterſcheidung nicht ſtreng beobachtet.

Unrichtig ſind Beiſpiele wie quelques mots, *aigre-doux* (H. Martin). Eine beſondere Aufmerkſamkeit hat in der franzöſiſchen Grammatik ſtets die Verbindung ivre mort gefunden. Die Akad. bemerkt dazu nichts, es iſt alſo anzunehmen, daß ſie als fém. ivre morte, als Plural ivres morts vorausſetzt, wie es ausnahmslos der Gebrauch iſt. Littré bevorzugt die weniger übliche Stellung mort ivre mit dem Plural morts ivres. Laveaux möchte gar als m. mort ivre, morts ivres, als f. ivre morte, ivres mortes ſagen, weil ſo der Geſchlechtsunterſchied für das Ohr deutlicher wird. (!) Der Ausdruck fällt nicht unter 2 c, ſondern beide Elemente ſind gleichgeordnet: betrunken und totenſteif, was bei der Worterklärung der Akad. (ivre au point d'avoir perdu tout sentiment) nicht deutlich hervortritt.

Bekanntere Verbindungen mit einer Form auf -o ſind: anglo-boer, anglo-normand, austro-allemand, chaldéo-babylonien, franco-allemand, gallo-romain, gréco-latin, sino-japonais. Ihnen nachgebildet ſind z. B. l'axe antéro-postérieur, catholico-féodal (Littré), centrooriental (Cortambert), la défaite clérico-gouvernementale, une forme cylindro-conique (G. Bapst), hérédo-alcoolique, judéo-protestant, magnéto-électrique (Ganot), l'expertise médico-légale, novolatin (von Littré ſtatt néolatin vielfach gebraucht), les fureurs nationalo-antisémites, les rapports politico-commerciaux, les questions politico-ecclésiastiques, un ton sério-comique (H. France), des incidents tragico-comiques (ſtatt tragi-comiques). Sacro-saint iſt direkt aus dem Lat. übernommen, und die wiſſenſchaftliche, beſonders mediziniſche Terminologie hat maſſenhaft ſolche Bildungen gewählt (ſo von sacrum allein sacro-coccygien, sacro-épineux, sacro-iliaque, sacro-lombaire, sacro-sciatique, sacro-vertébral).

Andere Bildungen zeigen wohl nur tragi-comique und héroï-comique, ersteres dem Lat. nachgebildet, letzteres wohl nur aus Wohl-lautsgründen für héroïco-comique (ein Wort héroïco-comédie existierte).

Manche wählen in einzelnen Fällen lieber die unverkürzten Zu-sammensetzungen: L'éloquence est d'abord toute politique, puis politique-religieuse (Villemain). Les populations chrétiennes grec-ques [1] H. Martin). Auch bei Völkernamen findet sich öfter die volle Gleichstellung: les Francs-Germains (Guizot), la physionomie ro-maine anglaise de Pitt (Villemain), le style de l'édifice est roman-gothique; l'ancien royaume lombard-vénitien; l'hinterland tuni-sien-algérien; les troupes anglaises-égyptiennes (J.).

Neben der Verbindung zweier Adjektive vermittelst einer Form auf -o oder durch bloße Anreibung ist auch die Anfügung mit et sehr beliebt, während in anderen Sprachen asyndetische Anfügung üblich ist. Die beiden Adjektive sind dann entweder als gleichwertig zu betrachten, oder das mit et angefügte bildet das Bestimmungswort: La civili-sation orientale et musulmane; la civilisation occidentale et chrétienne (Duruy). La vieille et chère Angleterre (Übersetzung von dear old England). Allez cueillir quelques fraises, il y en a de si belles et de si mûres. Dans la partie montagneuse et orientale de la Saxe (Mignet). Les chroniqueurs gaulois et païens (Guizot). Une puissante réaction païenne et saxonne (H. Martin). Dans une société civilisée et chrétienne (Nisard). Il fit des excursions fréquentes et victorieuses (Mignet). Un étroit et long territoire (Porchat). L'église apostolique, catho-lique et romaine. Une ville libre et impériale. Selten fehlt dieses et: La société civile païenne (Guizot). La loi civile chrétienne (Ders.). Vielmehr wird vielfach sogar nach Adjektiven wie seul, unique, nouveau ein zweites Adjektiv mit et angefügt: Le seul et beau souvenir de ma jeunesse (Bouchardy). Il était en proie à ses dernières et funèbres pensées (Balzac). La formidable puissance de séduction . . . qui réside parfois dans la seule

---

[1] Sonst hätte er sagen müssen gréco-chrétiennes, nicht etwa weil sich leichter eine Form auf o aus grec bilden ließ, sondern weil offenbar chrétien das Grundwort, grec das Bestimmungswort ist. Entweder müssen beide Be-standteile coordiniert und gleichwertig sein (wie in la guerre franco-allemande, la guerre sino-japonaise) oder das Bestimmungswort muß vorausgehen; da-her sagt z. B. H. Martin auch en gaélique-écossais im Gälischen und zwar im schottischen Zweig desselben (Bestimmungswort nachstehend, daher Form auf o unanwendbar).

et éblouissante beauté de la femme (Ludovic Johanne). Dans les dernières et sombres années du roi (E. Despois). Cette première et importante opération est terminée (Napoléon Ier). Soutenir un nouveau et vigoureux combat (Ders.).

§ 142, 2 a. Die Farbenbezeichnungen sind im Französischen äußerst mannigfaltig und geben zu häufigen Irrtümmern oder Schwankungen in der Orthographie Anlaß.

Einfache Farbenadjektive sind veränderlich wie jedes andere Adjektiv. Sie unverändert zu lassen (de beaux cheveux châtain) ist daher ein Fehler. Im einzelnen ist zu bemerken, daß alezan(e), bai(e), cramoisi(e), incarnadin(e), isabelle, rose, rouan, rouanne, wirkliche zweigeschlechtige Adjektive sind, daß dagegen nacarat keine besondere Femininform bildet und zain nur mit Mask. verbunden vorkommt. Sie sind daher, auch wenn sie aus Substantiven entstanden sind (isabelle, rose) im Plural mit s üblich, allerdings sagt mancher des chevaux isabelle (statt isabelles). Dagegen sind écarlate, orange (Adjektiv orangé), vermillon Substantive und als solche bei Farben= angabe durchaus unveränderlich.

Adjektive die ein zweites Adjektiv zur Nuancebezeichnung zu sich nehmen, erhalten substantivische Geltung und werden daher unver= änderlich: ardoisé clair, bai brun (nicht bais bruns), beurré gris, beurré foncé (beide nicht beurrée zu schreiben) blanc bleuâtre, blanc terne, bleu céleste, bleu clair, bleu foncé[1], gros bleu, bleu pâle, bleu turquin, bleu verdissant, bleu violacé, blond ardent, blond cendré, blond doré, blond roux, blond vénitien, brun foncé, brun plain, châtain clair, châtain foncé, fauve clair, gris argenté,[2] gris bleu, gris brun, gris noir, jaune clair, jaune orangé, noir bleu, orange foncé, rose pâle, rose vif, rouge brun, vert sombre, vert tendre. Veränderung tritt dagegen ein bei une cou- leur claire verdâtre, da hier das Farbenadjektiv bestimmend zu clair hinzutritt, nicht umgekehrt; ebenso in de vieux sarraux bleus passés au soleil (blau und sonnenverschossen).

Unveränderlich bleiben auch Adjektive, welche die verschiedenen Farben eines Gegenstandes (z. B. einer Livree) angeben: des rideaux bleu et

---

[1] Dieselbe Regel gilt für substantivierte Bezeichnungen: Mais si «Cambridge» se comportait bien, les bleu-foncé ne lui cédaient en rien en ha- bileté et en courage, et bientôt l'on vit les bleu-clair perdre pied à pied du terrain (J); les bleu-clair bedeutet die Bootsmannschaft von Cambridge, les bleu-foncé die von Oxford. Während man jedoch sagen müßte les clair- obscur (die Akad. gibt den Plural nicht an), bildet man die Ableitung les clair-obscuristes (peintres qui aiment les effets du clair-obscur).

[2] Dagegen des gris argentés silbergraue Töne; gris ist hier wirklicher Substantiv, während im adjektivischen Gebrauch (des poils gris argenté) keine Veränderung eintritt.

blanc; une toilette bleu et rouge; une robe noir et feu; Madame Vincelles était toute noir et gris, en chauve-souris; des capulets noir et groseille; des rubans noir et vert de mer; une livrée rouge et or; des glands rouge et or; une livrée vert et argent; des paons vert et or; ce grouillement de livrées vert, bleu, or et argent.

Auch Farbenadjektive, deren Nuance durch ein Substantiv ausgedrückt ist, bleiben unverändert: des cheveux bai-cerise, des gants blanc de perle, blanc d'argent, une tunique bleu de ciel, une toque bleu ciel, des yeux bleu faïence, une tasse bleu Flore, des habits bleu gendarme, une robe bleu marine, une robe bleu lapis, une toile bleu nuit, les tentures bleu paon, des yeux bleu pensée, des yeux bleu porcelaine, une robe bleu de roi, une prunelle bleu de vergissmeinnicht, les perruques blond filasse, une teinte gris d'ardoise, d'une couleur gris de fer, une robe de soie gris muraille, des pantalons gris perle (seltener gris de perle), sa robe d'un gris de pénitent, la livrée gris de souris, une étoffe gris de souris effrayée, des rubans jaune de chrôme, des plumes jaune citron, des gants jaune paille, les cheveux noir de corbeau, les tons noir de suie, la soie rose paille, les cheveux d'un rouge d'acajou, les poutres rouge brique, ses cheveux rouge carotte, des verroteries rouge escarboucle, les tentures sont rouge pourpre, la livrée vert bouteille, des paletots vert chou ou vert dragon, la nappe d'eau vert émeraude, des rubans vert jeune pousse, des yeux vert de mer, de la laine vert Nil, une soie vert d'olive, des bas vert pomme, une robe violet évêque.

Substantive, die in diesem Falle unbedingt unveränderlich sind, können teilweise unmittelbar angefügt werden (z. B. des gants paille), teilweise nur durch Vermittelung von couleur de (z. B. un lit couleur de rose, des nuages couleur de perle).

a) Unmittelbar angefügt werden (z. B. aigue-marine, aile de corbeau, amadou, amarante, beurre frais,[1] bronze florentin, cacadoie (auch merd'oie), café au lait, cannelle, capucine, cerise, chocolat, citron pâle, cuisse de nymphe, flamme de punch, fumée d'enfer, garance, groseille, jonquille, lapis-lazuli, mirabelle, noisette, or, orange, paille, pensée, pie, potiron, puce, rose thé, sang de bœuf, solferino, soupe en vin, ventre de biche, ventre de grenouille, vermillon.

---

[1] Vielfach können Substantive mit Attribut unmittelbar angefügt werden, wogegen dasselbe Substantiv ohne Attribut nur durch Vermittlung von couleur de verwendet werden könnte.

b) Nur mit couleur de können angefügt werden ambre, beurre, bronze, café, chair, eau, feu, marron, peau de chamois, perle, rose, sang, vin.

Über die Geschlechtsänderung solcher Substantive vgl. § 131.

§ 144, 2 b. In der Mehrzahl der hier erwähnten Verbindungen liegt eine umgekehrte Motion vor (§ 135), denn franc-comtois ist aus Franche-Comté, bas-breton aus Basse-Bretagne, bas-latin aus basse latinité, nouveau-zélandais aus Nouvelle-Zélande, petit russien aus Petite-Russie (und libre penseur wohl auch erst aus libre pensée) entstanden. Auffällig ist daher die ungleiche Behandlung

a) mit Veränderung und abermaliger Motion des ersten Teils: les populations basses-bretonnes; notre paysanne petite-russienne (Tissot); les Nouveaux-Zélandais (wie aber im f., les Nouveau-Zélandaises oder les Nouvelles-Zélandaises?);

b) mit Unveränderlichkeit des ersten Bestandteils: les villes franc-comtoises; les formes bas-latines (Rossel).

In Zusammensetzungen wie grand-ducal ist das erste Wort unveränderlich: les familles ducales et grand-ducales (J.). Ähnlich les journaux libre-penseurs (J.).

§ 144, 2c. Andere Zusammensetzungen von Adjektivadverb und Partizip sind gras-cuit, court-jointé, long-jointé, nouveau percé.

Die Regel über nouveau-né, mort-né wird oft nicht beachtet; les *nouveaux-nés* findet sich oft;[1] ebenso trifft man ab und zu die Motion des Partizips: la *nouveau-née* (P. Vigné d'Octon, E. Thiaudière). Betreffend mort-né sagt Fr. Sarcey: C'est une question *mort-née*, à moins qu'il ne faille dire: une question *morte-née*, ce que j'ignore. Bei Umstellung (né-mort) muß verändert werden: Les enfants *nés-morts* seront également déclarés (Privat Deschanel). Les *aveugles-nés* (d'Alembert, Carrel) ist zu analysieren les aveugles de naissance, nicht les nés à l'état d'aveugles.

Gänzlich unverändert müßte bleiben eine adjektivisch gebrauchte Zusammensetzung aus Verb und Adjektivadverb z. B. trotte-menu; trotzdem kann man finden cette vivacité trotte-menue.

§ 145. Manchmal findet man die Steigerungs- und Gradadverbien nicht wiederholt:

Plus: Chaque jour plus découragé et abattu (Fr. Coppée). Quelque chose de plus libre et hardi (Sainte-Beuve). Rien n'est

---

[1] Umgekehrt trifft man nouveau-venu wie nouveau-né behandelt: Ces nouveau-venus de la civilisation (A. Vinet). On s'était mis à confondre dans un même amour ce que les nouveau-venus enveloppaient dans une même haine (Ders.). Andere weichen der Schwierigkeit aus, indem sie sagen: les nouvellement arrivés.

plus permis, loisible, honnête et salutaire (A. de Musset). Cette ardeur plus envahissante et dangereuse de jour en jour (A. Daudet). Auch in anderen Fällen unterbleibt manchmal die Wiederholung: Arnauld craint plus les équivoques que les redites, et l'obscurité que les divisions (Nisard). Plus de bienveillance et d'accueil (Lamartine).

Le plus: La baie de Sainte-Brelade, la plus merveilleusement faite et lumineuse de Jersey (R. Bazin). Les conseils qu'ils jugeront les plus salutaires et convenables au bien de la chose publique (H. Martin). Les textes les plus précieux et vénérables (Génin).

Moins: Sous la domination de ces chefs nationaux, le Midi était moins misérable et désordonné que le Nord (Th. Lavallée). Les abus . . . ne sont guère moins nécessaires et vénérables que les bons usages (Nisard).

Si: Une belle soirée, si charmante et singulière (J. Ricard). Elle craint que trop de travail ne fatigue une tête si petite et molle encore (A. France). La demande de la périodicité des États-Généraux, si souvent et toujours inutilement réclamée (H. Martin), wo zweites si unangebracht wäre. Des villes si prospères et paisibles (Th. Lavallée). Cette jeune fille si bonne et courageuse, si modeste et ardente (Ders.). — Als Beispiel, wie wenig auch ermüdende Wiederholung von si gescheut wird: En quel autre temps trouverions-nous à la fois, comme au XIIIe siècle, l'épopée si grandiose et si austère, la fiction amoureuse si passionnée et si nuancée, la satire si fine et si mordante, la légende si naïve, si sincère et si crédule? (Les poètes français).

Aussi: La simplicité de demain sera aussi compliquée et coûteuse que le luxe d'hier (G. Geffroy). Eustache Deschamps est plus guerrier et moins bourgeois que Rutebeuf, mais il est tout aussi vivant et populaire (Les poètes français). L'autorité demeura aussi pleine et entière que jamais (Th. Lavallée), wo die beiden Adjektive einen Gesamtbegriff bilden. Un évêque aussi vertueux et éclairé (Drioux).

Ainsi:[1] A la tyrannie ainsi frivole et malhabile, il faut chaque jour un surcroît de tyrannie (Guizot).

Tellement: Rien que l'élaboration séculaire d'un peuple immense n'était capable d'exécuter cette transformation prodigieuse, tellement compliquée et difficile, qu'on peut à peine en concevoir le mécanisme (Littré).

---

[1] Ainsi in dieser Verwendung als Gradadverb ist selten: Mon patron n'était pas toujours ainsi aimable, ainsi expansif avec moi (P. de Lano).

Très: M. Legouvé, qui est très fin et spirituel (Fr. Sarcey). Un vieillard d'une soixantaine d'années environ, mais très vert et vigoureux pour son âge (Ders.). Des vers très cités autrefois et admirés (Sainte-Beuve).

Fort: Les fleurs qui sont fort belles et nombreuses (P.-L. Courier).

Assez: Beiſpiel für Nichwiederholung nicht vorhanden.

Trop: Son amie, trop étourdie et légère pour soupçonner chez les autres un sentiment profond (Mᵐᵉ E. Caro).

Plutôt: On y donne plus de soin aux mots qu'aux choses, à l'éclat du discours qu'à l'efficacité, et, dans le langage même, à l'harmonie plutôt qu'à la propriété, à ce qui brille qu'à ce qui se grave (Nisard).

Plus ou moins: Ce sentiment existe plus ou moins vif et profond en chacun de nous (Marelle).

De plus en plus: Les États-Généraux, assemblée dont le rôle était de plus en plus restreint et plus obscur (H. Martin).

In Verbindung mit Zahlwörtern kann der Superlativ ſich verſchieden geſtalten:

1) der Superlativ tritt ſubſtantiviſch auf, nimmt das Zahlwort als Attribut und das eigentliche Subſtantiv in partitivem Genitiv zu ſich: La diphtérie doit être rangée parmi les trois ou quatre plus redoutables des fléaux qui déciment les populations européennes (J.);

2) das Subſtantiv nimmt das Zahlwort und den Superlativ als Attribut zu ſich: Dans (les) sept villes les plus importantes de la Mongolie (J.);

3) das Subſtantiv iſt zu ergänzen und das Zahlwort tritt ſubſtantiviſch auf: Ils accordèrent l'amnistie aux bannis, sauf aux quarante-cinq les plus compromis (H. Martin).

Ein mehr der älteren Sprache angehöriger Gebrauch iſt es, auf Subſtantiv mit unbeſtimmtem Artikel einen Superlativ folgen zu laſſen: Quelle est la nature du gouvernement propre à former un peuple le plus vertueux, le plus éclairé, le plus sage, le meilleur enfin? (J.-J. Rousseau). Il était une fois un gentilhomme qui épousa, en secondes noces, une femme, la plus hautaine et la plus fière qu'on eût jamais vue (Perrault). Je veux vous en envoyer un (c.-à-d. chien) le plus joli du monde (Mᵐᵉ de Sévigné). Doch ſind auch im modernen Franzöſiſch Superlative nach unbeſtimmtem Artikel oder artikelloſem Subſtantiv keineswegs ſelten: Moi, je suis dans une pénurie la plus profonde (Bourdois). Un mal le plus cruel de tous, car c'est un mal sans espérance (A. de Musset). L'eau glacée peut être cause d'accidents les plus graves (Dr.

Pérussel). Presque tout l'intérieur était orné de peintures les plus agréables (Mme de Staël). Les nappes sont en damas blanc le plus riche (M. Leudet). Notre réputation de peuple le plus spirituel de la terre (J.). Selbst in Zeitungen ist der Gebrauch ziemlich ausgedehnt.

§ 145, A 2. Leicht werden Substantive gesteigert, die in adjektivischer Verwendung möglich sind: Les témoins les plus amis (Villemain). Les plus patriotes d'entre les Irlandais (Aug. Thierry). Ceux qui sont les plus philosophes (Mme de Sévigné).

Ebenso homme, femme, homme de bien, femme de bien u. a. Un des hommes les plus hommes que la France ait produits (Dussouchet). La plus femme des femmes-poètes (A. Vinet). Le plus homme de bien (Nisard). Plus femmes de bien (Génin). Un des plus hommes de bien de l'Empire (Villemain). Pour charmer les plus hommes d'esprit (Ders.).

Doch ist die Steigerung ebenso zulässig bei Substantiven, die nicht oder kaum in adjektivischer Verwendung vorkommen: Ce chat le plus diable des chats (Lafontaine). C'est le plus brigand, celui-là (J.). Il avait l'air plus bandit que les autres (J.). Vous êtes, non le plus esclave, mais le plus valet de tous les peuples (P.-L. Courier). Le plus maître de sa langue (Nisard). Henri III fut . . . le plus sûr de son autorité dans l'Allemagne et le plus maître de l'Italie du nord (Duruy). Les plus grands génies, les plus bustes (Th. Gautier). Qu'on expose en plein air le caillou le plus caillou (comme parle ce fameux moraliste), le plus dur et le plus noir, en moins d'une année il changera de couleur à la surface (Buffon). Les martinets sont de véritables hirondelles, et, à bien des égards, plus hirondelles, si j'ose ainsi parler, que les hirondelles mêmes (Ders.). Le plus âne des trois n'est pas celui qu'on pense (Lafontaine).

Auch adverbiale Ausdrücke lassen die Steigerung zu: Les choux sont cultivés le plus en grand dans l'Alsace, ou l'on en fait la choucroute (Cortambert). La gloire la plus à nous (Vauvenargues). On avait dû leur découvrir des plus au nord qu'Ibsen (J.).

§ 145 A 3. Mieux tritt in der Volkssprache vielfach an die Stelle von plus, auch in anderen Fällen als bei einem Partizip oder sonstiger Verbalform. Nicht selten findet man diesen Gebrauch auch in der Literatur: Elle avait *mieux* de 15 000 livres de rente (Diderot). (Il était), en outre, éloquent *mieux* qu'un robin des parquets (G. Augustin-Thierry). Un homme nouveau s'était montré plus habile et *mieux* populaire (Villemain). Puis je suis *mieux* à mon aise pour vous narrer la chose (J.). Cinq-Mars, alors, ayant suivi le roi à Narbonne, était *mieux* que jamais dans ses bonnes grâces (Voltaire). Soit par insouciance soit peut-être *mieux* encore par calcul (A. Dumas). Sa cavalerie était la plus belle et la *mieux* disciplinée de l'Europe; son artillerie la plus puissante et la *mieux* dirigée qu'on eût encore vue (H. Martin).

Umgekehrt findet man öfter aimer plus statt aimer mieux: De longues fatigues, des courses lointaines, des périls imminents, un continuel travail de l'esprit effrayaient un prince qui *aimait plus* les images de la guerre que la guerre même (Ch. Lacretelle).

Le mieux faisant ist eine alte Redensart mit der Bed. „Sieger, Triumphator:" Sortez en plein jour, et tout armé, pour aller vous battre à Fontenoy, et pour en revenir *le mieux faisant* et toujours le mieux vêtu de la journée (J. Janin).

§ 145 A. 4. Davantage läßt folgende Gebrauchsweisen zu:

1) Für plus besonders am Satzende: Il n'a jamais prodigué davantage l'ironie et le sarcasme (J. Janin). Nul pays n'a davantage exercé la plume de l'écrivain touriste et le crayon du dessinateur (Muret). Elle enrageait que je n'eusse pas l'air d'y songer davantage (Fr. Sarcey). Mais je n'ai pas besoin d'insister davantage (Mme de Staël). On n'a pas le droit de me demander davantage (J.). Plus wäre in diesen Fällen entweder weniger gut oder ganz unmöglich, denn in dem Satze von Sarcey könnte Verwechslung mit dem zeitlichen ne ... plus eintreten; jedenfalls gibt davantage einen besseren Satzschluß.

Davantage tritt auch ein, um die Häufung von plus zu vermeiden: Il n'est pas d'homme qui ait plus soulevé de controverses, qu'on ait plus accusé ou plus défendu, qu'on ait davantage aimé ou plus complètement haï (J. de Bourgogne).

2) Als Gradadverb bei einem Adjektiv: On ne saurait, en vérité, rêver un spectacle davantage impressionnant (G. Vitoux). C'est que, dans le couloir, les silhouettes et les occupations sont davantage intéressants (G. Geffroy). Peut-être même fut-elle (la course) ressentie davantage, puisqu'elle fut davantage réfléchie (Ders.). Est-ce qu'elle sera possible davantage demain? (J.).

3) Als absolutes Quantitätsadverb: Le comte de Paris avait davantage du maître d'école que du prétendant (J.).

4) Als Quantitätsadverb: Il y a davantage d'anciens militaires dans les grades moyens (Thiers). Que ne prennent-ils davantage de peine, ces indigènes, pour vivre mieux? (J.). Nach Littré ist dieser Gebrauch seltner (cette tournure vieillit), aber ohne Bedenken zu gebrauchen.

5) Im zeitlichen Gebrauch: L'absence de Kermoysan se prolongea davantage qu'il ne l'avait supposé lui-même (E. Rod).

6) Im Vergleichungsſatz der Proportionalität: Lodewig et Karle s'unissaient d'autant plus étroitement et plus sincèrement, qu'ils apprenaient davantage à connaître l'incurable déloyauté de leur adversaire (H. Martin). Le jeune homme baissa la tête avec une soumission d'autant plus méritoire qu'elle lui coûtait davantage (J.).

7) Für ne . . . pas plus: Il ne peut pas être permis davantage de . . . (J.). Ce fameux texte, s'il n'est pas le meilleur, n'est pas davantage le plus répandu (Revue critique).

8) Für ne . . . pas autrement: C'est ce que j'avais remarqué d'abord sans y prendre garde davantage (J.).

9) Chaque jour davantage: Chaque jour la position sociale des chevaliers de comté s'éloignait davantage de celle des barons (Guizot). La pastorale, en penchant chaque jour davantage vers le roman ou la tragédie, régna longtemps en France sur le théâtre (Saint-Marc Girardin).

10) Mit encore: La prévoyance de son gouvernement et la force de son État parurent bien davantage encore lorsqu'il fallut se défendre contre tant de puissances liguées et contre de grands généraux, que quand il avait pris, en voyageant, la Flandre française, la Franche-Comté et la moitié de la Hollande, sur des ennemis sans défense (Voltaire). Son naturel ardent et courageux lui (au cheval) fait donner d'abord tout ce qu'il possède de force; et lorsqu'il sent qu'on exige encore davantage, il s'indigne et refuse (Buffon).

11) Für le plus: Une des réformes qui l'occupèrent davantage fut celle du plain-chant (Hauréau). Ceux qui parlent moins bien sont ceux qui parlent davantage (Quitard). Les péchés commis contre des parents indulgents sont assurément ceux qui nous touchent le plus et qui pèsent davantage sur notre cœur (Mme A. Tastu). Hallström trouva que c'était dans le l'eau à 4°1 que la boule perdait davantage de son poids (Ganot). Je ne sais par quel hasard il m'a dit tout ce qui pouvait me faire souffrir davantage (Mme de Staël). On oserait dire que de tous les généraux des siècles passés, Gonsalve de Cordoue, surnommé le grand capitaine, est celui auquel il (Turenne) ressemblait davantage (Voltaire).

12) Veraltet ſind il n'en pouvait pas davantage für il n'en pouvait mais er konnte nichts dafür und davantage am Saßanfang im Sinne von de plus, bien plus.

Am meisten Schwierigkeit macht davantage vor que. Ursprünglich besaß das Wort keine Bedeutung, die folgendes que zugelassen hätte. Diese Bedeutung bildete sich erst später aus und so kommt es, daß bei den besten älteren Schriftstellern nachfolgendes que eine ganz gewöhnliche Erscheinung bildet. Später erst verboten die Grammatiker diesen Gebrauch, weil davantage kein eigentliches Adverb sei. Die Volkssprache und ihr folgend viele Schriftsteller kümmerten sich nicht um dieses Verbot.

Laveaux erklärt zunächst davantage vor que für unrichtig, und wiederholt die Begründung Beauzée's, daß bei davantage eine Intervertierung der Glieder des Vergleichungssatzes stattfinde; während man nämlich sage les Romains ont plus de bonne foi (I. Glied) que les Grecs (II. Glied), gestalte sich bei davantage die Sache umgekehrt les Grecs n'ont guère de bonne fois (II. Glied), les Romains en ont davantage (I. Glied). Ich gestehe, daß ich diese Begründung nicht verstehe; ob Laveaux sie verstanden hat, steht dahin. Jedenfalls gibt er im folgenden Alinea, wo es sich um die Stellung von davantage bei dem Infinitiv handelt, selbst einem Satz mit nachfolgendem que: Il n'est rien qu'on doive davantage recommander (oder recommander davantage) aux jeunes gens que de . . .

Die Volkssprache, die Umgangssprache, die Tagesliteratur lassen unbedenklich que nach davantage zu und auch anerkannt gute Schriftsteller scheuen es nicht: Enfin ceux qui admirent davantage le protecteur que le persécuteur du roi Jacques, ceux-là donneront à Louis XIV la préférence (Voltaire). Rien ne contribue plus à l'engrais des moutons que l'eau prise en grande quantité, et rien ne s'y oppose davantage que l'ardeur du soleil (Buffon). Les navires aussi . . ., sur une mer calme et sans vent, se fatiquent davantage que sous l'impulsion d'un vent frais (Lamartine). Le roi se décida à se rendre en Languedoc: le désir de voir du pays et de varier ses plaisirs contribua davantage, il est vrai, à cette chevauchée que les plus graves motifs de politique et d'humanité (H. Martin). François Ier sentait davantage l'élégance et le charme voluptueux que la grandeur sévère et religieuse (Ders.). Les zélés huguenots . . . sympathisaient davantage avec le caractère passionné de Condé qu'avec le génie calculateur et la foi chancelante du roi de Navarre (Ders.). Les héros de la journée (des courses) cèdent davantage à la joie de regagner l'écurie qu'à l'ivresse qui devrait être la conséquence des triomphes de leurs camarades (G. de Cherville). Par un hiver comme celui-ci, beaucoup de Français qui sont loin d'être indigents, souffrent davantage du froid que les pauvres Esquimaux (J.). Rien n'étonne davantage

9*

qu'une fiction qui . . . (A. Vinet). Un coup de foudre ne l'aurait pas surpris davantage qu'il le fut par cette nouvelle (Vertot). Tous ces gens-là tenaient à leur peau davantage encore que les bourgeois (A. Germain). Ces dispositions me rassurèrent davantage que toutes les raisons dont je m'étais nourri la veille (Ch. Le Goffic).

Der starren Regel nach wären alle diese Beispiele fehlerhaft. Man kann sich indessen wohl auf dieselben berufen, und nicht minder auf den Volksgebrauch, welcher davantage mit que unbedingt zuläßt. Nicht das mindeste aber läßt sich einwenden gegen ein davantage, welches Objekt des Verbs ist oder im adverbialen Accusativ steht (also auch das zeitliche), denn hier tritt das Wort aus seiner Funktion als Gradadverb heraus und erhält Substantivcharakter: Rome espéra que les offrandes volontaires de la crédulité publique produiraient davantage que l'impôt exigé du clergé (H. Martin). M. Dupont-Vernon et M. Martel, mal servis par le poète, ne pouvaient donner davantage que ce qu'ils ont donné (J.). La pièce de monnaie coupée pèse davantage que la pièce de cinq francs (Catat). Les baraques coûtaient à l'Etat en frais de garde et d'entretien davantage qu'on n'en tirait de services (Fix).

§ 145 A. 6. Die Verbindung beider Steigerungsadverbien ergibt plus ou moins: On appelle instinct dans les animaux les facultés *plus ou moins* développées dont ils sont doués (Zeller). Dafür auch du plus au moins: Les langues de l'Europe moderne sont toutes *du plus au moins* dans le même cas, même l'italienne (J.-J. Rousseau).

Nichtfranzosen machen in der Regel zu geringen Gebrauch von moins. Adjektive mit negativem Präfix (inutile, désavantageux, maladroit, mécontent usw.) pflegt der Franzose nicht zu steigern, sondern dafür das positive Adjektiv mit moins, le moins zu setzen, z. B. statt le plus maladroit lieber le moins adroit.

Wie moins vor das Adjektiv tritt, um einen Komparativ der Inferiorität zu bilden, so steht peu im Sinne von très mit Negation: Ce sont là des spectacles *peu* réjouissants. In gleicher Art wird mal verwendet, z. B. mal volontiers. Ces hommes énergiques et *mal* endurants (H. Martin). Cette bouche *mal* résolue à se taire (Ders.). Nach Génin wäre mal gracieux weniger stark gewesen als peu gracieux.

§ 146, A. 2. Bon läßt keinerlei Steigerung durch plus, le plus zu. Die Angabe, dies sei möglich in der Bed. töricht, einfältig, leichtgläubig (Vous êtes bien bon de vous occuper de ces questions) ist bisher unbelegt geblieben. Dagegen ist plus meilleur ein alter Fehler und findet sich mundartlich noch.

§ 146, A. 4. Es kann nicht überraschen, daß eine scharfe Scheidung von (le) plus petit und (le) moindre unmöglich ist. Sogar wo es sich offenbar nur um eine Zählung, nicht um eine Wertschätzung handelt, kann das letztere Wort eintreten; so ist en moindre nombre mindestens ebenso häufig wie en plus petit nombre und deux (trois, etc.) fois moindre sogar ungemein viel häufiger als plus petit [1]. Für moindre seien noch folgende Beispiele angeführt: Les propriétés moindres sont imposées d'une autre façon (O. Comettant). Les villages moindres (Mignet). Le roi entretiendra dorenavant 50 vaisseaux de 400 à 500 tonneaux, sans les moindres bâtiments, pour la sûreté des ports et des havres (H. Martin). Tous les phénomènes . . . se reproduisent à Londres, sur une moindre échelle, mais avec une pire folie (Ders.). Je ne crois pas qu'il soit possible de réduire à de moindres termes (auf einen kürzeren Ausdruck bringen) tout ce qu'il avait à dire (Buffon). Le vautour est plus gros et plus grand que l'aigle commun, mais un peu moindre que le griffon (Ders.). Lorsque la volaille lui manque, il prend des lapereaux, des perdrix, des cailles et d'autres moindres oiseaux (Ders.). Les moindres talents (Vauvenargues). Les autres moindres potentats (Voltaire). Les moindres enfants (P.-L. Courier). Les circonstances diverses faisaient parmi les conjurés de plus grands et de moindres coupables (Hauréau). On s'efforce de faire peser sur ce coupable moindre la responsabilité d'infamies anciennes ou récentes commises par un plus grand coupable (Duruy).

§ 147, A. 2. Parmi hat nicht notwendig partitiven Superlativ zur Voraussetzung: Nous citerons seulement les plus célèbres (sc. fleuves etc.) parmi ceux dont les noms sont changés (Lamotte).

En: Les volcans les plus célèbres en Europe sont ceux de l'Etna et du Vésuve (Zeller). La nation française avait tenu tête aux plus puissantes en Europe (Littré).

A: C'est le plus beau livre que je connaisse au monde (Lamartine). Ce fut la première bibliothèque publique à Paris (Michelet).

§ 147, A. 3. Die Verstärkung kann auch durch andere Adverbien erfolgen: La partie incomparablement la plus importante (H. Martin).

In gleicher Weise steht bien vor einem autre, welches im Sinne von plus grand eintritt: Ça a été un bien autre tapage (Scribe).

---

[1] Man sagt eher une distance est plus petite qu'une autre (wirkliche Vergleichung zweier Gegenstände), dagegen la distance est moindre que 5 mètres (bloße Maßangabe).

Ce fut une bien autre guerre que celle d'Aquitaine (Michelet). Weniger gut ist die Trennung des bien von autre: Ce mot a bien une autre noblesse (Mém. d'une Contemp.). Es kann auf diese Weise sogar Verwechselung mit bien (sehr viele) eintreten: L'enthousiasme, lorsqu'il pénètre chez un peuple grave, a bien d'autres effets que lorsqu'il agit sur une nation mobile (Ch. Lacretelle). —

Tout autrement, bien autrement[1] vor dem Adjektiv bilden eine Art Komparativ: Cette invasion linguistique sera bien autrement considérable, lorsque . . . (Brachet). Une entreprise tout autrement difficile (Barante).

Auch organische Komparative können wiederholt werden: de plus en plus fort oder de plus fort en plus fort. Doch geschieht dies selbstverständlich nur bei kurzen Adjektiven und Adverbien, daher: L'anarchie de plus en plus croissante (Guizot). D'une manière de plus en plus complète (E. Rendu).

Daß in beiden Fällen der Positiv steht, kommt wohl nur in der Redensart de proche en proche vor. Leur exemple heureux, gagnant de proche en proche, répandit un nouvel esprit au nord de la Loire (Aug. Thierry). L'incendie, passant de proche en proche, envahit en quelques minutes une immense étendue (Ch. Didier).

§ 148. Cadet ist, wenn mehr als zwei Geschwister vorhanden sind, oft eine mehrdeutige Bezeichnung: Deux cadets de la maison de Lorraine (Michelet). Die Bed. „der kleinste" hat es in der Redensart c'est le cadet de mes soucis. — In Genf hat cadet die Bed. adolescent: Confections pour hommes et cadets (als Firmenschild).

Steigerungsunfähige Adjektive lassen nach französischem Brauch auch keine Gradadverbien (si, très, fort u. a.) zu. Gegen die Regel finden sich gesteigert:

Antérieur: la couche la plus antérieure (Buffon).

Excellent (sehr oft): Les vérités les plus excellentes ont commencé par être des paradoxes (Fr. Wey). Un des plus excellents critiques et des plus oubliés peut-être (A. Vinet).

Exquis: La flatterie la plus exquise (Scribe).

Extérieur: La couche la plus extérieure et superficielle de la terre (Buffon). Bei Buffon sehr häufig.

Extrême (ungemein häufig gesteigert). Vgl. Gramm.

Immense: Des objets de la plus immense valeur (Balzac).

Inférieur: Les classes même les plus inférieures (Bonnellier).

---

[1] Pas autrement bildet naturgemäß eine Herabminderung: Le pauvre diable fut exécuté, et Châteaubriand, qui, au fond du cœur, n'en était pas autrement atteint, prit fastueusement le deuil (J.).

Intime: Son conseiller le plus intime (Aug. Thierry).

Minime (ziemlich oft): Le plus minime progrès, la plus minime contrariété, la plus minime contradiction (J.).

Mort: Un sage l'a dit, les plus mortes morts sont les meilleures (P. Bourget). Vgl. the deadest prose, the deadest piece of iron-mongery.

Supérieur: Cet étrange sentiment qui rend stupide l'homme le plus supérieur (J. de la Brète).

Unanime: Les admirations contemporaines les plus unanimes et les mieux méritées ne peuvent rien contre (Sainte-Beuve).

Farbenadjektive im eigentlichen Sinn sind schwer zu steigern: Le seigneur Coelio, qui porte un manteau noir et des culottes plus noires encore (A. de Musset). Im übertragenen Sinn lassen sie die Steigerung leicht zu: Son enfance fut livrée aux enseignements d'un vieil Hébreu, versé dans les plus noires sciences (A. Vinet).

Keinerlei Steigerung lassen zu aîné, cadet, culminant, dernier, divin, excessif, immuable, impossible, indéfini, infime, infini, intérieur, majeur, postérieur, principal, suprême, ultérieur, ultime, unique. Parfait soll Steigerung zulassen, aber die Fälle sind schwer zu finden, sogar in den Schlußformeln von Briefen, wo man sonst mit Superlativen nicht eben geizt; parfait ist bedeutend stärker als unser „vollkommen", es bedeutet „von höchster Vollkommenheit."

§ 148 A. Manche Grammatiker behaupten, prochain sei wie voisin steigerungsunfähig, es sei gleichbedeutend mit le plus proche[1].

Selten ist prochain, wenn nicht vom Standpunkt des Sprechenden aus gezählt wird: Un poète (Chaulieu), dont la voluptueuse philosophie avait annoncé . . . l'incrédulité du siècle prochain (Villemain); du siècle suivant würde besser entsprechen.

§ 149, 1. Für die älteren Grammatiker z. B. Chifflet, H. Estienne u. a. war der absolute Superlativ, besonders der durch très gebildete, der eigentliche Superlativ des Adjektivs.

---

[1] Das ist eine Meinung, die durch irrige Auffassung einer Bemerkung von Vaugelas entstanden ist. Dieser erklärt c'est mon plus prochain voisin für irrig (und zwar mit Recht) und verlangt mon plus proche voisin. Sein Tadel bezieht sich aber nicht auf die Steigerung von prochain, sondern auf den Gebrauch von prochain vor einem Personennamen. Le prochain bedeutet wohl der Nächste d. h. der Nebenmensch, aber das adjektivische prochain kann schlechterdings nur auf Sachen angewandt werden. Man kann daher wohl sagen on l'emmena au plus proche oder prochain commissariat, aber nicht on le mena chez le prochain pharmacien. Daher kann man auch nur sagen son plus proche héritier, son plus proche parent und sogar la langue qui est la plus proche voisine de notre âme. Das subst. le prochain kann selbst wieder proche vor sich haben: Ne sommes-nous pas chacun à nous-même notre plus proche prochain? (Mariott Saint-Beuque).

2. Der Gebrauch von tout zu diesem Zwecke hat gegen die ältere Zeit (z. B. Sprache der Mme de Sévigné) erheblich nachgelassen. Sehr üblich ist noch ma toute belle (O. Feuillet).

Premier spielt hier mit und ohne tout eine große Rolle. Vous êtes le premier de tous les ingrats du monde (Mme de Sévigné). Cette femme est une première menteuse.

Nur in sehr familiärer Sprache läßt sich tout plein verwenden: Elle est tout plein gentille, cette Josette (Berthet).

3. Ce serait tout ce qu'il y a de pire au monde (Fr. Wey). Leur race a fait par l'intelligence et pour la civilisation tout ce qui s'est opéré de plus grand et de plus heureux dans le monde (Mignet). Nous étions logés dans une maisonnette rustique, tout ce qu'il y a de simple (R. Mousselaire).

4. L'hiver était pour eux triste entre toutes leurs tristesses (P. Harlaye). Ce prince laissa une mémoire souillée entre toutes dans cette époque de souillures (H. Martin). N'est-elle pas belle entre toutes les plus belles (H. Houssaye). Entre toutes les grandeurs, entre toutes les beautés, Paris est grand et beau (P. Féval). Et pourtant il est fier entre les plus fiers, le digne pasteur (R.-E. Cabil).

Selten ist parmi: Amadis Jamin avant d'être un poète de cour, fut un savant parmi les savants (Valery Vernier). Elle marchera l'égale des plus grandes dames parmi les plus grandes (J.).

Veraltet ist sur: Beau, bien fait, et sur tous aimable (Lafontaine). Mes petits sont mignons. Beaux, bien faits, et jolis sur tous leurs compagnons (Ders.).

5. La grande règle de toutes les règles (J. Janin). Il était loin à c't'heure, envoyé au bout du bout du pays (P. Perret). Or, cet Hector des Hector n'avait été en réalité qu'un timide à l'excès (J.). Mais c'est donc le guignon des guignons (A. Theuriet). Aussi l'éditeur n'avait-il tiré ce livre que pour le fin du fin de sa clientèle (J.). Une femme qu'il trouvait la belle des belles (J. Janin). Le vrai de la vraie vérité, c'est qu'ils étaient les mêmes qu'auparavant (Léo). Manchmal bloßes de: vrai de vrai (Villemer). Misère de misère (A. Theuriet). Vgl. englisch: The Holy of holies. In his heart of hearts. He had always been regarded as a Whig of the Whigs (Macaulay).

6. Des gens qui ne s'occupent que de futilités des plus futiles (Th. Barrière). L'église est des plus médiocres (Mérimée). La position est des plus pittoresques (Ders.). Elle a la langue des mieux pendues (E. Gaboriau). Englisch ebenso: A street of the dirtiest.

7. Hierher fallen sehr verschiedenartige Ausdrucksweisen. Il n'était que temps (höchste Zeit). C'est ce que nous avons de plus vraiment français (J.). Il n'y a que les géants pour être tendres et plaintifs quand ils s'y mettent (Th. Gautier). Parlez-nous des poètes comiques pour être terribles (Ders.).

8. Les Français rachetèrent le plus grand nombre possible de prisonniers (H. Martin). Le plus vite qu'il se pourra (A. Dumas). Je n'y pense jamais que le moins qu'il m'est possible (X. de Maistre). Je vous donne la plus grande marque possible de confiance (Mme de Staël). Les vaudevilles ont donc raison d'être le plus longs qu'ils peuvent (Th. Gautier). Les poètes cherchaient des héros et des héroïnes le plus dissemblables possible des hommes et des femmes de leur temps (P. Albert). Auch hier begegnet der französische Gebrauch dem englischen: They were on the friendliest possible terms. Her case was as bad as bad could be. He left the dog to draw the load as best he might. She dissembled her confusion to the best of her power.

9. Nous étions serrés, serrés (J.). Cette compagne, pas jolie, jolie, cherche à remplacer la beauté qui lui manque par une extrême amabilité (J.). Le premier rang, destiné aux tout petits tout petits, n'a guère plus de dix centimètres de hauteur (L. Huard). Une potion qu'il fallait vite et vite courir chercher à Montaignac (E. Gaboriau).

10. Sonstige Formen dieser Art sind absurdissime (Cette affirmation était absurde, absurdissime, P. Hervieu), éminentissime, excellentissime, grandissime, gravissime (la gravissime question de savoir si . . . J.), ignorantissime, innocentissime (ce privilège innocentissime. Gourdault), novissime, patriotissime, savantissime, spécialissime (Oserons-nous nier que la providence spéciale et spécialissime soit compatible avec la providence générale? A. Vinet). Généralissime[1] ist Substantiv geworden.

Auch manche Adjektive dienen dazu, um Substantiven den Charakter des absoluten Superlativs zu verleihen: une franche coquette, un fou fieffé. Les chasseurs distinguent les loups en jeunes loups, vieux loups et grands vieux loups (sehr alte W. Buffon).

Endlich findet sich der Zusatz von du monde, au monde, welcher sich übrigens auch in obigen Beispielen öfter der Verstärkung halber zeigt: Tout se passa le plus innocemment du monde (J.). Au-

---

[1] Analoge Neubildung ist amiralissime: Heihachiro Togo, amiralissime des escadres japonaises (J.).

cun d'eux ne savait au monde ce qu'il voulait dire avec sa
fête (Tœpffer).

§ 149 Zusatz. Der adverbiale Superlativ steht

1) örtlich: Les plages des climats chauds où les vents sont le
plus inconstants (Buffon). Il choisit sa place à l'endroit où il
savait que la lutte serait le plus chaude (Conan-Doyle, trad.).
Elle se fut plutôt jetée dans le lac, là, à cet endroit où l'eau
est le plus profonde (Mariott Saint-Beuque). L'Angleterre était
le pays où de bonne heure l'éducation fut le plus libre (Villemain). C'est précisément là où elle est le plus inique et cho-
quante, en matière de conscience et de foi, que l'inconséquence
humaine se déploie tout entière (Guizot). Ce fut à l'attaque
de la courtine que la résistance fut le plus opiniâtre (Anquetil).
Unrichtig ist daher: La France était . . . le pays de la terre
où les crimes fussent les plus rares (Lacretelle).

2) Zeitlich: Quoique le dix-septième siècle soit l'époque où la
société française a été le plus naturelle . . . (Nisard). La lune
n'est pas aussi éloignée de la terre que le soleil, lors même
qu'elle en est le plus éloignée (Munier). Vers quatre heures,
au moment où la foule était le plus compacte, un jeune gom-
meux a parcouru la ligne des boulevards (J.). Le moment où
les ténèbres sont le plus épaisses tombe vers la fin du IXe siècle
et le commencement du Xe (Ampère).

3) Modal: La pastorale vient se placer dans les ouvrages qui
lui semblent le plus contraires (Saint-Marc Girardin). Les ustensiles qui m'étaient le plus nécessaires (Mme A. Tastu). Ce fut
avec l'Angleterre que les premières relations furent le plus difficiles (Anquetil). Ce livre est, de tous, celui dont la lecture est le
plus utile à l'âme (H. Martin). Les parents, alors même que
leur dévotion personnelle est le plus tiède, tiennent d'ordinaire
à ce que leurs enfants suivent un cours d'instruction religieuse
(J.). C'était la conquête dont la civilisation est le plus fière
(Fr. Coppée). Les femmes dont l'influence fut le plus fatale au
royaume (Ch. Lacretelle). La crainte des châtiments retenait
encore sous les drapeaux ceux même des catholiques qui étaient
le plus découragés (Ders.). Le sexe, à qui les institutions de
la famille doivent être le plus chères, prêta ses mains à cette
démolition (A. Vinet).

Der adverbiale Superlativ ist von jeher eines der Gebiete gewesen,
auf welchem sich die Franzosen selbst am unsichersten fühlten. Das
hat seinen natürlichen Grund in der geringen Verschiedenheit, die
zwischen dem adjektivischen und dem adverbialen Superlativ besteht;
unser deutsches „am" erleichtert uns durch das Eintreten einer Prä-

pofition die Unterſcheidung in hohem Grade. Der adverbiale Super=
lativ hat einzutreten:

1) wo das Adjektiv mit einem Adverb verbunden iſt und die Stei=
gerung ſich an dem letzteren vollzieht: Les violences des soldats de
Geffroy soulevèrent promptement contre eux les populations qui
avaient paru le plus favorablement disposées (H. Martin).

Unrichtig iſt daher: Les cordonniers sont les plus mal chaussés
(J. Janin).

Wenn hier in einzelnen Fällen trotzdem ein adjektiviſcher Super=
lativ eintritt, ſo liegt dies daran, daß wir einen abſolut (im ſuperlativen
Sinn) gebrauchten Komparativ[1] vor uns haben: Les pièces de Molière les plus souvent jouées sont: le Cocu imaginaire, le Médecin malgré lui, Tartuffe, etc. (Despois). Les iſt hier zu dem
Partizip gezogen, weil plus souvent im Sinne von le plus souvent
ſteht wie in Ce fut là que la défense fut plus opiniâtre (Mme La-
rochejacquelein) ein ſuperlativ aufzufaſſender Komparativ vorliegt.
Dasſelbe Bild zeigt folgender Satz: On prit pour modèle la
deuxième déclinaison parce qu'elle était la plus fréquemment em-
ployée (Brachet) die häufiger gebrauchte d. h. die am häufigſten ge=
brauchte. Les plus grands animaux sont ceux qui sont les mieux
connus (Buffon) die beſſer d. h. am beſten bekannten; auch deutſch
könnte ſtehen: „die bekannteſten„ ſtatt „am bekannteſten.“

Hin und wieder kann es übrigens zweifelhaft erſcheinen, ob die
Komparierung das Adverb oder das Adjektiv zum Zielpunkt hat; ſo
kann man ſagen La France est une des contrées le plus nettement délimitées de l'univers oder les plus nettement délimitées
und ſogar la plus nettement délimitée.

2) wenn ein Adverb oder adverbialer Ausdruck ſtatt des Adjektivs
ſteht: Les gentilshommes le mieux en cour (Livet), Superlativ von
les gentilshommes bien en cour. Hautes cases, sont celles qui
sont les plus éloignées de votre adversaire, et basses cases,
celles qui sont le plus près (Acad. des Jeux). La maison le
plus à la mode (Goron). Les moyens d'effet le plus à la
mode (Nisard).

Bei adverbialen Ausdrücken findet ſich häufig ein unrichtiger adjekti=
viſcher Superlativ: Les rivages de l'Océan, les plus au couchant
de l'Europe (Vertot). Les Russes renouvelèrent le combat et
avancèrent vers la redoute turque la plus à l'Est (J.). Les
supplices les plus en usage (Dussouchet). Nous prîmes terre
à l'extrémité la plus Nord-Est de toute cette partie de l'Amérique (Mme A. Tastu).

---

[1] Vgl. § 150, 3.

3) wenn das gesteigerte Adjektiv von einem faktitiven Verb abhängig ist: Si vous perdez un mot de ces imbroglios qui se font le plus obscurs qu'ils peuvent, c'est fait de vous, le fil vous échappe (A. de Musset). De toutes les parties de l'Amérique, la vallée de la Magdalena et de ses affluents est peut-être celle où les alligators atteignent les dimensions les plus formidables et se montrent le plus féroces (Mayne-Reid, trad.). — Dagegen steht nach rendre gewöhnlicher Superlativ: Ferriol rend sa prison la plus dure qu'il est possible (Topin). C'était justement l'impossibilité où j'étais de croire à tout cela, qui me rendait la plus malheureuse (Droz).

4) wenn das Adjektiv von einem abhängigen Infinitiv begleitet ist: (Ces jeunes filles jouaient un rôle) précisément devant le public dont les applaudissements étaient le plus propres à les enivrer, devant la cour, devant le roi (Nisard). Les voyageurs de l'impériale étaient le plus exposés à être projetés à terre (J.). A la haute marée, l'île est le plus facile à aborder (J.). L'un des hommes qui semblaient le plus appelés par la nature et la fortune à honorer sa nation et son siècle (Ch. Lacretelle).

5) wenn das gesteigerte Wort ein Partizip ist, von welchem ein Kasus abhängt: La bouffonnerie le plus poussée au vif (Th. de Banville). Les hommes qui sont le plus affranchis des vérités traitées de préjugés dans la langue actuelle veulent que leurs femmes ne se dégagent d'aucun lien (Mme de Staël).

Auch vor einer präpositionalen Ergänzung ist adverbialer Superlativ am Platz; als unrichtig kann man daher bezeichnen: C'est la teinte violette qui est la plus déviée vers le sommet du prisme (Ganot).

§ 150, 1. Weitere Beispiele: Une assez jolie église . . . dont le portail ressemble en beau et en petit (in schönerer und verkleinerter Ausführung) à celui de Vezelay (P. Mérimée). Le conseil étroit (engere Rat). Avoir affaire à forte partie (mit einem Stärkeren). Aucun changement, soit en bien, soit en mal (zum besseren, zum schlimmeren). Être l'aîné, le cadet de qn (älter, jünger sein); vgl. auch beim Possessiv § 322, 3. Son jeune frère sein jüngerer Bruder. Aîné, jeune im gewöhnlichen Gebrauch werden ohne Artikel nachgestellt: Dupont aîné, Dupont jeune, Robespierre jeune.

Die Redensart tôt ou tard muß den Komparativ erhalten, sobald ein Zusatz hinzutritt: Un peu plus tôt, un peu plus tard, ne faut-il pas toujours faire ce que je fais aujourd'hui? (Balzac). Un peu plus tôt ou un peu plus tard, on en tire un profit certain (J.). Huit jours plus tôt, huit jours plus tard, elle vous échappera (G. Sand).

Selbstverständlich muß der Komparativ eintreten, sobald die Redensart mit ihrer verallgemeinernden Bedeutung nicht vorliegt: Quand l'heure du repas eut sonné, ils (les moines) entrèrent au réfectoire, non pas tous ensemble, mais un à un, ou deux à deux, selon qu'ils avaient terminé plus tôt ou plus tard leur travail du moment (Lamartine).

Bei plus tôt que plus tard ist ein aus euphonischen Gründen aus= gelassenes plutôt zu ergänzen. Man findet auch häufig le plus tôt sera le mieux (sehr selten le meilleur) und vereinzelt le plus tôt vaudra le mieux.

2. La grande majorité die größte Mehrzahl, la grande masse de ces terres die größte Zahl dieser Güter, à la grande rigueur höchstenfalls, dans la haute signification du mot in der eigentlichsten Bedeutung, l'Ancien du village der Dorfälteste in Rußland. Le bon de l'affaire c'est das Schönste dabei ist. L'ancienne méthode est la bonne (J.). Connaître la bonne manière de faire toutes ces choses (Fénelon). Le premier mouvement n'est pas toujours le bon (J.). Dans l'aînée de toutes les grammaires françaises (Génin). Un des savants hommes de l'Italie (P.-L. Courier). Ce n'est pas le côté fort de Murat (Mém. d'une Contemporaine). Un peuple immense . . . encombrait toutes les issues dans le profond silence (Thiers). Ces dévotes qui renvoient leur gros péché à la fin de leur confession (E. Gaboriau). Entre toutes les fêtes qui me charmaient, l'Ascension était la bien accueillie (H. La Roux). C'est la densité qui semble entrer pour la grande part dans cet établissement du temps de la rotation (d'une planète. C. Flammarion). Lisbonne est une des grandes villes de com- merce de l'Europe (Radu). Le grand défaut des hommes est de ne pas prévoir (Quitard). L'amour-propre est le grand ennemi de l'égalité (Ders.). Le grand ouvrier de la nature est le temps (Bescherelle). Auch mit folgendem Konjunktiv: Je lui écrivis une des fortes et vives lettres que j'aie peut-être écrites (J.-J. Rousseau). Et c'est un des beaux spectacles qui aient été donnés au monde que ces millions d'hommes se levant et courant à la conquête d'un tombeau (Drioux). Un des grands changements qui se soient faits par ce moyen dans nos mœurs . . . (Voltaire). Je fis pour mes cinq ou six sous un des bons dîners que j'aie faits de mes jours (J.-J. Rousseau).

Sehr oft tritt das Adjektiv mit très (der Superlativ der älteren Grammatiker) im superlativen Sinne auf: Par ma faute, par ma propre faute, par ma très grande faute (meâ maximâ culpâ). C'est sa faute, sa très grande faute (Fr. Sarcey). Cette matière capable de fournir seule des ouvrages considérables, n'occupe que la très petite partie du sien (d'Alembert). La France occupe la très grande place dans l'ouvrage (Rossel). Quelques-uns de ces *guerz* remontent jusqu'au treizième siècle, et même au delà; mais c'est le petit nombre (É. Souvestre).

3. En vain voulait-il lutter, le froid était plus fort (J. Claretie). Il savait par expérience que les passions de théâtre sont celles qui mènent plus loin (E. About). Les guerriers barbares durent passer souvent d'un chef à l'autre, et suivre en grand nombre celui dont le courage et l'habileté leur promettaient plus de butin (Michelet). De toutes les places où le roi pouvait se retirer, Newark était celle où Robert devait plus difficilement arriver et se faire entendre (Guizot). Beaumarchais est le littérateur qui s'est avisé de plus de choses modernes (Sainte-Beuve). Jamais on n'est plus décisif que quand on connaît moins les pièces du procès (Nisard). Les Arabes furent, de ces conquérants nouveaux, ceux qui s'étendirent le plus loin en moins de temps (Mignet). De tous c'est lui qui fait meilleure contenance (P.-L. Courier). Tout le monde comprit la chose; celui qui devait la mieux comprendre, c'était le premier ministre (J.). Sogar mit Zusatz von possible wie bei dem absoluten Superlativ: Mais je voudrais y parvenir à moins de frais possible (Jouy). Bei älteren Schriftstellern ersetzt ein solcher Komparativ zuweilen den Superlativ nach unbestimmtem Artikel (vgl. S. 127): Paris est peut-être la ville du monde la plus sensuelle . . . mais c'est peut-être celle où l'on mène une vie plus dure (für une vie la plus dure? Montesquieu).

In einem Ausdruck, welcher ein Adjektiv ohne Artikel enthält, ist der Komparativ dieses Adjektivs nicht von dem Superlativ zu unterscheiden: L'une des villes d'Europe où la jurisprudence avait été professée de meilleure heure (Michelet).

5. Die üblichsten Ausdrücke dieser Art sind: Pour la plus grande gloire de Dieu, pour le plus grand plaisir du lecteur, pour son plus grand bien (pour le plus grand bien de qn), la plus belle moitié du genre humain, le principe de la moindre action, la loi du (de) moindre effort, jouer au plus fin avec qn und besonders le plus faible, le plus fort. Ces retours de fortune qui livrent tôt ou tard le plus faible à la merci du plus fort (Bonnet). On recourut à un autre moyen . . . à l'établissement de la dynastie du pays le plus fort dans le pays le plus faible (Mignet). Les plus forts détruisent les plus faibles (H. Martin).

Auch ein vom Possessiv begleiteter Komparativ ist der Form nach nicht vom Superlativ zu unterscheiden, außer wenn der Komparativ nach dem Subſtantiv ſteht: C'est de sa meilleure conduite et de ses places plus honorables qu'ils lui en avaient voulu (J.).

Der Gebrauch des wirklichen Superlativs, auch wenn es ſich nur um eine Zweizahl handelt, iſt übrigens im Franzöſiſchen ſehr üblich: Si le loup est le plus fort, il déchire, il dévore sa proie (Buffon). Lequel vaut le mieux? (J.). Il demandait un jour à un jeune homme quel était le plus âgé de son aîné ou de lui (Dictionn. des calemb.). George Sand était de sept ans la plus âgée (nämlich als A. de Musset. J.). Les vers sans enjambement sont de beaucoup les plus faciles à faire (L. de Gramont).

Artikel.

§ 282 A. 2. Folgende Namen sind mit Artikel üblich: l'Albane, l'Arioste neben Arioste, le Bassan, le Bembo oder le Bembe, le Bernin neben Bernin, le Boiardo oder le Boïardo, le Bronzin oder le Bronzino, le Buononcini, le Caravage (Asperighi), le Cervantès neben Cervantès, le Corrège neben Corrège (Allegri), le Cortone (Boccardo), le Cosmè (Tura), le Dante falsch für Dante, le Dominiquin (Zampieri) unrichtig, le Francia (Raibolini), le Garofolo (Tisi), le Giorgione oder le Giorgion (Barbarelli) unrichtig, le Giotto unrichtig, le Giottino unrichtig, le Guarini neben Guarini, le Guaspre, le Guerchin (Barbieri), le Guide (Guido Reni) unrichtig, le Lanfranc, le Lorenzino (Sabbatini), le Lorrain (Claude Gelée), le Marin, le Parmesan, le Pérugin neben Pérugin (Vannucci), le Pétrarque veraltet für Pétrarque, le Pinturicchio, le Pisanello (Vittore Pisano), le Pogge (Poggio Bracciolini) unrichtig, le Poussin neben Poussin oder Nicolas Poussin, le Primatice neben Primatice (Primaticcio), le Pulci, le Rosso neben Rosso oder Roux, le Sanzio für Raphaël, le Tansille (Luigi Tansillo), le Tasse neben Tasse oder Tasso, le Tintoret (Robusti), le Titien (unrichtig) neben Titien (Vecelli), le Trissin oder le Trissino, le Vasari neben Vasari, le Vinci neben Léonard de Vinci. Der Artikel setzt voraus, daß der Name weder Vorname ist noch einen solchen vor sich hat.

§ 282, A. 3. Der Gebrauch, vor dem Namen von Schauspielerinnen den Artikel zu setzen, ist nahezu aufgegeben; wohl findet man noch la Duse, la Loïe Fuller u. dgl., empfindet aber solche Bezeichnungen immer als geringschätzend.

§ 282, A. 4. Ein Adjektiv, welches nur epitheton ornans ist, bedingt nicht den Artikel bei Dieu: au nom de *Dieu clément* et miséricordieux; au nom de *Dieu tout-puissant* (Aug. Thierry). Jurer par *le Dieu tout-puissant* (Lamartine). Dagegen ist der Artikel nötig in le Dieu unique, le Dieu rémunérateur, vengeur und vor Genitiv: Le Dieu de bonté, le Dieu de l'Évangile, le Dieu des dieux. Vor einem Relativsatz steht Dieu mit oder ohne Artikel, je nachdem der Nebensatz als wesentlich oder als nebensächlich aufgefaßt wirb: Charles-Quint déclara que le jugement de Luther n'appartenait qu'*au Dieu* devant le tribunal duquel avait comparu le grand hérésiarque (H. Martin).

Auch Satan verlangt den Artikel vor einem bestimmten Zusatz: *Le Satan* de Milton (Littré). Diable kann volkstümlich ohne Artikel stehen: *Diable* m'emporte (Brueys). In guter Sprache ist diese Auslassung nur in Redensarten üblich und zwar in der Verbindung mit Dieu: Devoir à Dieu et *à diable* (Acad.). Il ne croyait ni à Dieu ni *à diable* (A. Chenevière).

§ 282, A. 5. Unbedingt erforderlich ist der Artikel auch nicht bei unterscheidendem Zusatz: *Berthe de l'histoire* défendit la ville de Vienne contre les troupes de Charles le Chauve; *Berthe de la légende* suit son mari dans sa fuite (Littré).

Personennamen können stets den Artikel erhalten, wenn an sie ein Relativsatz sich anschließt, selbst wenn derselbe nicht als wesentliche Beifügung zu betrachten ist: Que *le Chiron* est heureux qui élève un pareil Achille (A. Dumas). Au fond de moi s'éveillait *le Caïn* qui sommeille presque toujours dans l'homme (E. Rod). On ne trouve pas, on n'invente pas de sujets; les mêmes ont servi depuis le commencement et serviront jusqu'à la fin du monde. Tout au plus appartiennent-ils à celui qui sait les revêtir d'une forme victorieuse et définitive, *au Dante,* qui résume les épopées antérieures à la sienne, *au Gœthe,* qui dérobe le docteur Faust aux marionnettes de la foire, *au Molière,* qui prend les farces de tréteau et de grand chemin et qui en fait les Fourberies de Scapin et Sganarelle (Th. de Banville).

Tout und ebenso das nachgestellte entier haben nicht den Artikel, wenn sie bei Personennamen stehen: *Tout Villon* est là, c.-à-d. dans son Grand Testament (A. de Montaiglon). Ils ont fait de Candide, oui, de *Voltaire entier,* ils ont fait un vaudeville (J. Janin). Vorangestelltes seul aber verlangt den Artikel: Un dernier motif, propre *au seul Fontenelle* (Nisard). Il emprunte plus de seize millions à des banquiers juifs, dont onze *au seul Samuel Bernard* (H. Martin).

Saint hat sehr selten den Artikel: *Le saint Patient* et *le saint Euphronius,* qui, dédaignant toute haine et toute faveur, étaient les premiers à soutenir fermement et rigidement le plus sage avis, ne tardèrent pas à reconnaître l'état de choses (Guizot). Prier sur le tombeau *du saint Babylas*[1] (Michaud). Stets tritt der Artikel ein, wenn ein Bildwerk gemeint ist: le saint Pierre et le

---

[1] Man könnte hier saint als Substantiv auffassen, doch würde dann das erste Beispiel eher lauten *les saints* Patient et Euphronius . . .

saint Paul (P. Mérimée), un saint Martin à cheval (Ders.), la tête de la sainte Catherine (Ders.).

Unter den antiken Namen stehen mit dem Artikel la Pythie, la Sibylle, weil sie nur im uneigentlichen Sinne Personennamen sind.[1] Dagegen werden Méduse, Mémoire (Mnemosyne) und meist auch Némésis ohne Artikel gebraucht.[2] Von den biblischen Namen hat la Madeleine stets den Artikel, weil es eine Gentilbezeichnung ist,[3] auch le Lazare findet sich oft (nach La Touche zur Unterscheidung von dem armen Lazarus). Nach italienischem Brauch findet man öfter la société du Gesu und häufig le Mazarin: On reprocha en face au coadjuteur de s'être vendu au Mazarin (H. Martin).

Personennamen erhalten ferner den Artikel

1) wenn sie zu Typen werden: Je ne veux point être le Suétone de ce règne honteux (Ch. Lacretelle). Ricou est le Burns de notre basse Bretagne (É. Souvestre). Daher auch nach den Verben faire, jouer, tourner: faire le Sully den verständigen Staatsmann spielen (Sainte-Beuve), jouer au Richelieu (H. Martin), le personnage qu'elle joue tourne bientôt au Berquin (Fr. Sarcey).

2) im familiären Gebrauch: A première vue, le Durand avait écrit sur le bout de son nez le mot fripon (Droz). Lorsque le Durand a levé le pied (Ders.). Der Volksgebrauch verwendet sehr häufig den Artikel, weil derselbe den Gebrauch von monsieur, madame und anderen Bezeichnungen überflüssig macht: Écrivez à la Godefroy que je recevrai cet individu après-demain matin (G. Duruy). Certain jour, il décidait de marier sa fille au Silvère, et, l'autre jour, il la promettait au Bertranol, quand il ne méditait pas de la fiancer au Pèdre ou au Lorenzou (J.). Vous savez comme moi pourquoi il ne rentre pas, le Delmat (P. Segonzac);

3) in älterer Zeit fand sich der männliche Artikel vielfach vor den Namen berühmter Prediger (le Bourdaloue, le Mascaron sehr oft bei Mme de Sévigné), der weibliche vor den Namen berühmter Verbrecherinnen, Maitressen u. dgl.: la Brinvilliers, la Voisin, la Châteauneuf, la Du Barry. So auch la Galigaï, la Chevreuse, la Montbazon usw.

§ 282, A. 6. Statt des emphatischen Plurals mit les tritt bei Personennamen öfter der unbestimmte Artikel ein: Un Thucydide,

---

[1] Auch Pégase duldet keinen Artikel, während z. B. le Minotaure denselben verlangt. — Tiernamen, die als Rufnamen für ein anderes Tier benützt werden, stehen gleichfalls ohne Artikel: Écureuil est un barbet, aux poils en désordre, auquel une lanière de cuir sert de collier (C. Biart).

[2] César ist ein Gattungsname geworden, daher findet man auch rendez au César ce qui appartient au César neben dem üblicheren à César.

[3] Öfter auch l'Iscariote für Judas Iscariote.

un Polybe, un Salluste, un Tacite, avaient manié les affaires humaines (Villemain).

Daß Kirchen und andere Gebäude, die nach einem Heiligen benannt sind, ohne Artikel stehen (Saint-Étienne-du-Mont, Sainte-Clotilde, Saint-Lazare Frauengefängnis und Bahnhof), ist selbstverständlich. Aber auch Schulen werden so bezeichnet: Soit à Charlemagne, soit à Louis-le-Grand (Fr. Sarcey). Quand j'étais en rhétorique à Bonaparte (P. Bourget).

Den Artikel können solche Bezeichnungen erhalten:

1) wenn sie attributiv bestimmt sind: Les directeurs *du Charlemagne actuel* ont eu l'heureuse idée d'ajouter à cet enseignement classique un autre enseignement (J.).

2) wenn die Schüler bezeichnet werden sollen: Les Saint-Louis, les Descartes, etc. (Vie de collège).

Wie die Namen von Schulen stehen auch die Namen anderer Unterrichtsanstalten, Museen usw. ohne Artikel, wenn sie aus Personennamen gebildet sind, z. B. à Carnavalet für au musée Carnavalet. Ebenso les docteurs de Sorbonne. Aber auch Polytechnique, Normale, Navale werden sehr oft so gebraucht: Les futurs ingénieurs *de Polytechnique* dressent des plans de terrain (G. Geffroy). L'intimité des deux jeunes gens datait *de Polytechnique* (M. Villemer). Mon aîné se prépare pour *Polytechnique* (P. Margueritte). A seize ans, il entrera à *Navale* (A. Daudet). A. Guignol (théâtre).

Sehr selten fehlt der Artikel vor Personennamen, die ein Bildwerk bezeichnen: *Vénus* de la villa Borghèse a été blessée à la main par quelques descendants de Diomède (P.-L. Courier). Bei zwei verbundenen Namen dagegen entbehrt der zweite den Artikel: *L'Apollon et Marsyas* est une peinture à l'huile sur panneau de bois (J.).

Gemälde, die mit dem Namen des Malers bezeichnet werden, stehen mit dem unbestimmten Artikel: Un Watteau, un Chardin, un Meissonnier, etc. Der bestimmte Artikel ist nur möglich bei bestimmendem Zusatz: Le Watteau de la galerie de . . .

In ähnlicher Weise können Schriftstellernamen den bestimmten Artikel erhalten, wenn darunter die Werke gemeint sind: La France entière se préoccupait *du Shakespeare* et de la Clarisse Harlowe traduits par M. Letourneur (Th. Gautier). Après avoir lu tous les autres livres je m'attaquai *au Corneille* (Girardin). Ce système permet aux élèves d'aborder indifféremment *le Salluste* et *le Tite-Live*, *le Virgile* ou *le Quinte-Curce* (J.). Nötig ist der Artikel nur vor bestimmendem Zusatz: *Le Racine* de la collection des Grands Écrivains (E. Despois).

Verhältnismäßig selten steht der Artikel (bei Personennamen für Schriftwerke) ohne nachfolgenden Genitiv: La Sémiramis de Voltaire est de 1748, sa Rome sauvée de 1750. La supériorité dans ces dernières pièces est incontestable, mais on ne peut en dire autant de *l'Oreste* (A. Vinet).

Jedoch sind manche Namen dieser Art so sehr Gattungsnamen oder Typen geworden, daß sie fast stets mit Artikel sich finden, so le Criton, le Gorgias, la Clélie, l'Hamlet, l'Héloïse, le Don Quichotte, le Robinson Crusoé, la Sophonisbe, le Falstaff, l'Iphigénie, le Tartufe (ursprünglich kein Eigenname).

Stets tritt der Artikel ein bei dem emphatischen Plural: Définitivement engagée, l'actrice passa graduellement des Iphigénie, des Camille, des Roxane et des Phèdre, aux Médée, aux Agrippine, aux Cornélie et aux Jocaste (J.). Dorvigny, l'auteur des Jocrisse, d'Aude, l'auteur des Cadet Rousselle (Th. Gautier).

Wenn Zeitungen nach Personen benannt sind, erhalten sie stets den Artikel: Le Figaro, le Voltaire, (le) Gil-Blas: Les indiscrétions du Paul Pry (L. Figuier).

Alle Schiffsnamen folgen der gleichen Regel; mögen sie Personen=, Länder=, Städte= oder Flußnamen, oder endlich bloße Appellative sein (la Couleuvre, le Formidable, l'Étoile), so verlangen sie alleinstehend den Artikel, während sie bei Vorantritt einer Bezeichnung wie cuirassé, frégate, transport, paquebot usw. den Namen mit oder ohne Artikel folgen lassen. Städtenamen werden gewöhnlich mit ville de eingeleitet, so la Ville-de-Saint-Nazaire, la Ville-d'Oran usw., doch auch le Belfort, le Brest.

Bei Schiffsnamen findet sich sogar ein von Titel begleiteter Name gelegentlich ohne Artikel: Le vaisseau russe à deux ponts *Impératrice-Marie* (A. Duguet).

Wie Schiffsnamen werden die Ballonnamen behandelt: Le ballon *le Saint-Louis* est tombé à Dantzig, en Prusse (J.).

§ 283, 1. Soweit hier fremde Städtenamen in Betracht kommen, steht der Artikel, weil er in der fremden Sprache üblich ist, so bei le Ferrol, la Corogne u. a. Doch finden sich auch Ausnahmen, z. B. la Spezzia (italienisch Spezia). — Nach Demonstrativ fällt der Artikel weg: Juste au bas de notre logis commence *cette Hague* aux aspects particuliers (E. Muller). Doch findet man auch cette la Mecque. — Neubildungen dieser Art werden öfter verschieden behandelt; so betrachtet man in Levallois-Perret den Artikel als untrennbar und sagt daher à Levallois-Perret, manchmal aber auch mit Trennung: Puis on avait été dîner *au Vallois* chez un ami . . . On descend donc *du Vallois* en tram (J.). Nach Labédollière hat le Pecq (gegenüber von Saint-Germain-en-Laye) zunächst Aupec geheißen (aus Alpicum); mißverständlich habe man dies als au Pec aufgefaßt und daraus sei le Pecq entstanden.

Der Artikel bei Städtenamen war früher häufiger. Buffon sagt noch au Valparais (jetzt à Valparaiso), ebenso le Callao (jetzt Callao); noch vor wenigen Jahren sagte man le Port-Arthur, während jetzt niemand mehr den Artikel setzt.

Im Datum oder beim Ausruf kann auch sonst der Artikel fehlen: Caire, le 9 mai 1904. Odéon, — *Mecque* de mes aspirations, but de mes vœux intimes! (A. Daudet).

2) Alte Städtenamen mit unterscheidendem Adjektiv stehen ohne Artikel: Locres épizéphyrienne, Larisse égyptienne.

Stets mit Artikel stehen als Appellative verwendete Städtenamen: Weimar a été nommée *l'Athènes* de l'Allemagne. La Jérusalem (A. Vinet) d. h. Jassos Befreites Jerusalem. Rome, par la même raison, était pour les chrétiens la ville abominable, *la Babylone, la Sodome* (Ampère).

3) En vor Städtenamen findet sich vorzugsweise bei südfranzösischen und vokalisch anlautenden Städtenamen. Selten ist es bei anderen: La maistrance (die Deckoffiziere) se marie volontiers *en Lannion* (R. Bazin). Accusé de trahison, jugé *en Vincennes* (H. Lavedan). Le prince Eugène faillit plus tard rentrer à Paris, comme il rentra *en Lille* (Paillard). Es sind das Reste des alten Gebrauchs.

In älterer Zeit standen Städtenamen mit le für den Bischof der betreffenden Stadt, so findet man bei Mme de Sévigné öfter le Marseille, l'Évreux, le Valence, le Carcassonne gebraucht. Später sagte man dafür auch monsieur de Marseille, monsieur de Lyon und sogar monsieur de Rome (der römische Bischof d. h. der Papst). Nur monsieur le Paris war niemals üblich, da diese Bezeichnung bekanntlich eine andere Persönlichkeit zierte.

Städtenamen für eine Eisenbahnlinie gebraucht, stehen mit dem Artikel: Le réseau de l'Orléans.

Größere Inseln erhalten stets den Artikel und werden wie die Ländernamen behandelt, kleinere, welche den Artikel haben können oder müssen, wie la (les) Barbade(s), la Guadeloupe, la Martinique, la Trinité oder la Trinidad, la Désirade, la Grenade, la Jamaïque, la Dominique, la Réunion, l'île de France, le Helgoland neben Héligoland u. a. stehen niemals mit en, sondern mit à. Ebenso nehmen nur à kleinere Inseln, welche den Artikel nicht haben oder nur mit île de gebräuchlich sind, wie Malte, Maurice, Tercère oder l'île de Tercère, l'île Taprobane, Cuba, Portorico, Fidji oder les îles (l'archipel) de Fidji, Tahiti, les Sandwich oder les îles Sandwich, Sainte-Hélène, l'île d'Elbe u. a., sowie Madagascar, Terre-Neuve. La Crète findet sich neben l'île de Crète, l'Eubée, le Ceylan sind mit Artikel üblich, daher sagt man auch en Crète, en Eubée, en Ceylan.

§ 285, 1. Regelmäßig mit dem Artikel finden sich nur männliche Ländernamen: L'émir de l'Afghanistan, le soubab du Bengale, le sultan du Bornou, le département du Calvados, le roi du Cambodge, le sultan du Darfour, la république de l'Équateur, l'État du Michigan, du Minnesota, du Mississippi, le président du Paraguay, le ministre de l'Uruguay, le canton du Vallais, la province du Valois sind außer den schon genannten bemerkenswert.

Nach maison fehlt der Artikel (la maison d'Autriche), nach gouvernement kann er fehlen (le gouvernement de France, le gouvernement de la Guyenne); auch le sceau de France ist üblich und les couleurs de France neben le drapeau de la France. — Nicht als Titel gelten souverain, monarque, daher sind sie oft von Adjektiv begleitet (le monarque espagnol, le souverain portugais); bei roi ist dies selten (les deux rois espagnols, les rois macédoniens).

Roi findet sich nicht selten in der weiteren Bedeutung „Herrscher" und kann dann den Ländernamen mit Artikel haben: Le roi actuel de la Roumanie (J.). Cette même plaine de Mohacz qui avait vu tomber le dernier roi indépendant de la Hongrie (H. Martin). Les rois de la Tauride (H. Martin), le roi de la Tauride (Saint-Marc Girardin). Les rois de la Gaule (H. Martin), rois de la Gaule, rois de la France (Aug. Thierry). Autocrate, gouverneur, régent, héritier haben den Ländernamen bald mit, bald ohne Artikel nach sich; für die Wörter député, plénipotentiaire, représentant gilt das gleiche.

§ 285, 2. Auch der Sing. l'Inde kann nicht ohne Artikel stehen, daher nur dans l'Inde (in älterer Sprache auch en Inde). Bei den zusammengesetzten Namen meidet man en, daher dans la Hesse-Darmstadt. In älterer Zeit war auch dans la Grèce, dans la Gaule viel üblicher als en Grèce, en Gaule, bei letzterem wohl hauptsächlich, weil dans les Gaules so häufig war. Ländernamen, die eigentlich Adjektive sind, stehen in der Regel mit dem Artikel, daher dans l'Argentine, dans la Caroline, à oder dans la Louisiane, doch auch en Virginie.

Vor einfachen Departementsnamen ist en selten, daher dans la Seine (en Seine auf der Seine), dans la Seine-Inférieure, dans la Marne, doch auch en Gironde, en Lozère. Die zusammengesetzten Namen dagegen erhalten en: en Seine-et-Marne.

Unter den männlichen Namen ist en ausgeschlossen oder selten z. B. bei l'Appenzell, le Brésil, le Cambodge, le Congo, le Chili, le Colorado, l'Éden, le Jutland, le Kamt(s)chatka, le Labrador, le Levant, le Limbourg, le Luxembourg, le Manitoba, le Maroc, le Maryland, le Massachusets, le Mexique, le Minnesota, le Missouri, le Mogol, le Monomotapa, le Mozambique, l'Ohio, le

Pégou, le Péloponnèse, le Sénégal, (le) Siam, le Spitzberg, le Tonkin, (le, la) Vaucluse, le Vorarlberg, le Yucatan, le Zoulouland. Auch die englischen Grafschaften haben dans mit dem Artifel: Dans le Cheshire, dans le Devonshire, dans le Wiltshire. En Canada findet sich nicht selten neben au Canada.

Im ganzen wird en immer üblicher: En Utah, en Israël und so auch bei den attributiv bestimmten Namen: En Extrême-Orient, en Petite-Russie, en Petite-Phrygie. En oder dans la oder à la Nouvelle-Calédonie.

Wie partir sind auch zu behandeln faire ses malles, prendre le train, en partance, expédier und andere. Die Präpositionen à und en nach diesen Wörtern treten in der Volkssprache fast regelmäßig statt pour ein: Voilà la femme qui part *en Espagne* avec un marchand de chocolat (A. Daudet). Fr. Wey bezeichnet das als Dienstbotensprache.

§ 285, 3. Bei attributiv bestimmten Namen findet sich beiderlei Gebrauch: Saint Quinec, moine qui vint de la Grande-Bretagne au VIe siècle (Gourdault). Les Étrusques originaires de l'Asie Mineure (H. Martin). La Pierronne, venue de Bretagne bretonnante, voyait Dieu en humanité (Anatole France). La fanatique Espagnole venue d'Amérique du Sud pour apporter son offrande au Vatican (A. Daudet).

§ 285, 4. Beiderlei Gebrauch zeigt hier wieder la Chine: L'encre de (la) Chine, la porcelaine de (la) Chine, la soie de (la) Chine. Nur mit Artifel steht l'Inde: Les cachemirs, la mousseline, la soie de l'Inde, dagegen ist die ältere Form erhalten in le marron, le marronnier, le cochon d'Inde; le coq d'Inde, la poule d'Inde sind veraltet. Unter den männlichen Namen sind bemerkenswert la rose du Bengale, le fromage du Cheshire, le cheval du Mecklembourg, la chèvre du Tibet.

§ 285, 5. Unter den Fällen, wo es sich um die bloße Zugehörigkeit zum Lande handelt, ist keiner, welcher den Gebrauch des Artifels vorschreibt, abgesehen von denjenigen männlichen Namen, die kaum ohne Artifel vorkommen wie le Mexique, le Pérou. Andererseits aber sind auch die Fälle selten, in welchen stets der Artifel fortfällt; anführen könnte man la mer de France, la mer de Biscaye, la mer de Corée, le golfe de Gasgogne, le golfe de Gaule, la cour de Russie, la couronne d'Italie, la succession d'Espagne, la succession de Bretagne, l'argent, la monnaie de France, la révolution d'Angleterre, la gazette d'Alsace-Lorraine, la presse officieuse d'Autriche, la Turquie d'Europe, d'Asie.

Der Artifel wird in der Minderzahl der Fälle ausgelassen nach den Wörtern fils, fille, homme, habitant, climat, air, gouvernement, drapeau, commerce, route, direction, chemin de fer u. a.

Er fehlt dagegen in der Mehrzahl der Fälle nach côte, montagne, fleuve, lac, frontière, ville, village, commune, peuple, noblesse, clergé, catholique, protestant, histoire, géographie, carte, question, affaire, armée, flotte, sowie nach Bezeichnungen des Tier=, Pflanzen= oder Mineralreichs. Dabei macht es keinen Unterschied, ob bei frontière die Grenze des genannten Landes oder die Grenze des Nachbar= landes nach dem genannten Lande hin gemeint ist; ebenso wenig ver= schlägt es bei armée, ob das Heer des genannten Landes oder ein fremdes Heer gemeint ist, welches in dem genannten Lande operiert oder gegen dieses Land bestimmt ist. In allen Fällen, wo hieraus eine Unklarheit entstehen könnte, ist es vorzuziehen, das Adjektiv eines Ländernamens zu setzen.

Endlich steht der Ländername fast ausnahmslos ohne Artikel nach Superlativen: Les contrées les plus chaudes d'Amérique (Buffon), un des plus beaux lacs de Suisse ou d'Italie (Lamartine), une des plus belles couronnes d'Europe (A. Daudet), l'Allemagne possède le plus vieux soldat d'Europe (J.). Das gleiche gilt für superlativische Adjektive wie seul, unique, principal, premier, dernier, bei den letzteren jedoch nur, wenn sie einen Rang, nicht wenn sie räum= liche oder zeitliche Verhältnisse ausdrücken; so würde la première ville de Syrie die bedeutendste Stadt, la première ville de la Syrie dagegen die erste Stadt bezeichnen, welche man nach Eintritt in das Land vorfindet.

§ 285, Zusatz. Weitere Fälle für den Wegfall des Artikels bei Ländernamen sind:

1) in der Anrede: A moi, *Normandie* (Michaud). Il y a une chose qu'ils bénissent tous, c'est toi, *France* (V. Hugo). Avec le même amour et la même effusion que je crie Vive *Espagne!*, criez Vive *France!* (J.). Daher auch der Brauch bei der Parole: Halte-là! Qui vive? Avance au ralliement! — *France*, mon colonel! (J. Richepin).

2) wenn der Ländername zum Personennamen wird, indem er für den Landesfürsten oder ein Glied seiner Familie gesetzt wird: Cologne est pour *Souabe*. Erfurth est pour *Brunswick* (V. Hugo). Le Nord tient pour *Bourgogne*, le midi se range pour *Orléans*, il y a comme deux Frances dans la France (Benazet). Il avait deux amis, deux frères, dont l'un était *Lorraine*, l'autre *Bour= bon* (P. Féval).

3) in der Konstruktion des doppelten Nominativs, als Prädikat: La France (dans les poésies épiques) est *France* la louée (Littré). La Gaule devenue *France* (Ders.). La Gaule allait devenir *Ger= manie* (Michelet). Dans le pays appelé, de leur nom, *Normandie* (Ders.). Alors la France se sent *France* (Ders.). Le pays que

nous appelons *Sénégal* (Gourdault). Doch La Judée était devenue une France (Ders.). Cette Grande Gaule qui sera la France (H. Martin). Mit Verbalellipse: Un fantôme de république, *Pologne* de nom, *Russie* de fait (H. Martin).

4) nach Präpositionen: En fait *d'Italie*, il n'y a souvent dans toutes ces stances laborieusement soignées (de Casimir Delavigne) qu'une Italie de vignette et de romance (P. Malitourne). Mettre le cap sur *France* (O. Feuillet). Nous partîmes d'abord à destination *d'Écosse* (J.). Filer sur *Belgique* (J.). Sehr üblich ist dies bei hors de: Mais il est en France et hors de *France* nombre d'hommes bien plus autorisés que moi et qui en reconnaissent le prix (Littré).

§ 286. Daß ein Flußname überhaupt ohne Artikel steht, kommt nicht vor. Höchstens findet man neben le Niagara (Bouillet hat la Niagara) auch einmal Niagara. Auch wenn der Flußname für die nach ihm genannte Schlacht steht, kann der Artikel fehlen: Polybe, Tite-Live, Napoléon même n'en savaient pas tant sur Trasimène et sur *Trébie* (Ph. Boyer). — Die Auslassung des Artikels nach sur, en, de ist erwähnt; doch findet sie bei letzterem auch statt, wenn nicht die Provenienz bezeichnet werden soll: la boucle de Marne, les baies de Seine et de Somme. Ebenso fehlt der Artikel oft nach entre: le pays entre Seine et Meuse und so auch entre Pyrénées et Garonne, entre Durance et Méditerranée. Voraussetzung ist aber dabei, daß entre nicht mehr als zwei Namen bei sich hat; wird diese Zahl überschritten, so setzt man den Artikel: le pays entre le Rhin, la Meuse et la Moselle (H. Martin). La région entre la Meuse, la Seine et la mer (Ders.).

Bei sonstiger Verbindung zweier Flußnamen ist zu bemerken:

1) in Departementsnamen verliert der zweitgenannte Fluß regelmäßig, der erstgenannte oft den Artikel: le Lot-et-Garonne, Lot-et-Garonne. Nach en und dans fehlt jeder Artikel: en Seine-et-Marne, dans Seine-et-Marne. Dans le Loire-et-Cher gilt als seltene Ausnahme, wenn nicht als Fehler.

2) bei Kanälen, die zwei Flüsse verbinden, sagt man entweder le canal du Rhône au Rhin oder le canal du Rhône et du Rhin; auch Auslassung des Artikels kommt vor (jedoch kann bei männlichen Namen): le canal de Tamise-et-Saverne, le canal d'Ille-et-Rance. Vgl. § 287.

3) in historischen Ausdrücken fällt der Regel nach jeder Artikel weg: l'armée de Sambre-et-Meuse. Ebenso aber kann man recht wohl sagen, les assises de Saône-et-Loire, un marchand de bestiaux de Seine-et-Oise.

Regelmäßig fehlt der Artikel nach outre: le pays d'outre Rhin, nos voisins d'outre-Manche. Poursuivre l'ennemi outre Somme (H. Martin).

§ 286 A. 3. Überraschend ist das Fehlen des Artikels in l'aigle d'Orénoque, le figuier de Mississipi (Buffon) und noch mehr bei la Compagnie française de Mississipi (Michelet).

Seen und Buchten werden manchmal wie Flüsse behandelt: la victoire de Trasimène (H. Martin), autour de Dullart (Dollart, Buffon).

§ 287, 1. Zu den Titeln, welche ohne Artikel stehen können, gehören sultan und sheik: Sultan Mahmoud apprit que des hommes parcouraient les rues de Constantinople . . . Sultan Mahmoud lut cet exposé de principes (M. du Camp). Cheik Othman (J.).

Sonst verlieren Titel den Artikel nicht einmal in der Apposition, in der Aufzählung oder im prädikativen Gebrauch. Gegenteilige Beispiele sind selten: Il la conduisit à la surintendante de l'institut royal, comtesse Trebiliano (E. About). Reconnu parmi les assistants: prince de Sagan, prince Troubetskoy, prince de Poniatowsky, comte de Bari, comte Murat etc. (J.). Je lui demandai s'il n'était pas par hasard baron de Horrberg (A. Karr), wobei der unbestimmte Artikel fehlt.

Die Auslassung des Artikels ist nur üblich in Unterschriften, auf Visitenkarten oder in Überschriften: Cte Jaubert. Maréchal Niel. Général Négrier.

Während docteur stets den Artikel verlangt, stehen ohne denselben maître als Bezeichnung für Advokaten (maître Benfeld, maître Tabary), in der Bed. Magister (Parmi les docteurs de l'école palatine, maître Clément était un personnage vraiment singulier. Hauréau), rabbi (Rabbi Aquiba. Rabbi ben Ezra), dame (dame Marthe aus Goethes Faust, avoir un compte à régler avec dame justice).

Monsieur, madame, mademoiselle ohne folgenden Namen können bestimmten wie unbestimmten Artikel vor sich haben, doch verlieren die beiden letzten dabei das Possessiv: Le monsieur qui m'a accosté. Un monsieur qui suit les dames. Une dame d'un certain âge. Une demoiselle bien élevée. Oft findet sich der Artikel, wenn Geringschätzung ausgedrückt werden soll: Il parlait d'aller couper les oreilles au monsieur (A. Daudet). Les mystifications des messieurs de l'Institut (G. Geffroy). Le monseigneur y répond par une grossièreté: il ne faut pas s'en étonner outre mesure (J.).

Bei nachfolgenden Namen ist der Artikel selten: Il ignorait si le monsieur Gustave le savait instruit de son secret (E. Soulié).

Que me veut donc *la* jolie *madame de Brassieux* (Achard). M. de Chevreuse, le second *des messieurs de Guise* (A. Dumas).

Wenn auf monsieur usw. andere Bezeichnungen als Standesangaben folgen, tritt gleichwohl der Artikel ein: *Messieurs les Quarante*. Ce grand roi, *monsieur l'homme* (G. Sand). Je voudrais bien vous y voir, *monsieur l'homme* toujours gai (L. de Tinseau). *Monsieur l'Etc.* begann E. About einen Brief an den duc de Broglie, der einen an den Genannten gerichteten Brief geschlossen hatte mit J'ai l'honneur d'être, etc. Broglie. Sehr selten tritt in solchem Fall der Artikel vor monsieur: Attraper *les messieurs douaniers* (P. Loti). Über den Plural monsieurs vgl. § 112, 1.

Ebenso wird in der Fabel compère behandelt: *Compère le renard* se mit un jour en frais (Lafontaine). *Compère le loup* (Perrault). A l'instant, *compère l'écureuil* jette à terre une de ces noisettes (Laboulaye).

Das dem Aktenstil angehörige sieur und das alte sire stehen nie ohne vorhergehenden Artikel: Le sieur X. Le sire Lionel de Roquemure (E. Soulié). Dagegen hat mons weder vor noch nach sich Artikel: Mons baron (E. Soulié).

Vor militärische Titel wird nie monsieur gesetzt, also entweder mon général (dienstliche Ausdrucksweise) oder général (außerdienstliche Anrede). Le général un tel. Auch docteur erhält nicht den Zusatz monsieur: Un consul général de l'Allemagne, qui est actuellement le Dr Michahelles, a été installé dans ce but à Zanzibar (Grad).

Während père in der Bed. Pater nie ohne Artikel steht, finden sich mère, frère, sœur in ähnlicher Verwendung bald mit, bald ohne Artikel: *Frère Jean* des Entomeures . . . canonisa solennellement *frère Cucufin* (Voltaire). La canonisation *du frère Cucufin* (Ders.). Dasselbe gilt für weibliche Verwandtschaftsbezeichnungen: *Mère Barberin* (H. Malot). Grand-papa et *tantes Lavarande* m'accompagneront (E. Gaboriau). La voix glapissante de *tante Ursule* (J.).

§ 287, 2. Empire kann sowohl Titel sein (l'empire d'Allemagne, l'empire de Chine oder de la Chine, l'empire du Brésil), als auch bloßes Appellativ (Oberherrschaft) z. B. l'élévation de leur chef à l'empire de la Gaule (Guizot).

Nach monarchie, État oder États, république steht vorwiegend das Adjektiv: La monarchie espagnole, les États autrichiens, la République Française, doch auch de ohne Artikel: Les États d'Espagne (Michelet), la république protestante de Hollande (Guizot).

Duché, comté können ebensowohl als Titel wie als Bezeichnungen der älteren Geographie gebraucht werden; in letzterem Falle, sowie vor einzelnen männlichen Namen, die nicht ohne Artikel stehen (le Maine), verlangen sie de mit Artikel: Le comté de la Marche, les comtés du Maine, du Hainaut, du Brabant neben les comtés de Bretagne, de Charolais, de Bourbonnais, de Béarn, de Bresse, de Savoie.

Nach cercle, province findet man sowohl de mit als ohne Artikel: Le cercle de Franconie, la province de Touraine, la province de Valteline, la province de Poméranie neben les provinces de la Bourgogne, de la Champagne, de la Flandre, de l'Ile-de-France, du Lyonnais, du Dauphiné, du Bordelais usw.

§ 287, 3. Nach l'île steht der Name in der Regel mit de ohne Artikel: L'île d'Eubée, l'île de Madère. Der Artikel folgt jedoch, wenn der Name ein Appellativ ist: Les îles de la Sonde, les îles des Épices, les îles de la Société. Ebenso, wenn der Inselname nicht ohne Artikel üblich ist: L'île de la Grenade, l'île de la Guadeloupe und so auch l'île de la Camargue.

Weder de noch Artikel steht, wenn der Name von Personen hergenommen ist: L'île Melville, l'île Bourbon, les îles Salomon, doch auch l'île (de) Sainte-Hélène, l'île de Saint-Pierre, l'île de Fernandez oder de Juan-Fernandez. In seltenen Fällen werden andere als ursprüngliche Personennamen ohne de beigefügt: L'île Coney, l'île Nou, l'île Formose.

Bei der Verbindung zweier Inselnamen kann ein sonst ohne de stehender Name diese Präposition erhalten, wenn er an zweiter Stelle steht; es kann ferner île gleichzeitig als Appellativ und als Teil des Namens gebraucht sein: Bonaparte laissa les îles Bourbon et *de France* à la garde de Decaen (Th. Lavallée). Labourdonnais avait formé, aux îles de France et *de Bourbon,* un établissement colonial de la plus haute importance (Ders.). Les Anglais projetaient d'attaquer les îles de France et *de Bourbon* (H. Martin).

Nach presqu'île, péninsule findet sich der Artikel gesetzt oder ausgelassen: La presqu'île de l'Italie oder d'Italie, la presqu'île de la Grèce, la presqu'île d'Arabie, la péninsule de l'Espagne oder d'Espagne, la presqu'île de la Doride. Man sagt aber la presqu'île de l'Asie Mineure als d'Asie Mineure und in la presqu'île de l'Inde ist der Artikel unerläßlich.

Cap sollte den gleichen Gebrauch bieten wie île. Doch steht neben le cap du Nord, le cap des Aiguilles auch le cap de Bonne-Espérance. Wie le cap Charles, le cap Henry, le cap Froward findet man auch le cap Guardafui, le cap Gallinas, le cap Sunium oder du Sunium und umgekehrt le cap de Horn öfter als le cap Horn.

Nach planète, terre und ähnlichen werden Personennamen unmittelbar angefügt: La planète Leverrier, la terre Victoria, la terre François-Joseph. Früher la terre de Louis-Philippe, jetzt ohne Präposition.

Während mit bourg, faubourg, cité, paroisse Personennamen unmittelbar verbunden werden, steht nach ville, village, commune stets de: La ville de Washington, la ville de Saint-Denis, la ville de Saint-Loup. Vgl. § 288.

Berg- und Gebirgsnamen stehen mit dem Artikel: Le Caucase, le Jura, les Vosges, les Balkans, le Vésuve, l'Ossa, le Pélion (aber mettre Pélion sur Ossa). In zweifelhaften Fällen setzt man mont oder montagne (ersteres ohne, letzteres mit de) voran: Le mont Ida, le mont Athos, la montagne de Sinaï. Buffon sagte les montagnes d'Andes und gebrauchte Popocatepec und andere ohne Artikel, auch jetzt kann man noch vereinzelt finden Atlas, Vénasque u. a.

Nach le mois ist der Name mit de anzufügen. Sehr selten fehlt die Präposition: Le mois novembre (d'Amezeuil). Vers la fin du mois août ou auguste 1750 (Voltaire).

Die gewöhnliche (auch von Littré adoptierte) Regel verlangt de nach mot, wenn es für nom, surnom, idée steht; kein de soll eintreten, wenn mot im Sinne von terme, vocable gebraucht ist. Diese Unterscheidung ist sicher statthaft, wird aber nicht beobachtet. De muß jedenfalls stehen, wenn statt mot das Determinativ celui eintritt: Le mot Germain est difficile à expliquer, *celui de Franc* signifie homme libre. — Wenn das nachfolgende Wort ein Adjektiv ist, setzt man de, um die Auffassung des Adjektivs als Attribut unmöglich zu machen: Ce *mot de sérieux* (A. Vinet), ce seul *mot d'impossible* (A. de Musset). Doch ist das nicht unbedingt nötig: Ce mot *misérable* ne constitue pas une injure (J.). Le grand mot *immoral* a été lâché à propos de lui (Th. Gautier).

Wie mot wird idée behandelt: *L'idée de* patrie. *L'idée de* Providence (Ampère). *L'idée générale animal* a plus d'étendue que *l'idée générale homme* (Lamotte). Doch ist Artikel zulässig vor näherer Bezeichnung: *L'idée de l'État* à la manière ancienne était complètement étrangère et antipathique aux Germains (Grancolas). Leichter ist der Artikel möglich, wenn idée nicht = notion, conception logique ist, sondern im Sinne von projet, dessein steht: Villon était préoccupé *de l'idée de la mort* (Sainte-Beuve).

Nach le cri kann de fehlen, wenn eine Verwechselung zu befürchten wäre: Le *cri* guerre aux châteaux allait retentir (Sandeau).

Zu beachten ist, daß Renard, Barbe-Bleue u. a. als Eigennamen zu behandeln sind, daher: Le roman de (selten du) Renard, l'opéra de Barbe-Bleue, la pièce de Freyschutz; ebenso la farce de Patelin, aber la tragédie du Cid. — Alleinstehend können Namen dieser Art den Artikel erhalten z. B. dans Patelin oder dans le Patelin, le Roland, le Baudouin de Sébourg, l'Émile. — Als Titel einer Zeitung oder Zeitschrift erhalten Namen stets den Artikel: L'Hermès, le Mercure, le journal le Molière.

§ 288, 1. a) Die unmittelbare Anfügung des Personennamens ist die Regel, doch finden sich Ausnahmen, wie schon teilweise in § 287 bemerkt worden ist. So le détroit de Behring, le détroit de Barow, le détroit de Le Maire, le canal de Saint-Louis, le canal de Saint-Georges (bei Abudos, dagegen le canal Saint-Georges zwischen Irland und Großbritannien), l'église de Saint-Pierre et Saint-Paul, l'église de Sainte-Sophie, la chapelle de Saint-Georges, la chapelle de Saint-Marc, la chapelle de Saint-Viaud, la chapelle de Saint-Mémor, l'abbaye de Saint-Antoine, le lycée de Saint-Louis, la rue de Vercingétorix.

Man ist auch in Paris in dieser Hinsicht nicht übermäßig sorgfältig; so steht am boulevard des Italiens an einer Straßenecke rue Marivaux und daneben wieder rue de Marivaux; rue La Fayette und rue de la Fayette stehen einander gegenüber an der Ecke, die diese Straße mit der rue de la Chaussée-d'Antin bildet.

Bei Namen zweiter Hand d. h. solchen, die von einer nach Person genannten Stadt stammen, bleibt in der Regel de weg: La plaine Saint-Denis, le faubourg Saint-Denis, la porte Saint-Denis, la plaine Saint-Maur, la rue de Saint-Cloud, la rue de Saint-Mandé, la rue de Saint-Quentin.

Regelmäßig steht de nach ville, village, commune, ebenso nach détroit, meist nach chapelle, abbaye.

Bei vorausgehendem celui wird de nötig: Les Seize obtinrent que toutes les portes de la ville fussent condamnées, sauf celles *de Saint-Antoine* et *de Saint-Jacques* (H. Martin). Les quatre plus belles places de Toulouse sont la place du Capitole, la place Saint-Georges, celle *de Louis-Napoléon,* et la place Saint-Sernin (Malte-Brun).

Sehr üblich ist es, besonders die Wörter lycée, collège, hôpital auszulassen und den bloßen Personennamen zu setzen: Il avait été élevé à Rollin. La victime est soignée à Cochin. Vgl. auch § 282 A. 6.

Umgekehrt findet die unmittelbare Anfügung nicht selten auch bei Namen anderer Art statt: le lac Érié, le lac Ontario, le lac Tschad, le lac Mälar, le lac (de) Ladoga und sogar Entre les lacs Wallenstadt et Zurich (H. Martin), l'église (de) Notre-Dame, les tours (de) Notre-Dame, le cloître (de) Notre-Dame, l'église Saint-Esprit, le château (de) Saint-Ange, le palais (de) Saint-James, l'école (de) Saint-Cyr, la gare Montparnasse, la rue Saint-Esprit, la rue Sainte-Croix-de-la-Bretonnerie, la rue Monsieur, la rue (de) Madame, la rue Princesse, le boulevard Sébastopol, le boulevard

Ménilmontant, le boulevard Montparnasse, le quai Jemappes, le quai Valmy. Vgl. auch le régiment d'infanterie Empereur, les chasseurs Empereur (Kaiserjäger).

Auslassung des Artikels oder der Präposition ist nicht häufig: la place de Grève, la place d'Enfer,[1] la place de nouvelle gare, le carrefour Châteaudun, la rue Picardie.

c) In einzelnen Fällen ist de zwischen dem Namen des Erzeugnisses und dem des Herstellers oder Erfinders üblich: la presse de Stanhope, la lampe d'Argand, la lumière de Drummond, la seringue de Pravaz, etc. Zu bemerken des fusées à la Congrève.

§ 288 A. Nach le nom steht de: Un prisonnier qu'on désignait à la Bastille sous le seul *nom de prisonnier* de Provence (Topin). Le matelot anglais pouvait, à l'exemple de William Pitt, saluer l'Océan du *nom de britannique* (Th. Lavallée). Doch findet sich auch der Artikel, und derselbe wird nötig, wenn Titel und Name verbunden folgen: Sous le nom de la reine Gilette (Livet). Connu sous le *nom du roi Théodore* (Hénault-Michaud). M. de Stainville, qui fut célèbre plus tard sous le *nom du duc de Choiseul* (Villemain). Sehr selten ist die unmittelbare Anfügung: Ceux même qui ont distingué nettement ces deux animaux, n'ont pas laissé de conserver à l'hyène le *nom dabuh*, qui est celui du babouin (Buffon).

Surnom zeigt den gleichen Gebrauch, dagegen steht nach sobriquet in der Regel de mit Artikel: Le *sobriquet du père Louiset* (J.). Connu sous le *sobriquet du Valet-de-Cœur* (J.). Il est connu aussi sous le *sobriquet du Dompteur* (A. Lacoste).

Nach le titre steht bloßes de oder de mit Artikel unverschmolzen:[2] Sous le *titre de Satire Ménippée* (Ch. Lacretelle). Sous le *titre de Soirées d'Aarau* (Patin). Un travail portant le *titre de Les Socialistes Modernes,* a été inséré, il y a trois ans, dans la Revue des deux Mondes (Fr. Wey). — Wenn titre im Sinne von „Ehrentitel" steht, ist nur de zulässig: Le *titre d'alliés* et amis du peuple romain (Michelet). Le *titre de défenseur de la foi* (Dargaud). Als Fehler kann man daher bezeichnen: Charles Ier offrit à Cromwell la jarretière, le *titre du comte d'Essex* et le commandement de l'armée (Jeudy-Dugour).

---

[1] Dieses Wort ist freilich etymologisch nicht aufgeklärt.

[2] Titel von Stücken können zu einer absonderlich erscheinenden Verschmelzung des Artikels mit der Präposition führen z. B. La *pièce du Roi s'amuse* dont la représentation fut interdite. J'arrive *au Roi s'amuse* (A. Jullien). Six exemplaires *du Roi s'amuse* (Ders.). Voici maintenant trois lettres se rapportant au *procès du Roi s'amuse* (Ders.). Vgl. dagegen: Au Théâtre du Vaudeville, reprise de Le Procès Veauradieux (J.).

Dignité hat das angeknüpfte Wort mit bloßem de bei sich, fehlerhaft ist daher in folgenden Beispielen jeder Artikelgebrauch): La dignité militaire de maréchal de France (Thoumas). Le général Mac-Mahon décida la bataille de Magenta et fut récompensé, le même jour, par les dignités de maréchal de France et *du* duc de Magenta (Bonnechose). Arriver à la dignité de roi des Romains (Parieu). L'élection du roi de Suède à la dignité *du* roi des Romains (Ders.). — Rang folgt derselben Regel.

Nach qualité, renommée, réputation steht bloßes de, außer wenn Superlativ folgt: La *réputation de* femme supérieure (E. Soulié). En *qualité du* plus ancien chevalier (M. Monard). Il acquit la *renommée du* plus grand homme de guerre de son temps (Th. Lavallée).

Nach genre, son, nombre, chiffre steht weder de noch Artikel: le genre Ermenonville, le genre chien, le son i, le nombre 3, le chiffre 9.

§ 289, 1. Stoffnamen können in Aufzählungen und ähnlichen Fällen ohne Artikel stehen: Autrefois il avait recouru aux stupéfiants: *opium* et *morphine* (P. Margueritte).

Der bestimmte Artikel kann statt des Teilungsartikels stehen: On vit les hommes mêler *la terre* à la farine (Michelet).

Im familiären Gebrauch steht oft der unbestimmte Artikel: blanc comme *un lait*, pâle comme *un ivoire*. Le bon café . . . vous passe *un velours* dans la gorge (J. Richepin). Diese Ausdrucksweise wird allgemein als mißbräuchlich angesehen. Dagegen ist un erlaubt,

1) wenn der Stoffname den Sinn eines gewöhnlichen Appellativs erhält: Elle ne sentit pas plus d'émotion devant ce cadavre que devant *une cire* (E. & J. de Goncourt) vor einem Wachsbildnis.

2) wenn er für die Tätigkeit steht, bei welcher er benutzt wird: Donner *un suif* au navire (Mme A. Tastu) ein Abdichten mit Talg.

2. Abstrakte stehen ohne Artikel nach der Präposition en und oft auch de: En *philosophie*, en *narration*. Les différentes écoles de *pédagogie*.

Die übrigen Fälle sind nicht sehr zahlreich und bilden Reste älteren Gebrauchs: Cependant il y avait *nécessité* (Guizot). *Force* est de faire venir de Paris le docteur Bergeron (J.). *Force* resta à la loi (J.). Jusqu'à ce que *mort* s'ensuive, pour que *mort* s'ensuive; un certificat de *bonne vie* et *mœurs*.

Bei ne — que fehlt oft der Artikel: La cour n'avait que *dédain* et *aversion* pour ce monarque bègue, morose, maladif, peu libéral (H. Martin). Seignelai ne rêva plus qu'*invasion* de la Tamise et *descente* en Angleterre (Ders.).

Abstrakte können den Artikel leicht entbehren, wenn sie pareil, semblable oder ein Adjektiv mit si vor sich haben, ebenso wenn sie von einem Adjektiv begleitet im Ausruf stehen: *Pareille anomalie* est sans exemple (P. Mérimée). *Semblable illusion, semblable dédommagement* fut tout à coup singulièrement amoindri (Villemain). N'ayez pas de moi si *méchante opinion,* ma fille (A. Dumas). *Profonde vérité!* (C. Delavigne).

3) Am üblichsten sind Verbindungen mit facile: Avoir la larme facile (J.). Diderot a l'enthousiasme facile (J.). Avoir la lettre facile (A. Dumas). La comtesse avait l'argent facile (J.). Il avait le louis facile (gab gute Trinkgelder).

Der Ursprung dieser Ausdrucksweise ergibt sich aus Sätzen wie: Quand on a le cœur comme je l'ai (Mme de Sévigné). Cocardasse junior et frère Passepoil n'avaient point le goût des beaux arts (P. Féval). Avoir le dégoût des affaires (H. Martin). Avoir le mépris du travail pénible (J.).

Das Vorhandensein eines Gallicismus hat meist zur Folge, daß viele diese Ausdrucksweise für die einzig mögliche halten. In diesem besonderen Falle verfügt die Sprache über die verschiedenartigsten Mittel. Der unbestimmte Artikel sowie der Teilungsartikel (bzw. de) sind häufig: Elle avait un aspect serein, un langage agréable, un esprit élevé (Mignet). Mlle X. a dix-neuf ans, des hanches rondes, un corsage mûr, des dents claires, des cheveux bruns (G. Deschamps). Ils ont la tête grosse, de gros yeux, de petites oreilles (Buffon). On vit alors l'athéisme lever un front plus hardi (Barante).

Man vergleiche ferner: Les hérissons n'ont pas bonne vue, mais l'ouïe est fine et l'odorat assez bon (Zeller). Les Basques sont petits, mais d'une taille bien prise, leur teint est brun, leurs cheveux sont noirs, leur démarche est vive et gracieuse, leur agilité presque incroyable (Barrau). Il est très bien, ce jeune homme: brun, avec des yeux bleus (L. Gozlan). Il était brun de cheveux (Ninous). Les ours sont de très grands animaux à membres épais, à corps trapu et à queue extrêmement courte (Zeller). Ce noble Lorrain, à la haute taille, au visage balafré et resté beau, au geste dominant, à la parole courtoise, est bien un ancêtre des illustres Guises (Saint-Beuve).

Bei längeren Beschreibungen wechselt man im Ausdruck: Nous voyons dans Le Pays un homme de taille moyenne, gros du ventre, rond du dos, fort en jambes, les mains fines, les cheveux blonds, une barbe rare sur un visage ovale et bien rempli, grand nez, large bouche «bordée de lèvres charnues et suffisamment rouges, et meublée de belles et grandes dents» (Ch.-L. Livet).

4) Früher war auch vent de nord, de sud üblich, und Buffon z. B. gebraucht diese Ausdrücke vielfach, wogegen er in vent du midi, du levant, du couchant selbstverständlich den Artikel setzt. Die volks=tümlichen Ausdrücke sind vielfach andere z. B. le matin Ostwind, le soir Westwind, la bise Nordwind, während le vent kurzweg den Südwind bedeutet.

Auch hier können die Substantive nord usw. adjektivisch auftreten: Une légère brise nord-est, un fort vent nord-ouest, des bourrasques de vent nord-ouest.

5) Statt Pâques steht manchmal la Pâque auch für das christliche Fest. Wie la Saint-Jean auch la Notre-Dame oder la Notre-Dame d'août (Mariä Himmelfahrt), eine Zeit lang auch la Saint-Napoléon genannt.

Selten stehen die mit saint gebildeten Festnamen ohne Artikel: L'été de Saint-Martin (G. Sand). Le dimanche 23 juin, veille de Saint-Jean (X. Marmier).

Ohne Artikel stehen auch die kirchlichen Tageszeiten wie matines, laudes, vêpres, ténèbres u. a. Vêpres erhält oft den Artikel: Hier, pendant *les vêpres*, un individu s'est introduit dans le presbytère de Bezannes (J.). Les bandes d'orphelines sont déjà revenues *des vêpres* (Fr. Coppée). Immer les Vêpres siciliennes.

6) Auch bei Substantiven und Eigennamen findet sich dieses à la: à la diable in aller Eile und daher unordentlich. Des foulards indiens noués aux quatre coins, à la propriétaire (L. Halévy). Son nez recourbé à l'oiseau de proie (Barracand). Une victoire à la Pyrrhus. Un grand fauteuil à la Voltaire. — Selten ist à la mode: La course simple à la mode spartiate (P. Monceaux). Une barbe à la mode d'Henri IV (J.).

Bei Angabe der Art, wie ein Gegenstand beschaffen oder gefertigt ist, stehen die Wörter façon, genre, style ohne Artikel, auch der ihnen beigefügte determinative Name verliert den Artikel: La ville fabrique des fromages, *façon Hollande* (L. Huard). L'humeur belliqueuse des guerriers *genre Cassagnac* ne servirait qu'à peupler de nouveaux ossuaires (J.).

Zu bemerken, daß man sagt: Ils ont épousé *les* deux sœurs.

Im distributiven Gebrauch steht in der Regel der bestimmte Artikel, welcher indessen bei singularischem pièce vielfach fehlt: A cent sous pièce. Je ne les ai comptés que treize sous pièce. Des torches de deux livres pièce. Dagegen les douze pièces, les quatre pièces und öfter auch im Singular: Les timbres-poste sont tarifés depuis

cinq centimes jusqu'à dix et douze mille francs la pièce (J.).
Quelques ‹Vive l'empereur!› à quatre francs la pièce (J.).

Bei Wörtern wie la douzaine, la livre, le kilogramme, le yard usw. kann weder im Singular noch im Plural der Artikel fehlen.

Der bestimmte Artikel steht öfter vor ganzen Redensarten, die dadurch zu einer Art zusammengesetzten Substantivs werden: L'œil pour œil et dent pour dent qui régit souverainement les rapports des hommes entre eux (G. Geffroy). L'enfant demande l'à quoi bon de toute chose (H. Martin).

Der unbestimmte Artikel kann vor je ne sais quel mit Substantiv treten: Différence de nuance qui donnait un je ne sais quel air plus vieilli encore à ce visage (P. Bourget). Ses deux rivaux ont un je ne sais quel charme qu'il n'a pas (L. Lacour).

Beide Artikel können vor je ne sais quoi stehen: Le je ne sais quoi de sénile et d'usé qu'accusaient la lourdeur des paupières et l'affaissement de la lèvre inférieure (G. Duruy). Ces impressions jettent sur les deux principaux caractères un je ne sais quoi de souriant et de trompeur (L. Lacour).

Bei der Angabe von Tageszeiten steht der Artikel: le matin, le soir, la nuit (doch à midi, à minuit). Geht eine Zeitbestimmung vorher, so kann man sagen demain matin und demain au matin, hier soir und hier au soir, dimanche soir und dimanche au soir. Nach Fr. Wey soll man wohl demain matin, demain soir, hier matin sagen können, aber nur hier au soir, besonders wenn vor hier noch eine Präposition steht; er bezeichnet daher als unrichtig den Satz von C. Delavigne: Débarqué d'hier soir, j'arrive et je t'écris.

§ 290. Wichtigere verbale Ausdrücke mit Artikel sind außerdem:
Aller l'amble (Paß gehen).

Avoir le faux air de vues nouvelles (meist un faux air). Avoir l'antipathie des visites (Gyp). Avoir la haine du mystère (E. Estaunié). Avoir la sainte horreur des simagrées (V. Cherbuliez). Avoir le loisir de faire qc. Il n'y avait pas le mot pour rire dans la pièce (Lesage). Je n'eus pas le mot à dire (Mᵐᵉ A. Tastu). Avoir l'œil à qc. Pour peu qu'ils aient le bon sens (Voltaire). Ils n'avaient plus que le souffle (J.). On avait eu le beau temps (schönes Wetter). Pendant un certain temps, nous eûmes le repos (J.). Avoir la tête de plus, de moins que qn. Dafür meist dépasser, surmonter qn de la tête, de toute la tête (vgl. to be taller by the head than another person). Est-ce qu'il y a le feu?

Barrer le passage.
Battre la semelle.
Avoir besoin de la forte somme.
Chasser le sanglier, la perdrix, etc.

Chercher le moyen de s'enfuir.

Commander le feu.

Conclure la paix.

Contrefaire le malade.

Demander l'aumône, la charité, demander l'hospitalité, demander la paix, demander la forte somme. Faire demander la terre et l'eau.

Diminuer qn de la tête (Souvestre).

Dire. Disons le mot, vgl. tranchons le mot. Cette usurpation, pour ne pas dire le mot (Courier). Dire le bonjour, le bonsoir (jelten un bonjour) à qn, à vous dire le vrai, pour dire le vrai, disons le vrai mot. Vous ne me dites pas le moindre petit mot de l'enfant (Lesage).

Donner le bonsoir à qn, donner le bal à qn, donner l'alerte, donner le bon exemple, donner le démenti (auch un démenti) à qn, donner l'hospitalité à qn, donner la bienvenue à qn, donner la pièce à un pauvre, donner la forte somme, donner le prix à qe (meiſt du prix).

Dresser les deux doigts de la main droite.

Envoyer le bonjour à qn.

Être le bien arrivé, le bien reçu, le bien fêté, le bien vu. Mille francs, ce n'est pas la mort d'un homme (Fr. Sarcey) neben mort d'homme. Le feu est au logis, à la maison, à bord.

Faire la bonne affaire neben une bonne affaire, faire la banque, faire le bec à qn, faire le bien, faire le café, faire la cuisine, faire la popote, faire la charité, faire la chasse, faire la clôture, faire le commerce de vins, faire le coup de fusil, de pistolet, de poing, faire le dégât, faire le gros dos, faire la courte échelle, faire la fête oder la noce, faire le guet, faire la leçon à qn, faire la lecture à qn (ihm vorleſen), faire la lessive, faire la lumière, faire la bonne mesure à qn, faire la mine (böſes Geſicht), faire les mines (Geſichter ſchneiden), faire le grand nombre (in der Mehrzahl ſein), faire l'oubli sur qe, faire l'ombre, faire la sourde oreille, faire les yeux doux à une femme, faire la part du feu, faire la partie de . . . (ſich vornehmen), une hirondelle ne fait pas le printemps, faire le sacrifice de qe, faire le saut, faire le grand tour (Umweg).

Se former l'idée de qe.

Fournir l'occasion de.

Imposer le respect.

Jeter l'ancre, jeter les hauts cris, jeter la pierre à qn.

Lever l'ancre.

Marcher l'amble.

Mériter l'examen.

Mettre les sangsues à qn, y mettre le temps (fid) Beit laffen).

Observer le silence.

Obtenir le libre passage.

Offrir l'exemple.

Ordonner le silence.

Palper la forte somme (fehr familiär).

Perdre le temps, perdre la bataille et la vie.

Porter la moustache.

Prendre l'eau (led fein).

Recevoir la chasse (verfolgt werden, zur See), recevoir la forte somme.

Refuser la bataille.

Rendre le courage, rendre le sang.

Rompre le silence.

Sonner l'alarme.

. Ne pas souffler (le) mot.

Souhaiter la bienvenue, souhaiter la bonne année, une bonne année, le bonjour, la bonne nuit, une bonne nuit, bonne nuit, un bon voyage, le bon voyage.

Tendre la main.

Tenir la campagne (im Felde ftehen).

Tirer l'ancre = lever l'ancre, tirer le coup de fusil.

Trouver l'approbation, trouver la fortune, trouver le moyen de faire qe.

Verser le sang.

Vomir le sang, du sang.

Früher auch il m'a fait pleurer les chaudes larmes, vous m'avez fait suer les grosses gouttes (Mme. de Sévigné), wofür jetzt pleurer à chaudes larmes, suer à grosses gouttes.

Zeitangaben haben vielfach den bestimmten Artifel.

Bei Angabe eines Zeitpunktes, einer Stunde, steht sur stets mit dem Artifel: *Sur les deux ou trois heures* de la nuit (Michelet). Ebenso findet fich fogar sur les une heure, sur les midi, sur les minuit (vgl. § 120). Letztere werden von manchen durch sur le midi, sur le minuit erjetzt, weil früher der Artifel bei diesen Wörtern möglich war.[1] — Nach vers und dès fann der Artifel eintreten: Vers (les) deux heures de l'après-midi; dès (les) trois heures du matin.

---

[1] Der Artifel findet fich noch manchmal: Quand venait le midi, il fallait fermer les persiennes (H. Le Roux). Un rayon de soleil, au moment du midi vrai, vient frapper la ligne méridienne du gnomon de Saint-Sulpice (Huard).

Ähnlich ohne Präposition: Tout à l'heure quand *les six heures sonneront*, on vous apportera votre dîner (M. Villemer). Il passa la nuit ballotté ainsi entre ces deux sortes de tourments jusqu'à ce qu'il s'endormît de ce lourd sommeil *des quatre heures* qui assomme plutôt qu'il ne repose (P. Bourget).

Bei Angabe des Zeitverlaufes steht dans mit dem Artikel: L'arrêt doit être exécuté *dans les vingt-quatre heures*, conformément à la jurisprudence théâtrale (Th. Gautier). So dans les quarante-huit heures, dans les deux jours, dans les deux mois, dans les six mois, dans l'année usw. Le payement de ces sommes aurait lieu au plus tard *dans l'année* (J.). Lothaire mourut *dans la semaine*, la plupart des siens *dans l'année* (Michelet). Appel de la décision rendue peut toujours avoir lieu, *dans les quinze jours* de la notification (E. Rendu). Selten fehlt der Artikel: Le parlement de Paris leur ordonna d'évacuer les noviciats, les collèges, les maisons professes, *dans huitaine* (Voltaire). Si on ne trouve point cette somme *dans vingt-quatre heures* (Mᵐᵉ de Sévigné). Dagegen findet sich der Artikel öfter in ähnlichen Ausdrücken ohne Präposition (Vous avez eu *les vingt-quatre heures* pour constater votre regret. Diderot), oder bei anderen als Zeitangaben: La première des ces ordonnances défend à tous propriétaires de chasser sur leurs terres *dans les six lieues* à la ronde autour du château du Louvre (H. Martin) statt des üblicheren à six lieues à la ronde.

Der Artikel im Ausruf findet sich fast nur vor Substantiven mit beau: Le bel avantage, le beau malheur, la belle merveille u. a. Ah! le beau parc, monsieur (O. Feuillet). Stellen wie Voyez le grand mal! (A. de Musset) könnten zu der Vermutung führen, daß der Imperativ von voir zu ergänzen ist.

Eine ähnliche Erscheinung ist der Artikel in Vokativausdrücken. Anreden mit dem Artikel haben selbstverständlich etwas Vertrauliches, Herablassendes, oft Geringschätziges, so l'abbé, l'ami, l'ancien, la belle, les enfants, la femme, la fille, l'homme, la maisonnée, la maîtresse, la vieille. Allez-y voir vous-mêmes, *les pantouflards* (Fr. Coppée). Va te promener, *le ministre de l'instruction publique* (J.).

Wie bei du oder de premier ordre ist der Artikel fakultativ in de la première qualité, de la première volée, du premier mérite, de la première main. Er fehlt in de première nécessité, de première utilité, de première valeur.

Der Artikel hat manchmal eine verstärkte Bedeutung, so daß er das Demonstrativ ersetzen kann: Plusieurs voyages en ont été dérangés, le mien est *du nombre* (Mᵐᵉ de Sévigné) . . . bien qu'à *l'époque* ce terrible tribunal ne fût pas encore institué (Th. Gautier). Les Monte-Christo *du jour* (Ders). Ce n'est plus comme dans *le temps* (J.). Auch en l'espèce, dans l'espèce (im vorliegenden Falle) gehört hierher.

§ 291. 1) Tout steht ohne Artifel bei Monatönamen: C'est à Cahors qu'il reste toute la fin de mars, *tout avril*, presque *tout mai* (G. Geffroy). Ebenso prochain, courant: en novembre prochain, doch auch mit Artikel bei voranstehendem Adjektiv: On devait s'épouser aux premiers jours *du prochain avril* (J.). Ebenso wenn courant durch en cours ersetzt wird: Voilà quinze grands jours, la quinzaine indécise, où l'on ne tutoie pas encore l'année entamée, où l'on date *le janvier en cours* du millésime de l'année échue (J.). Wenn aber l'avril für le printemps, l'octobre für l'automne, le novembre, le décembre für l'hiver gebraucht ist, so tritt der Artifel in seine Rechte: C'est *l'avril*. Aussi tout le monde est dehors, en habits des dimanches (Fr. Coppée). Partout la parure embaumée *d'un avril* triomphant (Cunisset-Carnot). Nous avions un peu froid de rentrer, à peine le soleil couché, sous *l'octobre* rouge (C. Lemonnier). Les voici . . . *au novembre* de leur vie (G. Geffroy). — Doch findet Artifel sich auch vor attributiv bestimmten Monatönamen, die ein historisches Faktum darstellen, sowie in der Apposition: Quand il s'agissait de fêter les Glorieuses, le Vingt-quatre Février, ou de célébrer *le funèbre Juin* (G. Geffroy). Par le plus beau temps d'avril, *un avril* qui se moquait de nous (J. Claretie).

Die revolutionären Monatönamen bilden keine Ausnahme: Jusqu'à floréal an V (G. Geffroy). La loi de prairial an XII . . . la loi du 23 prairial an XII (J.).

2) Bei den Monatönamen ist das Fehlen des Artifels das gewöhnliche; bei den Wochentagen dagegen ist es die Ausnahme, die nur der Kürze wegen eintritt und nicht immer statthaft ist. Unzulässig ist daher die Auslassung des Artifels

a) vor folgendem Datum: le dimanche 11 septembre, doch auch der Kürze halber dimanche 11.

b) bei regelmäßigen Vorkommnissen: la paie du samedi; le tirage du jeudi (italienische Lottoziehung, die stets am Donnerstag stattfindet). Daher auch les habits du dimanche oder noch häufiger des dimanches, sehr selten les habits de dimanche; ebenso les classes du dimanche (Sonntagsschule) und scherzhaft la rue du dimanche die unrechte Kehle. Ce musée est ouvert le dimanche et le jeudi oder les dimanches et jeudi; ohne Artifel nur der Kürze halber in notizenartigen Angaben z. B. Musée des Gobelins, mercredis et samedis, de 1 h. à 3 h.

Le Louvre est ouvert tous les jours, sauf le lundi (jelten verkürzt zu sauf lundi).

c) wenn nicht vom Standpunkt des Sprechenden aus zu zählen ist; ein Zeuge kann sagen j'ai vu passer cet homme samedi, samedi matin, samedi vers onze heures, aber der Bericht darüber wird sagen müssen: le témoin croit avoir vu passer cet homme devant son établissement le samedi. Daher beziehen sich auch jeudi prochain, jeudi dernier oder jeudi passé nur auf den Standpunkt des Sprechenden, wogegen in der Erzählung le jeudi précédent, le jeudi suivant zu wählen ist.

d) wenn Anfang und Ende einer Zeitperiode bezeichnet werden: Je ferai tout ce qu'un honnête tailleur peut faire du lundi au dimanche (E. Pelletan). Pendant les jours saints de chaque semaine (du mercredi soir au lundi matin) toute guerre était interdite (Michelet). Auslassung des Artikels wäre nur möglich, wenn von dem Standpunkt des Erzählers und von einem bestimmten Einzelfall gesprochen würde. Neben la nuit du lundi à mardi steht das bessere und häufigere la nuit de lundi à mardi.

3) En kann bleiben bei nachstehendem, aber nicht bei voranstehendem Adjektiv: en automne prochain, au dernier automne. Dans mit Artikel vor sämtlichen Namen der Jahreszeiten kann auch eintreten, ohne daß ein weiterer Zusatz nötig wäre. Auch der bloße Artikel (Accusativ der Zeit) findet sich bei allen, wenn er schon bei été und hiver häufiger ist: Le printemps et l'été, le soleil est au nord de l'équateur; l'automne et l'hiver, il est au sud (Privat-Deschanel). Sehr selten ist en printemps: La conservation religieuse de tous les oiseaux jointe à la destruction des mères pondeuses en printemps paraît donc être un des moyens les plus efficaces pour combattre cette plaie de la campagne (J.).

4) Das Substantiv, welches nach homme, femme den Beruf bezeichnet, steht ohne Artikel: L'homme de loi, l'homme de paix, l'homme d'Église. Ces gens d'argent (Gyp). Ebenso Substantiv, welches die Gesellschaftsklasse angibt: Un homme de Tiers-État qui vivait de la mer (H. Le Roux). Dagegen hat den Artikel ein Substantiv, welches Naturanlage, Fähigkeit, Charaktereigenschaft angibt: L'homme du sentiment n'a pas tant besoin de tradition que l'homme de la raison et de l'histoire (H. Martin).

Verwandtschaftsbezeichnungen stehen in familiärer Sprache oft ohne den Artikel: Bonne maman marquise. Parrain n'est plus là? (G. Ohnet). Père nous avait quittées (E. Daudet). L'absence de père nous a paru courte (Ders.). Grand'mère m'a interrompue d'une voix sèche (Ders). Unb jo: Mes entretiens avec mère Nature.

Umgefehrt erhalten öfter folche Bezeichnungen, welche in ber Regel nur unbeſtimmten Artifel ober Pofjeffiv ober nur erſteren zulafjen, ben beſtimmten Artifel: Le papa Bergmann s'excuse de ne pas avoir apporté son plat (Deschaumes). L'enfant si désireuse que le papa et la maman fassent le rôle de Noël (G. Rivet). Vgl. auch § 287, 1.

Der Artifel fehlt bei moitié, pour moitié: Il n'accepta que moitié du prix des leçons (P. Margueritte). Plus de 20 000 hommes menaçaient le Canada, qui en avait à peine moitié pour sa défense (H. Martin). La petite bécassine n'a que moitié de la grandeur de l'autre (Buffon). C'était moitié en sus de la somme qui avait été stipulée (H. Martin). Les dogues espagnols furent certainement pour moitié dans l'œuvre de la conquête du Mexique et du Pérou (Hennebert).

Auch bie Zujamrtenjezungen mit demi entbehren oft beŝ (unbe= ſtimmten) Artifelŝ: Il m'est impossible de m'occuper demi-heure de suite avec force du même sujet (J.-J. Rousseau). Demi-heure plus tard, on se rendit chez un restaurateur de nuit fort modeste (P. Arène). Une île d'environ demi-lieue de tour (J.-J. Rousseau). A demi-lieue du port de Langoiran (Buffon).

5) Auch nach rarement, de ma vie fann ber unbeſtimmte Artifel wegfallen: Rarement homme d'État a apporté plus de désinvolture à changer, comme on dit vulgairement, son fusil d'épaule (J.). Car, de ma vie, je n'ai senti peste comparable à celle des égouts de Marseille (J. Montet).

Wie nach il y a pflegt ber unbeſtimmte Artifel überhaupt nach Imperjonalen ausżufallen; übliche Ausbrücke biejer Art jind: Il y a commencement à tout. Il y a moyen (bejonberŝ negativ ober fragenb). Il y a beau jour que . . . Il y a beau temps (familiär bel âge) que . . . Il n'y a pas trace de . . . Il y a intérêt à faire qe. Il y a grande apparence que . . . Il n'y a sorte de . . . Il n'est fils de bonne mère qui . . . Il n'est bruit que de . . . Il n'est sorte de . . . Il ne se trouve pas ombre de . . . Il ne reste pas trace (vestige) de . . . Il faisait nuit très sombre. Il soufflait belle brise.

Aber auch in weniger ſtereotypen Ausbrucksweijen fällt ber Artifel weg: Est-il sujet sur lequel on ait discuté davantage? (J.). Il y eut foule à la revue (J.). Il n'y avait pas juste sujet de guerre (Ville-main). Dans l'Orangerie, il y a nombreuse assemblée de médecins en robe (A. Daudet). Ah! ces anciennes maîtresses, une fois mariées, il n'y a pas plus bégueules qu'elles (Ders.). S'il m'arrive

malheur ma dernière pensée sera pour toi (J. Richepin). Bien
sûr, il va y avoir mort d'homme (J.). — Das vorangestellte logische
Subjekt kann unter keinen Umständen den Artikel haben: Le remède
n'a-t-il pas été cent fois pire que le mal, si remède il y a eu,
si mal il y avait? (J.).

Ebenso fehlt der unbestimmte Artikel vielfach nach c'est: C'est signe
que . . ., c'est miracle que . . ., c'est merveille que . . ., c'est
preuve que . . ., c'est plaisir, c'est peine perdue, c'est bon signe,
c'est dommage (grand dommage) que . . . C'est folie de lutter
contre sa destinée (P.-L. Courier). Ce n'est pas œuvre d'art,
c'est œuvre de persuasion (Ampère). C'est affaire conclue
(Glatron). Besonders aber vor chose mit einem Adjektiv: C'est chose
grave que le mariage (L. Gozlan). L'obéissance des serviteurs
était chose ordinaire dans le château de Roquemure (E. Soulié).
So c'est chose facile, chose faite, chose curieuse, chose naturelle
usw. Doch auch C'est une chose ennuyeuse que de tricoter (O.
Feuillet). — In gleicher Weise kann der Teilungsartikel wegfallen:
Ce sont caprices de critique qui ne tirent pas à conséquence
(Ph. Boyer). Ce ne sont pas gens à abandonner la tâche (J.)

Der unbestimmte Artikel (bzw. das indefinite aucun) fehlt häufig
in Vergleichungssätzen: Certainement, la prose du XVIIe siècle
est esthétique autant que *prose* française peut l'être (A. Vinet).
J'ai été humiliée aussi cruellement que *femme* peut l'être (E.
Soulié). Ils ont de l'esprit autant que *peuple* au monde (H.
Taine). Christine de Pisan savait le latin mieux *qu'homme* de
son temps (Nisard). Si Montaigne a plus douté *qu'homme*
de son siècle, c'est qu'il était plus homme de génie qu'aucun
de ses contemporains (Ders.). Phocas se pique plus *qu'homme*
du monde de n'emprunter de personne ses idées (Vauvenargues).

§ 292. Präpositionale Ausdrücke ohne Artikel:

A. Être lancé à belle allure. Monter à âne, à cheval, à mé-
hara (Dromedar), Gegenstücke zu descendre de cheval. A angle
droit. Pousser à bout. A bout de forces, de patience. Être
porté à bras d'homme. Faire qc à petit bruit. A centre se
tiendra un officier. A charge de l'accusé. A charge de faire
qc. A charge de revanche (aber à la charge d'autant). S'en
donner à cœur joie. Avoir à cœur (aber tenir au cœur). A
condition que (à la condition que, à la seule condition que),
à condition de (à la condition de). Aller à confesse. Aller à
dame (Spielausdruck). A déjeuner und ebenso à dîner, à souper.
A beaux derniers comptants. S'embarquer à destination de.
Se rendre à discrétion. Regarder qc à (une) certaine distance.
Se mettre qn à dos, attaquer qn à dos, combattre avec un

fleuve à dos. A droit, à bon droit. Être porté à quatre épaules. A pareille époque[1]. Mettre à exécution. Mettre à feu et à sang. Toucher à fin (meist à sa fin). A seule fin de . . . Ces arguments vont à fin contraire. A fond de cale. Peindre à fresque. Se jeter à genoux. A hauteur du regard, jeter un pont à hauteur de Rhinau, s'arrêter à hauteur des fenêtres (vor den Fenstern), à hauteur du N° 25 de la rue Saint-Denis, tenir un livre à jour (aber mettre au jour ans Tages= licht bringen, se mettre au jour seine Geschäftsbücher bis zur Gegen= wart beischreiben). A jour nommé. Prêter à méditation. A basse mer, à haute mer. A mesure que. Condamner à mort, juger à mort (neben condamner à la mort, à la peine de mort, à la peine capitale), des exécutions à mort, s'ennuyer à mort, haïr à (la) mort. A niveau de . . . Vendre à perte. A perte de vue. A tel point que . . . A pointe d'aube. Arriver, mener sa barque à bon port. Mettre une idée à (la) portée de tous. A portée de fusil. A preuve l'histoire que voici. A première requisition. A revoir sehr häufig unrichtig für au revoir; richtig: à vous revoir). Amener à quai, venir chercher à quai, des- cendre à quai, se ranger à quai, etc. Faire qe à satiété. A soleil couché. A table d'hôte (sehr selten à la table d'hôte). Prendre qn à témoin. A terre. A (au) titre gratuit, à titre gracieux. Garderobe à usage d'homme, à usage de femme. Le baromètre est à variable. Mettre la chair à (au) vif. A première vue (doch sehr oft à la première vue), chasser plutôt à vue qu'à l'odorat.

Après: Après Crimée (nach dem Krimkrieg). Après déjeuner, après dîner, après souper (doch alle auch mit Artikel). L'inventaire après décès. Après (une) mûre déliberation. Après épuisement des fonds. Après mûr examen, après soigneux examen. Après interrogatoire. Après revision des pièces du procès.

D'après: Dessiner, peindre d'après nature, d'après nature vi- vante, aber d'après la bosse, d'après le modèle vivant.

A travers: A travers bois, à travers champs, à travers (la) plaine, pendre à travers rampe.

A ras: Une paillasse à ras de plancher, voler à ras de terre.

Avant: Avant dîner oder avant le dîner, payer avant terme, les enfants venus avant (le) terme.

---

[1] Hier ist das Fehlen des Artikels durch pareil verursacht. Vgl. il ne s'était jamais trouvé à pareille fête. Überhaupt spielt vielfach das Adjektiv eine Rolle, so certain, premier, tel, grand u. a.

Avec: Avec (une) grande attention, avec grand chagrin, avec chance de succès, avec charge de faire qe, avec commission de faire qe, avec colère, avec (une) grande impatience, dire avec (des) larmes, quitter qn avec (des) larmes, avec mission de faire qe, avec ordre, avec ordre de faire qe, avec perte, avec perte de 4000 hommes, avec profit, avec promesse de, avec rapidité, avec grande rapidité, avec serment, avec sobriété, avec succès, avec pareille vigueur, avec vue sur la mer.

Contre: Des poursuites contre inconnu, un état contre nature, lutter contre trop forte partie, appliquer l'oreille contre terre, se prosterner la face contre terre.

Dans: Dans certaine mesure, la longueur dans œuvre du monument (Länge zwischen den Mauern gemessen, Säulenvorbau nicht eingerechnet).

De steht ohne Artikel nach Ausdrücken der Beschuldigung: accuser qn de faiblesse, de trahison, de pacte avec le diable, taxer qn de royalisme, l'inculpation de corruption de fonctionnaire publique, des Herkommens: arriver de province, arriver de banlieue, les vents qui viennent de terre, une lettre qu'on reçoit de province, des Krankens: être atteint de tétanos, de delirium tremens, être frappé de mort, d'anathème, des Ab= oder Aussteigens: descendre, sauter à bas, tomber de cheval, être renversé de cheval, descendre de voiture, de charrette, de siège, de selle, de fiacre, de chaire, de (oder du) train, de sleeping-car, de wagon, faire une chute de cheval, descendre, sauter, tomber de machine, tomber de ballon, und ebenso bei descente, daher auch la descente de croix. Während bei den vorausgenannten der Artikel sehr selten ist, sagt man descendre du chemin de fer, descendre, sauter à bas du lit, tomber, faire tomber du trône u. a. Ferner fehlt der Artikel bei Bedrohen: menacer, être menacé de mort (selten de la mort), d'interdit, d'excommunication, de destruction, Sterben: mourir de maladie, de consomption, de poitrine, de mort naturelle, de mort violente, périr de misère, Beschäftigen: s'occuper de (du) théâtre, de peinture, de religion, se mêler de politique, Berauben: priver de commerce, Bestrafen: punir de prison, de salle de police, sich Handeln: il ne fut plus question de croisade, Zurückkommen: revenir d'exil (de l'exil), de voyage, être rappelé d'exil, rentrer de déjeuner, de chasse, de récréation, relever de maladie, Herauskommen: sortir de prison, (aber sortir de la prison de X.), de cachot, de peine, de péril, de danger, de table, de confesse, de terre, de scène, d'embarras, d'esclavage, les yeux sortant de tête, s'échapper, se sauver, s'enfuir de prison, de captivité, être délivré de prison, tirer qn de prison, de misère, de disgrâce, de torpeur, de servitude, de presse, se tirer de péril, d'affaire, d'embarras, Leben: vivre de chasse, de pêche, de travail, de rapine, de pillage, doch auch mit Artifel und so vivre du théâtre, du produit de sa chasse, etc. Mischen, Kreuzen: un Allemand croisé d'Anglais, un rustre mâtiné de coquin, Wissen: réciter, jouer, calculer de tête. — In anderen Fällen ist eher Ausfall des Teilungsartifels nach der Präposition de anzunehmen: l'abstinence de viande, s'abstenir de chair, avoir soif de vérité, priver qn de viande et de vin.

En steht hauptsächlich

1) vor den Namen der Wissenschaften und Berufstätigfeiten: C'est un vice réel en architecture que de ne pas respecter la vraisemblance (P. Mérimée); so en art, en agriculture, en escrime, en librairie, en politique, en peinture.

2) vor den Bezeichnungen der Sprachen oder der Ausführungsweise: en français, traduire en latin, en langue d'oïl, des erreurs en grand, il les loue en gros, peindre en petit, faire une copie en petit, employer en bonne part, se dire en mauvaise part, en termes bien durs, le vent souffle en tempête.

3) bei allgemeinen Orts- oder Zeitangaben: en banlieue, en eau douce, en enfer, en terre, en territoire belge, en émigration (während der Emigration), nous sommes en république, en semaine.

4) bei Ortsangaben unter der Voraussetzung, daß die an diesem Ort übliche Tätigfeit ausgeübt werden soll: aller en atelier, en Bourse, en couvent, en conseil des ministres, en cour, en Cortès, en forêt, en forêt de Fontainebleau, en plaine, en mer, en gare, en gare de Lisbonne, en rade, en rade de Spithead. Daher aller en chasse, ascension en ballon captif, partir en croisière, monter en chaire, en voiture, partir en expédition, entrer en guerre, en guerre civile, aller en reconnaissance.

5) bei Körperteilen, wenn der ihnen zufommende Gegenstand genannt wird: le chapeau en tête, les armes en main, tenir un cheval en main, avoir toujours une raison en main.

6) bei Gerichtsbarfeiten: plaider en cour de Rome, en cour d'assises, en justice de paix.

7) nach diviser, changer, mettre, transformer und ähnlichen Verben: changer en cerf, déguiser en matelot, l'amour se change en haine, l'histoire naturelle se divise en zoologie, en botanique et en minéralogie, mettre en comédie, mettre en lumière, mettre en œuvre, mettre en scène. Vendre

en gros, aber vendre au détail, la vente au détail, jedoch wieder durch Attraktion vendre en gros et en détail.

Öfter ist es gleichgültig ob en ohne oder dans mit Artikel steht z. B. en exil und dans l'exil; in anderen Fällen besteht ein Unterschied z. B. ce mot n'est plus en usage (passiver Sinn), aber il était dans l'usage de prendre un bain chaque jour (aktiver Sinn); en même temps gleichzeitig, dans le même temps zu derselben Zeit, um dieselbe Zeit ohne eigentliche Gleichzeitigkeit; manchmal ist nur dans möglich z. B. dans l'occasion bei Gelegenheit, gelegentlich).

Entre steht ohne Artikel bei Angabe von Gleichartigem: entre rois, entre peuples civilisés, entre gens de bonne compagnie, une dispute entre vendeurs et acheteurs.

Hors: hors de France, hors de terre, être hors de table, hors ligne.

Jusqu'à: jusqu'à (un) certain point, jusqu'à concurrence de 300 francs, jusqu'à complet rétablissement, jusqu'à fin mai.

Malgré: malgré vent et pluie.

Par: soumettre un pays par force, devenir maître d'un pays par ruse ou par force, réduire une ville par famine, par orgueil ou par faiblesse, par excès de prudence ou par excès de hardiesse, apprendre, savoir, voir par expérience, être confirmé par expérience, par longue habitude, apprendre par simple pratique, savoir, apprendre par cœur, par convention tacite, par article secret, par édit de mars 1597, par ordre de (neben par l'ordre, par les ordres de), par mariage, par experts, par huissier, par steamer anglais, par câble transatlantique, par vent fort, par gros temps (bei stürmischem Wetter).

Par-dessus: jeter par-dessus bord (bildlich); jeter par dessus le bord (im eigentlichen Sinne).

Pour: pour pareille somme, pour raisons connues de tous, les détenus pour dettes, des cartouches pour fusils de 1898.

Sans: sans grand effort, sans (de) justes motifs, sans ombre d'hésitation, sans ombre d'émotion neben sans l'ombre d'envie.

Sous: sous bois (im Walde), sous terre,[1] sous cloche (unter Glasfugel), sous (la) condition de . . ., passer sous silence, sous forme de cristaux, sous peine d'excommunication, sous peine de l'exil, sous apparence de..., sous couleur de..., (unter dem Vorwand).

Suivant: suivant dire d'expert.

Sur: graver sur bois, une maison construite sur caves, sur mer, voyager sur mer, notre commerce sur mer, observer qc sur nature, sur parole, croire, admirer sur parole, des renseignements recueillis

---

[1] Terre vermag nach den meisten Präpositionen den Artikel zu entbehren.

sur place, être cloué sur place, examiner une question sur place, recevoir de l'avancement sur place (ohne Verſetzung), aber mourir, être tué, rester, demeurer, tomber, massacrer sur la place (ſeltner ohne Artikel), sur (la) question de . . ., sur rade, sur rade de Brest (ſeltner mit Artikel), avoir pignon sur rue, sur terre (ſeltner mit Artikel), sur terre américaine, sur territoire allemand, peint sur toile.

Die Verbindung eines Subſtantivs mit einem zweiten durch à mit oder ohne Artikel drückt entweder 1) die Beſchaffenheit aus und gibt ein Kennzeichen oder ſie bezeichnet 2) die Beſtimmung.

1) Im erſten Falle iſt à ohne Artikel die Regel: Les bêtes à cornes, des gens à équipage, un verre à pied, une table à rallonges, un lit à rideaux. Insbeſondere ſteht niemals der Artikel, wenn das zweite Subſtantiv das Produkt des erſten bezeichnet: L'arbre à thé, l'arbre à pain, les arbres à fruit(s), la mouche à miel (= l'abeille), les colonies à sucre.

Wo es ſich nicht um eine ſtehende Verbindung handelt, ſondern eine dem eigenen Belieben entſprungene Kennzeichnung gegeben wird, kann der Artikel ſtehen oder fehlen: L'aigle à (la) tête blanche, l'aigle à queue blanche. Les dames blanches (espèce de voitures) à caisses blanches, aux chevaux blancs, empanachés de blanc (J.). On y a vu toutes les variétés de l'espèce, depuis le chat d'Espagne à la robe d'un ton roux jusqu'au chat d'Asie à robe tachetée (J.). L'un d'eux, véritable colosse, à la barbe hirsute, à face rébarbative (Léo Galvet). Des hommes à cheveux noirs (Aug. Thierry; vgl. Corse aux cheveux plats). Un homme à quolibets (Grouvelle). Un petit homme sec, à lèvres pincées (Balzac). Un homme à bonnes fortunes (A. Houssaye). Der Artikel iſt hier durchaus gleich= gültig, er ſteht oder fällt, ohne daß darin etwas anderes zu erkennen wäre als das Belieben des Schreibenden.[1]

Dagegen ſteht der Artikel

a) in Verbindungen, durch welche auf etwas Allbekanntes hingewieſen wird:[2] La ville aux sept collines, la ville aux gondoles, le ruban (le drapeau, l'écharpe) aux trois couleurs, la bannière aux trois lions, l'homme au cœur léger. Daher auch la voisine au chat die wohlbekannte Nachbarin mit der nicht minder bekannten Katze;

---

[1] Bezeichnend iſt eine Stelle von Volney (Les Ruines, chap. XIX). D'un côté je voyais l'Européen, à l'habit court et serré, au chapeau pointu et triangulaire, au menton rasé, aux cheveux blanchis de poudre und ſo fort in 26 Fällen ſtets mit dem Artikel.

[2] In hiſtoriſchen Bezeichnungen dafür oft appoſitive Beifügung. Vgl. Lanoue Bras-de-Fer und Götz mit der Eiſernen Hand.

b) wenn das Substantiv seiner Natur nach den Artikel nicht entbehren kann: Des oliviers au vert pâle, à la taille moyenne (Thiers);

c) bei Angabe des Mittels oder Werkzeuges, der Herstellungsart: Une peinture à l'huile, des dessins au crayon, au fusain, à l'encre de Chine, une tarte à la crème. Chaque circuit (du fil de cuivre) est isolé du suivant par une couche épaisse de vernis à la gomme laque (Ganot);

d) in der Regel bei der Angabe geistiger Eigenschaften oder Merkmale: Un homme à l'esprit faible, un auteur aux idées étroites, un commerçant à la conscience large, un peintre au ferme dessin, au coloris vif et net.

2) Bei Angabe der Bestimmung steht gleichfalls in der Regel à ohne Artikel: Une lampe à pétrole, à alcool, une pompe à feu, un moulin à vent, un verre à vin, un pot à feu (Feuerwerkskörper), un album à portraits, un magasin à (neben de) poudre, la gare à (neben des) marchandises, un fer à (neben de) cheval, un carton à chapeaux, le grenier à foin, la terre à porcelaine, des cases à nègres, des filles à soldats, des phrases à effet.

Wenn man in diesem Falle boîte au lait, pot au lait, pot au beurre, bouteille à l'encre, lampe au pétrole neben den gleichen Ausdrücken mit bloßem à findet, so soll damit in keiner Weise angedeutet werden, daß hier contenant und contenu zugleich gemeint sei, daß also le pot à eau den leeren, le pot à l'eau dagegen den gefüllten Wasserkrug im Waschbecken bezeichne usw. Gefäß mit Inhalt zugleich wird bekanntlich nur mit de bezeichnet: Un verre de vin, une bouteille d'encre, une cruche d'eau usw. Vgl. boîte à couteaux und boîte de couteaux (Acad. bei coutelière). Vielmehr bezeichnet pot à lait[1] lediglich die Bestimmung; es ist ein Topf, wie er in landes= üblicher Weise für die Aufbewahrung von Milch verwendet wird, er kann gebraucht oder neu sein, Material und Form sind gleichgültig, wenn sie sonst dem Zweck und dem Brauch entsprechen. Unter pot au lait ist dagegen nur ein bereits gebrauchter, in der Regel ein gerade im Gebrauch befindlicher Topf zu verstehen, es ist eben der von jedem Glied der Familie gekannte Milchtopf. Ginge man zu einem Händler und verlangte un pot au lait, so würde der Mann große Augen machen, aber nicht etwa in der Annahme, man wünsche von ihm einen Topf mit Milch, sondern in der Voraussetzung, man wünsche einen gebrauchten, möglicherweise seinen eigenen Milchtopf zu erwerben.

---

[1] Es ist eine durchaus irrtümliche Annahme, daß pot à lait, pot à eau u. dgl. nicht üblich seien, weil die Akad. nur pot au lait, pot à l'eau ver= zeichnet: Le vagabond revint peu de temps après, muni d'un grand pot à lait en étain, pris dans le voisinage. Il le lança dans la devanture de la bou- langerie et fut arrêté aussitôt (J.).

Darin allein liegt das Unterſcheidende; nun wird ja ein im Gebrauch befindlicher pot au lait öfters tatſächlich Milch enthalten und daher das Wort auch rein zufällig einen Topf mit Milch bezeichnen können. Man darf aber nicht behaupten, der pot au lait ſei ein Topf voll Milch, ſonſt macht man das Accidens zum weſentlichen Merkmal.

Nebenbei kann das contenant ſamt contenu ebenſowohl, aber ebenſo wenig korrekt, durch à ohne Artikel bezeichnet werden: Il s'accoudait aux sacs à terre du rempart (Fr. Coppée). Gemeint ſind offenbar Säcke mit Sand gefüllt; es konnte trotzdem sacs à terre geſagt werden, ebenſo wie wir ſtatt „Säcke Sand" auch „Sandſäcke" ſagen könnten und im vorliegenden Falle ſicher ſagen würden.

In den Ausdrücken la fosse aux ours, la fosse aux lions, le marché aux bestiaux, aux chevaux und ebenſo in la halle aux toiles, le marché aux grains und ähnlichen liegt offenbar ein poſſeſſiver Dativ[1] vor wie in le pré à Martin, la femme à Pierre, la queue à Minette uſw.

Kurz zuſammenfaſſend könnte man ſagen: Sowohl bei Angabe der Beſchaffenheit wie bei Angabe der Beſtimmung iſt die Anknüpfung mittelſt à ohne Artikel das üblichere Verfahren; der Artikel tritt dagegen ein in allen Einzelfällen, wo ein näherer Hinweis gegeben wird, und das entſpricht durchaus der demonſtrativen Kraft des Artikels.

Zuſatz. Der poſſeſſive Dativ beſchränkt ſich in der heutigen Schriftſprache auf wenige Fälle: La barque à Caron, se noyer dans la mare à Grapin, se battre de la chape à l'évêque, welche indeſſen nur ein beſchauliches Lexikondaſein führen.

Hiſtoriſche Ausdrücke ſind: La charte aux Normands, la vache à Gambon, la boîte à Perrette, la chasse à Baudet, la chasse à Rigaud (= chasse infernale), la bougie à sainte Anne (dünner Wachsſtock, in der Bretagne), ivre comme la bourrique à Robespierre.

Die üblichſte Verbindung iſt jetzt les fils à papa (Günſtlinge, Leute, welche ihre Stellung ihren Familienbeziehungen verdanken) und einige volkstümliche Bezeichnungen für Tiere und Pflanzen: La bête au (à) bon Dieu, la bête à Dieu, la bête à la Vierge, la vache à Dieu (alles = la coccinelle, teilweiſe auch = personne douce et patiente), la bourse à pasteur, l'herbe à Robert (= géranium) und als Nachbildung l'herbe à Nicot (= tabac); ferner provinziell la part à Dieu (Zugabe, Zuwage bei einem Einkauf; für die Armen beſtimmter Teil des Dreikönigskuchens), les deux Fêtes à Dieu d. h. Frohnleichnamsfeſt und Oktav desſelben, während Frohnleichnam ſelbſt la Fête-Dieu heißt.

---

[1] Angabe der Beſtimmung und der Zugehörigkeit ſtehen ſich hier allerdings nahe. Vgl. le Parc-aux-Dames, Frauenkloſter von Mme de Sévigné erwähnt.

Volkstümlich ist der Dativ noch sehr üblich bei Verwandtschaftsbe=
zeichnungen: Je vas vous raconter l'histoire de la fille au vieux
David (Léo). Oui, je m'arrangerais de la femme à Cossé (V.
Hugo). Songez! dame d'honneur de la reine Frédérique, elle,
Colette Sauvadon, la nièce à Sauvadon, le gros marchand de
vins de Bercy (A. Daudet), le Mari à Babette (Stück von Gill
und Meilhac). Vgl. je suis cousin à votre apothicaire (Littré, à,
R. 9) mit dem englischen Gebrauch (to be cousin to somebody
oder the, a cousin of somebody). In den Dialekten geht dieser
Gebrauch viel weiter und hat zu Familiennamen wie Amichaut,
Aloncle, Aufrère, Aupetit, Aubrun, Aladenise geführt (Jaubert).

Die Volkssprache gebraucht ferner den possessiven Dativ im Anschluß
an ein Possessiv: Elle est très gentille, sa maîtresse, à Noël (E.
et J. de Goncourt). Je veux que vous ayez son portrait à
petit Lulu (H. Monnier). Sa vie est un tissu d'ennuis, à cette
pauvre femme (V. Hugo). Auch im Anschluß an unbestimmten
Artikel: Une robe de chambre confectionnée avec les restes d'une
robe d'indienne à sa femme (Balzac).

Die Schriftsprache gestattet nur den Dativ von Fürwörtern im An=
schluß an Possessiv, allenfalls auch an unbestimmten Artikel: mon avis
à moi, son existence à lui, leurs noms aux uns et aux autres,
une tante à moi.

§ 293. Verbale Ausdrücke ohne den Artikel:

Accorder audience oder une audience.

Acheter chat en poche.

Ajouter foi, une foi entière, ne pas ajouter grande foi.

Amener pavillon (Flagge streichen).

Apporter ordre.

Arborer pavillon, le pavillon (Flagge hissen).

Assigner rang.

Attendre réponse.

Avoir affaire, avoir âge d'homme, avoir appétit, bon appétit,
avoir un appetit féroce, ne pas avoir d'appétit, avoir audience,
avoir avis, avoir barre(s) sur qn, avoir besoin, grand besoin,
un besoin impérieux, ne pas avoir besoin, avoir plus, moins de
besoin, avoir bon, mauvais caractère, avoir chance, ne pas avoir
chance, avoir charge d'âme, avoir commandement (Befehl erhalten),
avoir communication, avoir compassion, avoir compétence, avoir
confiance, avoir connaissance, avoir conscience de qc, ne pas
avoir conscience, avoir trop conscience, avoir mauvaise conscience, auch avoir la conscience de qc, avoir cours, avoir coutume, la coutume, avoir crainte, ne pas avoir (de) crainte, avoir
cure, meist ne pas avoir cure, avoir défense, avoir défiance,

avoir désir, grand désir, avoir dessein, ne pas avoir dessein, avoir bon dos, avoir droit, ne pas avoir droit, avoir le moins droit, avoir égard, ne pas avoir d'égard, avoir entrée, avoir envie, ne pas avoir (d')envie, avoir espoir, bon espoir, avoir faim, grand'faim, avoir femme et enfants, avoir foi, avoir force suffisante, n'avoir garde, avoir bonne, mauvaise grâce, avoir habitude, avoir hâte, ne pas avoir (de) hâte, tant il avait (de) hâte, avoir honte, ne pas avoir (de) honte, avoir horreur, l'horreur, avoir idée, ne pas avoir (d')idée, avoir l'idée, ne pas avoir grande importance, avoir interdiction, avoir intérêt, grand intérêt, ne pas avoir intérêt, grand intérêt, avoir haute justice, la haute justice, avoir lieu, avoir loisir, le loisir, avoir maison montée, avoir mal, avoir mémoire, ne pas avoir mémoire, avoir mérite, d'autant mérite, avoir bonne mine, mauvaise mine, belle mine, fière mine, avoir mission, ne pas avoir mission, avoir motif, avoir moyen, ne pas avoir moyen, avoir obligation, avoir, ne pas avoir occasion, l'occasion, avoir bonne, mauvaise opinion, avoir ordre, l'ordre, avoir parole (Zusicherung erhalten), avoir part, demi-part, quart de part, beaucoup de part, bonne part, grande part, avoir patience, avoir peine, avoir pension, avoir permission, avoir peur, grand'peur, n'avoir pas (de) peur, avoir plus (de) peur, avoir pied (Grund finden), avoir place, avoir pouvoir, avoir preneur (Käufer finden), avoir belle prestance, avoir puissance, avoir qualité, ne pas avoir qualité, avoir raison, avoir plus raison, autant raison, avoir regret, le regret, avoir remords, avoir réponse à tout, avoir secours, avoir soif, autant (de) soif, avoir soin, grand soin, avoir souci, avoir souvenir, ne pas avoir souvenir, avoir grand succès, mauvais succès, avoir sujet, avoir médiocre sympathie, ne pas avoir grand temps, avoir tort, grand tort, plus (de) tort, ne pas avoir grande valeur, avoir vent debout, avoir vie, avoir voiture, avoir voix.

Baisser pavillon.

Battre monnaie, battre vent (im Winde flattern).

Boire bouteille, chopine, rasade.

Causer (du) chagrin.

Chanter (la) messe, chanter laudes, matines, vêpres, (le) Te Deum, chanter pouilles.

Chercher appui, chercher asile, chercher dispute, chercher malheur, chercher pratique, chercher (une) querelle.

Commencer campagne.

Contrer fleurette, des fleurettes.

Conserver entière liberté.

Ne pas contenir trace de qe. — Contracter mariage.

Courir risque, grand risque, courir le risque, ne pas courir
le risque.

Crier anathème, crier grâce.

Décerner peine de mort. — Sans bourse délier.

Demander asile, demander (une) audience, demander communication, demander compte, ne pas demander (de) compte,
demander confirmation, demander raison, demander (du) secours,
demander vengeance.

Dénier justice.

Dépasser hauteur d'homme.

Déposer culottes.

Devoir compte, devoir obéissance.

Dire anathème, dire matines, dire (son) meâ-culpâ, dire merveille, sans dire mot, ne dire mot, dire vêpres.

Donner accès, donner acte, donner asile, donner assignation,
donner assurance, donner atteinte, donner attention, donner audience, donner une, la bataille, donner caution, donner charge,
donner chasse ein Schiff verfolgen, um die Nationalität festzustellen,
donner la chasse ein Schiff verfolgen, um es zum Kampf zu zwingen,
donner communication, donner congé, donner conseil, donner
(du) courage, donner (le) démenti, donner droit, donner effet,
donner bon exemple, donner force, donner haleine, donner
heure, donner idée, l'idée, donner beau jeu, donner jour, donner
leçon, donner (la) lecture de qe, donner moyen, donner occasion,
l'occasion, donner ordre, l'ordre, donner (sa) parole, donner
part, bonne part, donner passage, se donner patience, donner
permission, donner pouvoir, donner prétexte, donner raison,
donner rendez-vous, donner réponse, donner route (Kurs vor=
schreiben), donner secours, donner (un) signe de vie, donner suite,
donner (le) tort, donner valeur, donner vent.

Engager conversation.

Entendre raillerie,[1] entendre finesse, entendre lecture de qe.

Exiger communication.

Faire accueil, (un) bon accueil, (un) mauvais accueil, faire achat,
faire acte de qe, faire affaire avec qn, faire grande affaire de qe,
faire (une) alliance avec qn, faire amitié (des amitiés) à qn, faire
l'amitié de qe à qn, faire antichambre, faire appointement avec qn,
faire argent, faire arme, faire assaut (wetteifern), faire attention,

---

[1] Entendre la raillerie kann man wohl endgültig streichen. L'Écossais est
bon enfant et entend raillerie comme il entend la raillerie, si vous voulez
bien pardonner à un ancien professeur cette plaisanterie grammaticale qui a
fait le bonheur de plusieurs générations d'examinateurs de langue française
(Max O'Rell).

ne pas faire (d')attention, faire plus d'attention, assez d'attention,
faire autorité, faire balcon (überragen), faire balai neuf, faire balle,
faire banqueroute, faire barrière, faire bascule, faire (de la) belle
besogne, faire besoin, bien besoin, faire grand bien, faire bombance, faire brouillard, faire grand bruit, faire campagne, faire cas,
grand cas de qe, ne pas faire de cas, faire beaucoup de cas,
peu de cas, faire chambre à part, faire cheminée d'appel, faire
chorus, faire chou blanc, faire cisailles, faire (la) classe, faire gros
cœur, faire contre fortune bon cœur, faire colonne (Streifzug
machen), faire commerce de qe, faire compliment, faire compte,
faire conduite, faire confiance, faire confidence, faire connaissance,
faire (la) connaissance de qn, se faire conscience, faire bonne
contenance, faire corps avec qn, faire corps neuf, faire cortège,
faire côte, faire coup double, faire dédain, faire défaut, faire
défection, faire défense, faire déplaisir, faire dessin, faire diète,
faire difficulté, ne pas faire (de) difficulté, faire diligence, ne pas
faire (de) doute, faire éblouissement, faire échange, faire échec,
faire écho, faire éclair, faire école, faire écran, faire écueil (auf
eine Klippe stoßen), faire grand effet, faire effroi, faire emplette,
faire double emploi, faire époque, faire équilibre, faire erreur,
faire éruption, faire escorte, faire état, ne pas faire état, faire événe-
ment, faire excuse, faire explosion, faire faction, faire fanatisme,
faire feu, faire long feu, faire figure, faire bonne, grande, triste
figure, faire (une) mauvaise fin, faire flaque, faire flèche de qe,
faire florès, faire foi, faire fond sur, faire force de rames, faire
fortune, faire fureur, faire gageure, faire grâce, ne pas faire (de)
grâce, faire peu de grâce, faire grief, faire groupe, faire bonne
guerre, faire rude guerre, faire guet et garde, faire halte, faire
hâte, faire honte, se faire (l')idée, ne pas se faire (d')idée, auch
se faire une idée, (se) faire illusion, se faire des illusions, ne pas
se faire (d')illusion(s), faire image, faire injure, faire injustice, cela
leur fait (une) belle jambe, faire jour, (se) faire justice, faire bonne
justice, prompte justice, faire liaison, faire litière de qe, faire
longueur, faire mal (weħe tun), ne pas faire (de) mal, faire marché,
faire mémoire de (erinnern an), faire ménage, bon, mauvais ménage, faire mépris de, faire merveille, faire bonne mesure, faire
métier de (Inf. folgt), faire le métier de (Subst. folgt), faire mine,
faire bonne, triste, grise, froide mine, faire coquette mine, faire
miroir, faire montre, faire mouche, faire mystère, faire nargue,
faire nœud, faire nombre, faire œuvre de ses dix doigts (meist
negativ), sans faire œuvre, faire œuvre utile, faire œuvre parfaite,
faire œuvre d'ami, faire œuvre d'homme, faire œuvre qui dure,
faire office de, faire ombre, ne pas faire d'ombre, faire (la) sourde

oreille, faire (de) vieux os, faire pair et compagnon, faire (la) paix, faire pallas (= faire bombance), faire panache, faire part, faire bonne, meilleure part, faire partie, se faire (un) passage, faire patte de velours, faire péché mortel, faire (de la) peine, faire pendant, faire perspective, faire peur, ne pas faire (de) peur, faire trop de peur, faire pitié, faire place, faire place nette, faire planche (als Präzedenzfall dienen), faire poids, faire point de vue, faire politesse, se faire préjudice, faire preuve, faire prise, faire prix (abforbiern), faire (le) procès, faire profession, faire provision, faire quantité, faire (la) quarantaine, faire bon quart, faire quartier, faire question, ne pas faire question, faire raison, faire réflexion, faire rencontre, faire (une) réponse, faire retour à, faire retraite, faire (le) réveillon, faire risette, faire route, faire fausse route, faire sabot, faire salon (Besuche empfangen), faire du scandale, grand scandale, se faire scrupule, faire secousse, faire secte, faire (le) semblant de, faire sensation, faire sentinelle, faire serment, faire signe, faire silence, faire somme, faire spectacle, faire tache, faire tapisserie (Mauerblümchen sein), faire tête à, faire texte, faire (du) tort, ne pas faire de tort, faire plus de tort, faire transition, faire trempette, faire (le) trottoir, faire trou, faire usage, faire vanité, faire ventre, faire de nécessité vertu, faire vie qui dure, faire (une) visite, faire vœu, faire voile, faire bon voyage.

Fausser compagnie.

Fendre: il gèle à pierre fendre.

Férir: sans coup férir.

Fermer boutique.

Fonder espoir.

Former berceau, former bouton, former corps, former opposition, former plateau, former pont, former portière, etc.

Fournir matière, fournir opposition, fournir texte.

Frayer passage, se frayer route.

Fumer pipette (Pfeifchen schmauchen).

Gagner chemin, gagner pays, gagner temps.

Garder copie, garder fidélité, garder note, garder pied, garder prison, garder rancune, garder ressentiment, garder trace, garder admiration, garder contenance, garder grande estime.

Imposer silence.

Inspirer confiance.

Jouer gros jeu.

Lâcher (le) pied, lâcher prise.

Laisser garnison, laisser liberté entière, laisser œuvre qui dure, laisser postérité.

Lier (la) conversation, lier amitié, lier intimité, lier partie, lier société.

Livrer bataille, la bataille de, se livrer carrière, livrer (la) chance, livrer passage.

Mener joyeuse vie, large vie.

Mériter mémoire, mériter place.

Mettre fin, mettre garnison, mettre obstacle, mettre ordre, bon ordre, mettre opposition, mettre pavillon, mettre pied à terre, mettre sabre au clair, mettre terme.

Montrer grande répugnance.

Obtenir audience, obtenir communication, obtenir justice, obtenir règlement, obtenir grand succès.

Ouvrir école, ouvrir (un) passage.

Passer condamnation, passer fleur, passer parole.

Payer bouteille, payer doubles guides, payer tribut.

Perdre connaissance, perdre contenance, perdre (le) courage, perdre mémoire, perdre patience, perdre pied, perdre temps, perdre terre.

Planter choux.

Plier bagage.

Porter bateau, porter bonheur, porter conseil, porter coup, porter cuirasse, porter envie, porter fruit, porter jouissance, porter lance, porter livrée, porter lunettes, porter malheur, porter monocle, porter ombrage, moins d'ombrage, porter pavillon, porter perruque, porter (sa) plainte, porter privilège, porter secours, porter témoignage, porter titre, porter tort.

Prendre acte, prendre armement, prendre assignation, prendre attention, prendre avantage, prendre avis, prendre chasse, prendre communication, prendre confiance, prendre connaissance, prendre conscience, prendre conseil, prendre contact, prendre consistance, prendre corps, prendre couleur, prendre courage, prendre date, prendre demeure, prendre droit, prendre espoir, prendre exemple, prendre fait et cause, prendre faveur, prendre femme, prendre feu, prendre fin, prendre forme, prendre (du) froid, prendre garde, prendre goût, prendre haleine, prendre hauteur (aftronom. Höhe), prendre intérêt, prendre jour (et heure), prendre langue, prendre leçon, prendre lecture, prendre logement, prendre marge, prendre (une) médecine, prendre mesure, prendre naissance, prendre note, prendre occasion, prendre (la) parole, prendre part, ne pas prendre (de) part, prendre parti, prendre (la) perruque, prendre peur, prendre pied, prendre pitié, prendre place, prendre plaisir, prendre prétexte, prendre position, prendre possession, prendre querelle, prendre racine, prendre séance, prendre soin, prendre terre, prendre texte, prendre thème, prendre vengeance, prendre voix, prendre vue. Die meisten Ausdrücke auch mit reprendre üblich.

Prêter attention, ne pas prêter d'attention, prêter secours, prêter (le) serment, serment de foi ou de fidélité.

Proclamer amnistie.

Promettre mariage.

Prononcer anathème, prononcer condamnation.

Recevoir avis, recevoir communication, recevoir garnison, recevoir mandat, recevoir (l')ordre, recevoir pourvoir.

Réclamer communication.

Refuser audience.

Rendre arrêt, rendre chance, rendre (un) combat, rendre compte, rendre foi et hommage, rendre grâce, rendre gorge, rendre hommage, rendre justice, complète justice, justice humaine, pleine justice, suffissante justice, doch rendre la (oder cette) justice vor Objektsatz mit que, rendre obéissance, rendre raison, rendre réponse, rendre service, rendre témoignage, rendre visite.

Renouer alliance, renouer amitié.

Renouveler connaissance.

Reprendre (de la) vigueur; ferner die meisten unter prendre verzeichneten Ausdrücke.

Retrouver trace.

Rompre charge.

Savoir gré, bon gré, mauvais gré, ne pas savoir (de) gré, savoir assez (beaucoup, infiniment) de gré.

Se sentir besoin, se sentir faim.

Sonner mot.

Souffler (un) mot.

Tenir auberge, tenir boutique, tenir bureau, tenir cabaret, tenir commerce, tenir compte, ne pas tenir (de) compte, tenir assez compte, tenir école, tenir état, tenir garnison, tenir note, tenir (sa) parole, tenir pied, pied à boule, tenir place, grande place, tenir prison, tenir rigueur, tenir table, table ouverte, tenir tête.

Tirer argument, tirer parole, tirer parti, un bon parti, un grand parti, tirer prétexte, tirer sabre au clair, tirer vengeance.

Toucher barre(s).

Tourner bride, tourner casaque, tourner dos, tourner tête.

Trouver acquéreur, trouver fond, trouver grâce, trouver jour, trouver (le) moyen, trouver place, trouver preneur, trouver réponse.

Vendre vin.

Verser rasade.

Voir jour, voir malice, voir moyen, voir obstacle.

§ 294, 2. Bei kurzen Aufzählungen fehlt der Artikel

a) wenn sie zusammengehörige Begriffe enthalten: Il ouvrit portes et fenêtres. Avoir, faire vivre femme et enfants. Avoir bon vent, belle mer. On lui donna plume, encre et papier. Elle appelle terre et ciel à la vengeance (Th. Gautier). Confiance et patience du pays sont à bout (J.). De ce côté donc incertitude et doute (P. Albert). Il ne demande que plaie et bosse (J. Janin). Richesse et repos sont deux conditions nécessaires au développement des arts (P. Mérimée). Elle trompait également amis et ennemis (Ch. Lacretelle). Les mercenaires allemands réclamaient argent ou bataille (H. Martin). Il voulait en Italie influence, non possession directe (Ders). Ordre et proportion, que de choses dans ces deux mots (A. Vinet). Auch Abstrakte stehen ohne Artikel.

b) wenn die Begriffe in der Art einer Apposition die Teile eines vorhergenannten Substantivs bilden: En même temps que la bourgeoisie s'élevait, les autres pouvoirs, — noblesse et clergé —, descendaient (A. de Montaiglon). La France, hommes et terres, était partagée entre les possesseurs de fiefs (Guizot).

c) wenn die Erzählung besondere Lebhaftigkeit gewinnt z. B. durch den historischen Infinitiv: Et mère de l'interroger, et voisines de la tourmenter pour savoir où le mal la tient (P.-L. Courier).

§ 294, Zusatz. Substantive im absoluten Akkusativ stehen vielfach ohne Artikel: Marcher tête et poitrine nues. Tête première. Tête baissée. Tambours battants. Environné de soldats, fusils chargés. Lire plume en main. Aller nu-pieds, pieds nus, aller (les) jambes nues. Dagegen rester l'arme au pied u. a.

In Sprüchwörtern und Redensarten fällt oft der Artikel weg: Charbonnier est maître chez soi (dans sa maison, en sa maison). Acheter chat en poche. (Bon) chien chasse de race. Diable m'emporte!

Daher steht sehr häufig artikelloses Substantiv nach comme: Heureux comme poisson dans l'eau. Fuir qe comme peste. Bête comme chou. Plat comme punaise. Raide comme barre, comme balle. Froid comme glace. Blanc comme neige. Noir comme taupe. Rouge comme brique. Vert comme pré.

In anderen ähnlichen Verbindungen steht dagegen bestimmter oder unbestimmter Artikel (letzterer von vielen verworfen): Grand comme la main, large comme la main. Étincelant comme l'or. Trembler comme la feuille, comme une feuille. Le vent coupait comme un acier. Malléable comme une cire. Se disperser comme une mitraille. Aussi doux qu'un velours. Vgl. auch § 289, 1.

§ 295, 1. Die Apposition kann artikellos beginnen, während im weiteren Verlauf der Artikel eintritt: Le fameux Bussy-Rabutin, *écrivain* très pur en même temps qu'*un médisant* détestable (Grouvelle).

Sie kann sich statt auf ein Beziehungswort auf den Satzinhalt beziehen und wird dann durch preuve oder ein ähnliches Wort eingeleitet: L's grammaticale de terminaison ne s'écrivait pas, *preuve* qu'elle ne se prononçait pas (Sainte-Beuve).

Für die Apposition, die an einen Eigennamen, meist einen Personennamen, sich anknüpft, gilt Folgendes:

Zahlwörter stehen ohne Artikel: Louis XIV, Napoléon Ier, Charles-Quint, Sixte-Quint.

Adjektive erhalten den Artikel: Alexandre le Grand, Jean le Bon, Charles le Téméraire, Léon l'Africain, Claude (le) Lorrain.

Substantive werden ohne Artikel beigefügt: Richard Cœur de Lion, Robert Courte-Heuse, Charles Martel, Frédéric Barberousse. Doch Isaac l'Ange.

Wird ein solches appositives Substantiv allein gesetzt, so muß der Artikel stehen: La délivrance du Cœur de Lion (Aug. Thierry).

2 b. Titel wie marquis, cardinal, also bloße Ehrentitel, ebenso wie andere (comte, duc), die bloße Ehrentitel werden können, stehen in diesem Falle auch ohne Artikel: Le leader de l'opposition, *marquis* de Hartington, s'est rallié au gouvernement (J.). L'évêque de Paris, *cardinal* de Gondi, était dans sa ville épiscopale, avec les chefs de la Ligue, pendant le siège de 1590 (H. Martin). Le syndic des états, *comte* de Botherel, avait protesté (Ders.). Dans la nuit du 15 juin, le général des galères, *duc* de Ferrandina, essaya de ‹forcer la garde› (Ders.).

§ 295 A. 1. Der Artikel steht in der Apposition, wenn eine Interversion der Glieder stattfindet d. h. wenn die Rollen von Beziehungswort und Apposition vertauscht sind: Il se prétendait fort en diplomatie, *la science* de ceux qui n'ont aucune (Balzac). Le bien suprême, *l'amour* dans le mariage (Mme de Staël). Le meilleur voilier, le plus vite de nos vaisseaux, *la frégate,* a donné son nom à l'oiseau (Buffon). Qui de plus digne de pitié que Beethoven exilé de son royaume, *le monde* des sons, par la surdité (E. Legouvé).

Die vorangestellte Apposition erhält niemals den Artikel. Sie ist eigentlich ein Attribut oder·ein adverbialer Zusatz, kann daher auch durch Zusatz von comme zu einem solchen werden: *Témoin* des vertus et des exploits de saint Louis, Joinville entreprit d'écrire la vie de ce grand roi qui l'avait honoré de son amitié (Lamotte). *Fermier général,* il avait donné le spectacle tout nouveau d'un défenseur du pauvre (H. Martin). Ici, *historien fidèle,* je dois dire qu'il y eut un commencement de tapage (J. Janin). Le pape détestait en lui (sc. dans l'empereur): *comme ancien sujet,* le souverain . . .; *comme pape,* l'empereur . . .; *comme Italien,* le dominateur étranger (Mignet). Borzugsweise wird diese Vor= anstellung der Apposition gewählt, wenn ihr Beziehungswort ein ver= bundenes Personalpronomen ist, welches eine eigentliche Apposition selbst= verständlich nicht zuläßt.

Dafür tritt auch Nachstellung der Apposition ein und zwar ohne Artifel, wenn ihr das unverbundene Fürwort vorangestellt wird, mit Artifel, wenn dieses Fürwort fehlt: Il ne dépend, lui poète, d'aucun ministre (V. Hugo). J'aime ma femme et ne lui veux, *la sainte,* aucun mal (J.).

Im Anschluß an ein unverbundenes Personalfürwort (ohne verbundenes Fürwort) fann der Artifel stehen oder wegfallen: La réponse au grand-duc fut que, vu sa santé à lui, *grand-duc,* le président de la République française serait désolé de lui occasionner ce dérange-ment (J.). Les gémissements du colosse arrivaient jusqu'à lui, *passant* (V. Hugo). Le roi m'a fait l'honneur de me dire . . . de n'ouvrir à personne, pas même à lui, *le roi,* s'il se présentait après onze heures (A. Dumas).

A. 3. Beispiele für Appositionen, die nur allgemein Befanntes ent= halten: Cicéron, l'accusateur de Verrès. James Cook, le célèbre navigateur anglais. L'Inde, *le berceau* du genre humain (Bernardin de Saint-Pierre). Blaise Pascal, *l'écrivain* et le savant hors ligne (Gourdault). Les œuvres de Rauch et de Schadow, *les architectes* berlinois bien connus (M. Leudet).

Es genügt, daß die Befanntschaft mit der Tatsache in dem Leserfreis als vorhanden vorausgesetzt werden muß. Daher findet sich der Artifel so häufig bei Erwähnung allgemein besprochener Tagesereignisse: Ce n'est pas M. Chevreul, *le bon savant, le conscieucieux chimiste, l'ad-ministrateur du Muséum, le membre de l'Institut, l'honnête homme,* dont on fête la naissance et dont on honore la vieillesse (G. Geffroy). Les premiers témoignages recueillis par M. Boucard furent ceux de M. Potel, *l'associé* de M. Ménard, et de Mme Syveton, *la veuve* du défunt (J.).

Hieran schließt sich der Gebrauch des Artifels bei Eigennamen, die als Appellative benützt werden, also etwas Typisches angeben: La mosquée de Sainte-Sophie, *le Saint-Pierre* de la Rome de l'Orient (Lamartine). Potsdam, *le Versailles* de la Prusse (Cahiers de

Saint-Denis). Le comte Voronzof, *le Noé* de la Russie (Vte de Vogüé). Le Dante, *l'Homère* des temps modernes (Mme de Staël).

Wie man sagt ils ont épousé les deux sœurs, so steht in ähnlichem Falle der Artikel in der Apposition: Deux jeunes femmes, *les deux sœurs*, essayaient de mettre fin à leurs jours (J.). Le professeur Poncet a eu l'occasion d'étudier deux nains, *le frère et la sœur* (J.).

Das Partizip Passé in substantivischer Verwendung hat stets den Artikel: Le dernier souverain qui fut enterré à l'abbaye de Hautecombe est le roi Charles-Albert, *le vaincu* de Novare (J.).

Besondere Erwähnung verdient die mit dem Possessiv verbundene Apposition. Dieselbe ersetzt hauptsächlich unser zusammengesetztes Substantiv (Brudervolk, Schwestersprache u. dgl.): Le triomphe définitif du français sur les dialectes *ses voisins* (Brachet). Cette peuplade semble toute différente des autres peuples malgaches *ses voisins* (Catat). La fatalité pèse sur nous, et, sans doute, fait de nous un danger pour les nations *nos sœurs* (J.). Une influence, un poids qui ont constamment manqué et dû manquer aux bourgeois *nos aïeux* (Guizot). Malherbe ne possédait aucun moyen coercitif pour ranger à son opinion les poètes *ses contemporains* (L. de Gramont).

§ 295 Zusatz. Die Präposition bei einer Apposition ist nicht so selten, wie man es nach den meisten Grammatiken annehmen sollte; sie ist vielmehr äußerst häufig nicht nur in den erwähnten Fällen, besonders vor dem Demonstrativ, sondern auch wenn die Apposition einen Titel enthält und häufig aus bloß rhetorischen Gründen, des größeren Nachdrucks halber. Sie pflegt ferner einzutreten

a) bei der Interversion der Glieder d. h. wenn das Beziehungswort als Apposition auftritt: Des mots qui appartiennent aux deux dialectes romans, *au provençal et au français* (Ampère). Walter Scott n'adopte point cette opinion favorite des littérateurs du dernier siècle, qui . . . faisaient des productions littéraires les plus frivoles, *de la comédie* et *du roman*, une école de morale (Patin);

b) wenn die Apposition durch einen Infinitivsatz dargestellt ist: Mais Bernardin de Saint-Pierre n'était occupé que d'une idée, *d'établir* promptement sa colonie sur les bords du lac Aral (Villemain).

§ 296. 1) Obwohl die gleiche Person bezeichnet wird, steht der Artikel mehrfach in le frère et le successeur de . . ., le parent et et l'ami de . . . Doch findet man auch l'ami et collaborateur de . . ., le roi de Navarre et comte de Champagne.

Zusammenfassende Verbindungen ohne Wiederholung des Artikels
sind z. B. les acteurs et actrices, les agréments et désagréments,
les allées et (les) venues, l'allée (l'aller) et venue, les allants et
(les) venants, le va-et-vient, les amis et connaissances, les amis
et admirateurs, les archers et frondeurs, les archevêques et
évêques, les ballets et mascarades, le ban et (l')arrière-ban, le
droit de bris et naufrage, le bureau des cannes et parapluies,
les chevaux et charrettes, les chiens et chats, les cours et jardins, les courtiers et vendeurs, les cités, villes et bourgs, les
doyen et syndic, les donnés et rendus, les églises et cimetières,
les évêques et abbés, les faits et gestes, les fils et petits-fils,
les grains et farines, à l'image et ressemblance de, l'Académie
des inscriptions et belles lettres, les infirmiers et infirmières, les
lettres et billets, au[1] (nicht aux) lieu de place de (äußerst häufig),
les lois, us et coutumes, les lois et coutumes, les maire et éche-
vins, les manufactures et fabriques, les marches et contre-
marches, les noms et adresses, les offices et bénéfices, les officiers
et sous-officiers, les ornements et vases sacrés, les papiers et
manuscrits, les ponts et chaussées, l'impôt sur les portes et
fenêtres, les postes et (les) télégraphes, les profits et pertes, les
routes et canaux, les statuts et règlements, les villes et commu-
nautés, les villes et villages, les vins et eaux de vie, les voies
et moyens.

Sogar Völkernamen können so zusammengefaßt werden, wenn sie
gleichzeitig in Betracht kommen: libre commerce avec les Anglais et
Hollandais (H. Martin), des lettres de marque contre les Anglais et Italiens (Ders.).

Die Auslassung des Artikels war in früheren Jahrhunderten weit
üblicher und näherte sich dem englischen Gebrauch. In Formeln, bes.
der Rechtssprache hat sich noch vieles davon erhalten: les articles 291
et suivants; dans l'an et jour (binnen Jahr und Tag); aux jour,
lieu et heure y indiqués; aux mêmes lieu et heure; les noms,
prénoms, âge et lieu de naissance du postulant.

Keine Zusammenfassung ist möglich in Fällen wie l'homme et la
femme, sans enfants (ein kinderloses Ehepaar), demandent une
bonne loge (O. Barot).

2) Auch bei nachgestellten Adjektiven fehlt öfter der zweite Artikel
On outra les maximes de Malherbe en appauvrissant le voca-
bulaire par la séparation des mots nobles *et vulgaires* (H.
Martin).

---

[1] Seltner en lieu et place de.

Eine unanfechtbare Ausdrucksweise entsteht, wenn dem pluralischen Substantiv beide Adjektive in appositiver Weise ohne Artifel beigefügt werden: Les deux sphères, humaine et divine (A. Vinet.)

3) Auch bei ou findet man öfter Auslassung des Artifels: Des procès concernant les évêchés ou abbayes (Th. Lavallée). Par la vente ou dissipation de tous mes meubles (J.-J. Rousseau). Regelmäßig le plus ou moins: sur le plus ou moins de véracité (J.).

Sehr üblich ist auch Auslassung des gleichen Substantivs nach singularischem und pluralischem Artifel: On n'a aucun indice sur le ou les coupables (J.).

Der Artifel fann wiederholt werden auch vor synonymen Begriffen: Les descendants d'Ali ou les Fathimites (Th. Lavallée). Le pic varié ou l'épeiche (Buffon). L'Ohio ou la Belle Rivière (Cortambert). Le wittenagemot ou le champ de mars (Guizot).

§ 296. Zusatz. Vertauschung der Artifel.

Der unbestimmte Artifel steht im Französischen vielfach, wo man den bestimmten erwarten fönnte: Dans *une haute antiquité* (Michelet) im hohen Altertum. Je vous ai dit ceci plusieurs fois, je vous le dis encore, et c'est *une vérité* (Mme de Sévigné). J'avais *un point de côté* à force de courir (M. Moulin). Être condamné à *une réclusion* perpétuelle (Tœpffer). Quelques troupeaux de chèvres broutent *une herbe* rare, courte et chétive (Belle). Hauptsächlich bei Ordinalzahlen: une première fois zum erstenmal, une première question, une deuxième attaque réussit mieux, se précipiter d'un troisième étage u. a.

Der bestimmte Artifel vertritt den unbestimmten oder den Teilungsartifel: A cette époque elle portait encore *la robe courte*. A seize ans, il porte déjà *la barbe* (P. Bourget). Elles sautent aussi légèrement que *les biches* (Buffon). Au bout de *la semaine*. On pouvait faire le voyage dans *la journée*, sans fatigue (H. Malot). Il finira par faire *le riche mariage* (A. Germain). Mais la politique était l'exception, *l'exception* très rare (J.). Avoir *la tête* de plus qu'un autre. Vielfach bei Bruchzahlen mit dem Zähler Eins: Cette bécasse de Guiane, quoique *du quart* plus petite que celle de France, a néanmoins le bec encore plus long (Buffon). Daher auch das befannte le quart bei Stundenangaben: dix heures et le quart (neben un quart oder quart). — Hierher gehören auch zum Teil die Fälle des bestimmten Artifels in Redensarten, besonders diejenigen mit dem Objekt la forte somme (§ 290).

§ 297. 1) Einzelheiten des Gebrauchs:
Absence: La caractéristique du paysage islandais, c'est l'absence d'arbres (G. Pouchet). Remédier à l'absence d'industrie (Mézières).

Âge: Elle était d'un âge incertain, de l'âge de misère (J.). Ce n'était qu'une gaminerie de gens qui n'ont pas encore l'âge de raison (J.).

Art: Les gens d'art bie Künſtler (vgl. les gens de loi u. a.), dagegen les hommes de l'art bie Fachleute 3. B. bie Ärzte. Les faiences d'art, les objets d'art.

Bout: Venir à bout iſt unveränderlich: Venir à bout de son dessein (H. Martin). Le lierre viendrait à bout du chêne (Mᵐᵉ de Staël). Les petites choses viennent à bout des grandes (V. Hugo). Der Artikel würde hier bie Redensart zu einer ganz anderen geſtalten.

Au défaut de iſt weitaus üblicher als à défaut de. Die Unter= ſcheidung à défaut de (= faute de), au défaut de (= à la place de) wird von Littré zurückgewieſen.

Fur: Man ſagt au fur et à mesure, à fur et à mesure, à fur et mesure. Die mittlere Ausdrucksweiſe wird von manchen verworfen; Littré erhebt gegen keine von allen Einſpruch, gebraucht aber ſelbſt nur bie beiden letzteren.

Prix: Ses tableaux se vendaient à prix d'or (Gastyne), häufig au prix de l'or.

Stehende Ausdrücke mit Artikel ſind 3. B. un accident du travail, le baptême du feu, les fleurs des champs, la connaissance de la vie, le cahier des charges, un drame de la jalousie, fracture du crâne (aber fracture de la jambe ober de jambe), officier du front, homme du monde, jour de l'an, ordre du jour, salle des pas perdus.

Ohne Artikel ſtehen: L'arbre de vie ober l'arbre de science (bibliſch), le chef de bureau, loi de nature, maître de maison, maîtresse de maison (ſehr ſelten mit Artikel), le pied de paix, de guerre, pacte de famine.

C'est une dame de grand mérite (A. Daudet) und ſo auch la dame de grand mérite (Ders.), aber einmal la dame du grand mérite est là (ſpöttiſch betonend).

3) Dem jetzigen Sprachgefühl widerſtrebt bie früher erlaubte Ver= bindung zweier Subſtantive mit unbeſtimmtem Artikel. So bemerkt Génin, daß man nicht mehr ſage une action d'un homme . . ., ſondern une action d'homme ober l'action d'un homme. Trotzdem findet ſich dieſe Ausdrucksweiſe noch öfter: Prenons maintenant un établissement placé sous *une* influence *d'un* caractère tout à fait différent (E. Rendu). *Un* officier *d'une* autre nation (Lamartine). Catherine tenait dans ses mains *une* traduction *d'un* roman anglais (A. Theuriet). Le théâtre représente *un* rond-point *d'une* forêt de Vienne (L. Desnoyers). Bouffé mourait de trac *un* soir *d'une*

première (J. Claretie). Essuyer *une* larme *d'un* pauvre (Ders.).
Un roi *d'un* aussi grand esprit ne pouvait manquer d'être un
législateur éclairé (Hauréau).

Anm. Über clair de (la) lune ist berichtigend zu bemerken, daß
clair de lune in allen Gebrauchsweisen vorkommt (also auch in der
Form au clair de lune, welche äußerst häufig ist), daß aber die Form
mit dem Artikel außer der Redensart au clair de la lune nicht vorkommt.

Zusatz. En mit dem bestimmten Artikel. Am Schluß der eigent=
lichen Artikellehre mögen folgende Bemerkungen Platz finden.

Es ist häufiger nur im Aktenstil: ès-qualité, ès-nom, ès-mains,
ès-prisons. Auch in Ortsnamen wie Saint-Pierre-ès-liens (Kirche
St. Peter in vinculis), Riom-ès-Montagne, Hombourg-ès-Monts.
Wie alle altertümlichen Redeweisen wird es vielfach scherzhaft gebraucht:
Un docteur ès-politique, un licencié ès-gobelet, notre docteur
ès-drame. Im Grunde dürfte ès überhaupt nur vor pluralischem
Substantiv stehen.

En vor dem bestimmten Artikel hat sich in Redensarten erhalten:
En l'absence de . . . nur bei Sachen (in Ermangelung von), en l'air
z. B. tirer en l'air, la maison était en l'air (alles war in Aufregung),
un Vise en l'air (Hans Guck=in=die=Luft), en l'article . . . du Code pénal,
l'espoir, la confiance en l'avenir, en la circonstance, en les circonstances actuelles, en la compagnie de, il y a péril en la demeure,
en l'église Notre-Dame, en l'espèce (im vorliegenden Fall), laisser
les choses en l'état, l'affaire est restée en l'état, remettre les choses
en l'état, en la forme administrative, en l'honneur de, expert,
maître en la matière, en la personne de . . ., en la possession
de . . ., en la vigile de l'Épiphanie u. a.

Doch ist auch sonst en vor bestimmtem Artikel sehr häufig; aus
mehr als 30 Beispielen sind folgende gewählt: Espérer en l'amitié
britannique (J.). Les nuits passées en la chambre bien close
de quelque château paisible (Ch. Asselineau). Il avait foi en
la droiture et en le cœur de sa femme (G. de Lys). On ne la
connaissait que trop en l'entourage impérial (G. Augustin-Thierry).
Avoir en la moelle un mépris paysan des irréguliers (H. Le Roux).
En le plus beau quartier de la ville (J.). En la belle saison (J.).
En le moins de temps possible (J.). Marcel est devenu un homme
en les traits duquel on reconnaît encore l'enfant (H. Conti).

§ 298. Auch Eigennamen, besonders Schriftstellernamen, kommen
im partitiven Genitiv[1] vor, wenn damit die Eigenheit, der Stil u. dgl.

---

[1] Bestimmter Artikel ist dabei nicht ausgeschlossen, so wenig wie Fehlen
des Artikels: Aller jusqu'au Sénèque (Sainte-Beuve). Le Marivaux lui irait
aussi bien que le Shakespeare ou le Victor Hugo (Th. Gautier). C'est Broë
tout pur (P.-L. Courier).

bezeichnet werden soll: Il y a *de l'Hercule* dans sa personne (L. Desnoyers). Il y a *de l'Amyot* dans Joinville (Sainte-Beuve). Il y avait *du Calvin* dans Boileau (A. Vinet). C'est *du Thiers*, avec ses qualités et ses défauts (J.). Le public français n'est pas capable d'entendre *du Shakespeare* sans mélange (Th. Gautier). Les tragédies de Voltaire ne sont que *du Racine* affaibli (Truan). On l'entendait jouer au piano *de l'Haydn* ou *du Mozart* (G. Ohnet). C'est *du meilleur Benjamin Constant* (Villemain). Rien ne ressemble à *du mauvais* ou à *du médiocre Rousseau* comme *du bon La Mennais* (Sainte-Beuve). C'est *du Louis XIV tout pur* (P. Féval). Selbst= verständlich ist hier nur du möglich auch bei weiblichen Namen oder Namen mit weiblichem Artikel: Dans cette bibliothèque on trouve de tout un peu: de l'Ovide et du Fontenelle, du Molière et *du La Bruyère,* du Tacite et du Bossuet (Rossel). Lorsque le Saint-Evremond était de mode, en faisait qui voulait: on ne s'est point avisé de fabriquer *du Sévigné* (Th. A. Grouvelle).

Ähnlich sagt man faire *du théâtre* für das Theater schreiben, Bühnen= stücke verfassen, faire du métier handwerksmäßig arbeiten u. a. Ferner: Le juge, dans lequel on retrouve toujours *du tortionnaire* (Legué). Il y a *du singe* dans le cheval cosaque (J.).

Personennamen stehen im partitiven Genitiv auch in Verbindung mit donner (nennen, betiteln): Il lui donnait *du don Gregorio* tout court (J.). Ähnlich donner à qn *du monseigneur,* lui donner *du monsieur* tout court, lui donner *du monsieur* gros comme le bras, donner *du toi* à qn (duzen), donner *du vous et du monsieur* à qn.

Auch bei einzelnen Appellativen kann dieser Genitiv überraschen: Les carpettes sont rares à la caserne: en se levant, on pose le pied à même le plancher, quand il y a *du plancher* (J.).

Wie der unbestimmte Artikel (vgl. § 291, 5) fehlt oft auch der Teilungsartikel

1. nach il y a, il n'est: Tant qu'il y a *vie,* il y a *espoir* (Prov.). Il n'y avait *fête agréable* sans modes et parures venues de France (Villemain). Quand on est vieux . . . il y a *satisfaction* à se tourner vers ceux qui viennent (Brachet). Comme quoi il y a *Anglaises et Anglaises* (Th. Gautier). Il n'est *mauvais propos* qu'ils ne tiennent sur leur compte (E. Soulié). Il n'a été *bruit* que d'un fait qui . . . (J.).

Bei invertiertem il y a: On n'a jamais poussé la gaminerie (puisque *gaminerie* il y a) à ce degré de férocité (J.).

2. Dasselbe gilt für ce sont: Ce sont là *misères humaines* sur lesquelles il faut se taire et passer (J. Levallois). Ce sont *questions trop délicates* (Fr. Sarcey). Ce sont *choses* où tu ne peux rien (E. About). Ce sont *paroles d'Évangile* (Génin). Tout

cela est commun, froid, boursouflé; ce sont *vers* à la douzaine, coulés dans un vieux moule (Fr. Wey). Ce ne sont pas *gens*[1] à abandonner la tâche (J.). Ce ne sont pas *gens* du village: ce sont *gens* qui font la villégiature (Saint-Marc de Girardin).

3. Nach entre: Pourquoi ces haines farouches entre *honnêtes gens?* (A. Daudet). Les guerres entre *Gaulois* (H. Martin). Des rixes violentes éclatèrent entre *républicains* et réactionnaires (J.). La défense était entre *bonnes mains* (J.).

4. Nach ni ... ni: Le comte Norwich ... n'inspirant à ses ennemis ni *ressentiment,* ni *crainte* (Guizot). Lorsque les hyènes ne trouvent ni *bestiaux* ni *autres animaux* à dévorer, elles cherchent leur nourriture jusque dans les tombeaux (Zeller). Eine Einschiebung aber macht de nötig vor dem Gliede, dem sie vorausgeht: Un travail qui ne requiert ni sagesse, ni talent, ni esprit, ni goût, ni même *de grammaire* (E. du Maurier). Au commencement, les jeunes pintadeaux n'ont encore ni barbillons, ni sans doute *de casque* (Buffon). Vgl. S. 205.

5. Bei ne ... que: Bernardin de Saint-Pierre ne voyait que *laideur* dans les grandes savanes du nouveau monde (Fr. Wey). Les grands hommes étant tous des méchants, doivent justifier le proverbe en ne buvant qu'*eau pure* (Ch. Legrand). L'or n'était que *cuivre doré* (H. Martin). On ne voyait que *champs cultivés* (Volney). Elle ne comptait plus dans la vie que *larmes et désespoir* (J.). L'Angleterre n'avait longtemps montré qu'*indifférence* pour les possessions continentales de ses rois (Bachelet).

6. Certains in substantivischer Verwendung steht ohne Teilungsartikel oder partitives de: *Certains* même annoncent que les officiers de paix ont été chargés de ... (J.). In adjektivischer Verwendung kann certains wohl ohne de stehen, es heißt aber viel zu weit gehen, wenn man diese Auslassung zur Regel macht. Beispiele wie à de certains jours, dans de certains pays u. a. sind so massenhaft vorhanden, daß es sich nur lohnt, Fälle anzuführen, wo certains als logisches oder wirkliches Subjekt mit de auftritt: Il y a *de certaines choses,* vois-tu, les mères ne s'en taisent que dans le silence éternel (A. de Musset) Si *de certains hommes* sont des lâches (Th. Barrière). Vgl. Zeitschr. f. neufr. Spr. u. Litt. III, 538.

7. Die Auslassung des partitiven de ist auch bei pareil und semblable üblich: Il est toujours dangereux de contracter *semblables*

---

[1] Bei gens fehlt auch in anderen Fällen der Teilungsartikel: D'autres ducs ou comtes qui ne sont pas *gens* à rien lire, prirent feu là-dessus (P.-L. Courier). Il est observé par *gens* qui ont bon nez (Mme de Sévigné). Il est vrai que les agents de M. le lieutenant de police étaient *gens* redoutables (A. Dumas).

habitudes (J.). Il est bon que *pareils instruments* historiques ne se perdent pas (J.). C'eût été une témérité grande, il y a tantôt cinquante ans, d'afficher *pareilles prétentions* (P. de l'Ormeau).

8. Sehr alt ist der Wegfall der Präposition de in dem Ausdruck longues années, après. depuis, durant, pendant longues années, welche übrigens auch alle mit de vorkommen: Jouissez-en longues années (Mme de Sévigné). Longues années plus tard (Livet). Il y a longues années que je t'attends, mon fils (Laboulaye). Les révoltes des catholiques irlandais contre l'Angleterre, à peu près permanentes depuis longues années (H. Martin). On sent que la royauté absolue a passé pendant longues années sur ces nobles têtes (V. Hugo). Ähnlich Il y a belles années de cela (A. Daudet). Voilà beaux jours déjà que . . . (J.). Il y a beaux jours, il y a bel âge sind familiär sehr üblich.

9. Vor dem substantivierten Komparativ kann de wegfallen: Soyez en aide à *plus malheureux* que vous (Anicet). Notre vie appartient à *plus malheureux* que nous (Saint-Beuque). Es ist der gleiche Fall wie der Wegfall des unbestimmten Artikels vor Singularen: L'art de plaire à *plus puissant* que soi (P. Albert). *Plus hardi* que moi n'est pas poltron (Battu). Il s'était heurté à *plus adroit* que lui (J.).

Unter den äußerst zahlreichen Einzelfällen können nur die bemerkenswertesten verzeichnet werden: Il y avait là, pêle-mêle avec les grands noms du Faubourg, des ministres, généraux, ambassadeurs. membres de l'Institut et du Conseil supérieur de l'Université (A. Daudet). On concéda à ses bourgeois le droit de posséder *fiefs et arrière-fiefs*, comme s'ils étaient de noble race (Th. Lavallée). Penser tout cela était du bonheur; le dire plus haus était *témérité* (Nisard). Être poursuivi pour *faits* prévus par le Code pénal (E. Rendu). On demande des avances aux fermiers à *énormes intérêts* (H. Martin). Elle me l'a dit souvent avec *larmes* (M. du Camp). Pincer nos hardis filous, comme *rats* en souricière (J.). Je ne sais pas *étude* plus actuelle qui . . . (J.). Elle savait que j'avais *bijoux nombreux* et *riche garderobe* (Mém. d'une Contemp.). Ne sommes-nous pas *vieux amis?* (Bonnechose). Les Bretons étaient *meilleurs Français* que la reine de France (H. Martin). Donner *eau* (= du lustre) à un drap, à un chapeau (Acad.). Anlehnung an die alte Sprache oder Streben nach concisem Ausdruck, vielfach beides, ist diesen Beispielen gemeinsam.

A. 1. Vor derartigen Adjektiven findet sich nicht selten der Teilungsartikel statt eines bloßen de, hauptsächlich in familiär nachdrucksvoller Redeweise: Toujours des affiches, *des petites; des grandes*, d'énormes (Th. Cahu). J'ai eu plusieurs maîtresses et *des belles!* (H.

Lavedan). J'ai connu des gens du monde, même *des jeunes,* dont . . . (E. Legouvé). Je crois qu'il y en a encore *des plus malheureuses* que moi (J.).

Substantivierte Adjektive im partitiven Sinn sind häufig: Ah! cette brochure-là, c'était *du propre* (J.). Ces coutumes avaient *du bon* (J. Aicard). Ça doit être *du joli* (Fr. Sarcey). Voilà *du piquant* (J.). Ne vous arrêtez pas à ces ornements, c'est *du faux* (Th. Gautier). Catherine, apportez-nous à boire, et *du meilleur* (V. Cherbuliez). Va-t'en et *du leste* (J.). Le bleu et le jaune mêlés font *du vert*. Évidemment la sarcelle est *du gras* (Fr. Sarcey) d. h. keine Fastenspeise. Dagegen steht bloßes de nach rien que: Cette mesure n'a rien que *de fort légitime* (J.).

A. 2. Die jetzt ziemlich allgemein geltende Ansicht, daß ein bei voranstehendem Adjektiv verbleibender Teilungsartikel dieses Adjektiv zum ersten Bestandteil eines Kompositums stempelt, ist im Grunde unrichtig. Die Regel, daß voranstehendes Adjektiv den Teilungsartikel unmöglich macht und bloßes de verlangt, ist nicht sehr alt und geht nicht über Vaugelas zurück; sie wird auch von den Dialekten nicht anerkannt. Reste des alten Gebrauchs und Einwirkungen des Volksgebrauchs[1] erklären zur Genüge diese Fälle, welche sich ohnehin auf eine geringe Zahl von Adjektiven beschränken. Dazu kommt noch, daß der Teilungs= artikel sich vor Verbindungen findet, die man bei dem besten Willen kaum als Zusammensetzungen ansehen kann (z. B. des beaux vers, des bons Français, de l'excellent poisson, du mauvais beurre, de la simple justice), anderseits bloßes de bei augenscheinlichen Zu= sammensetzungen[2] vorkommt (de grands-croix, de grands-parents, de grandes routes). Die Adjektive, welche hauptsächlich in Betracht kommen, sind:

Ancien: Elle chantait alors des anciennes chansons (A. Silvestre). On retrouvait là des anciens amis, de vieux, très vieux camarades (J. Claretie).

Banal: Des banales paroles, des bonjours et des bonsoirs (G. Geffroy).

Beau: C'est bien de la farine, de la belle farine de blé (H. Malot). Quoi qu'il y ait dans la Henriade des beaux vers (Nisard).

Bon: C'est des bonnes places (Fr. Coppée). Boire de la bonne eau de source (Thoumas). Sehr häufig; besonders des bons mots, du bon temps, écrire avec de la bonne encre (in kräftigen Ausdrücken), faire de la bonne besogne, se faire du bon sang, du bon vin.

---

[1] Vgl. das volkstümliche J'ai du bon tabac dans ma tabatière.

[2] Wirkliche Zusammensetzungen bildet demi, daher des demi-mesures, des demi-connaissances, des demi-mots.

Chaud: Des chauds dessous, des habits décents, pour ceux qui regagnent leurs foyers (J.). J'en avais du chaud soleil plein le cœur (J.).

Divin: Des divins souvenirs (H. Lavedan).

Double: Des doubles clefs (Nachschlüssel), des doubles droits (Strafzoll), des doubles boutons (Doppelknöpfe für Manchetten u. dgl.), de la double bière (Bockbier).

Éternel: Ce sont des éternels vagabonds qui vivent de crimes (R. Dubreuil).

Excellent: Cueillir une dent de chien qui fait de la très excellente salade (E. de Goncourt). De la morale divine mêlée à de l'excellente morale (Nisard). On entendait chaque jours de l'excellente musique (Thiers).

Exquis: Cette bonne lassitude qui sème en tout le corps des exquises lassitudes (J.).

Faux: Des faux cheveux, du faux esprit, des faux frères, des fausses joies, de la fausse monnaie, des fausses nouvelles, des faux papiers, des faux pas, de la fausse rhétorique, des faux témoins, des faux toupets.

Grand: Des grands arbres, des grands chiens, des grands compliments, des grandes dents, de la grande herbe, des grands imbéciles, des grandes jambes, des grands mots, des grandes personnes, des grandes rues, des grands salons, des grands surtouts, des grands vassaux.

Gros: Du gros chagrin, de la grosse gaieté, du gros mélodrame, des gros panaches, des gros paquets, du gros sel, des gros sous, du gros temps.

Grossier: Du grossier papier à chandelle (J.-J. Weiß).

Hardi: Des hardis aventuriers (Marelle).

Haut: Des hautes maisons (E. Estaunié).

Immense: Ils se flanquaient entre eux des immenses peignées (Gyp).

Joli: Du joli tapage (E. de Goncourt).

Mauvais: Du mauvais air, du mauvais beurre, des mauvaises boissons, des mauvaises langues, de la mauvaise philosophie, de la mauvaise psychologie, de la mauvaise politique, faire de (oder du) mauvais sang (Acad., welche nur faire du bon sang verzeichnet).

Moyen: Des moyens termes (Fr. Sarcey).

Nouveau: Des nouveaux bataillons (Fr. Sarcey), des nouveaux ménages (Inauth).

Pauvre: Des pauvres diables (E. Chavette), des pauvres gens (Ampère).

Petit: Des petits amants, des petits anneaux d'or, des petits Arabes, des petits arbres, des petites bêtes, des petites bibles, de la petite bière, des petites bonnes, des petites bourgeoises, il y a partout des petites cachettes, des petites niches, des petits placards (P. Loti[1]), des petites tasses et des petites cafetières, des petits chevaux, des petits Chinois, des petites coiffes bretonnes, des petites colonnes, des petits cris, des petites cuillerées, des petits enfants, des petits esprits, des petits faits, des petites femmes, des petites flammes, des petites flaques d'eau, des petites fleurs des champs, des petits fruits, des petits garçons, du petit jeu, des petits Laffitte, du petit-lait, des petits-maîtres, des petits mensonges, des petites mines, des petits monstres, des petits yeux, des petits oiseaux, des petits pages, des petits pâtés, des petits rentiers, des petits rideaux, des petites rues, des petits saints, des petits saint Jean, des petits seins, des petites surprises, des petites vagues, des petites voix.

Piteux: De la piteuse besogne.

Plein: Des pleins pouvoirs.

Premier: Des premières loges.

Pur: Du pur langage.

Sale: Des sales gens, de la sale piquette.

Simple: De la simple et pure camelote, de la simple justice.

Tiers: Des tierces personnes.

Véritable: Des véritables spécimens.

Vieux: Des vieilles marmites, de la vieille eau de vie, des vieux moujiks, des vieilles matouchkas (P. Loti).

Vilain: Des vilaines maladies.

Vrai: Du vrai bonheur, du vrai feu.

Ein Substantiv, welches Numeraladjektiv vor sich hat, muß den Teilungsartikel haben: Ils buvaient des vingt et même des trente chopes dans leur journée (Erckmann-Chatrian). Il lui empruntait de l'argent, des dix francs, des vingt francs (J.). Les plus vieux employés de Tom, des gens qui le servaient depuis des cinq et six mois, n'étaient jamais descendus dans ce mystérieux soussol (A. Daudet). Rentrer toujours à des quatre heures du matin! . . . Est-ce convenable? (Ders.). Vgl. Littré, de 7.”

Im Singular steht der Teilungsartikel bei prozentualen oder ähnlichen Angaben: Vous m'assassinez; c'est du vingt-cinq pour cent (A. Houssaye). Je compte, disait-il souvent, faire du soixante-douze kilomètres à l'heure . . . Je crois qu'aujourd'hui nous allons pouvoir faire du trente à l'heure (J.).

---

[1] In seinen Schilderungen aus Japan sind solche Beispiele für petit ungemein häufig.

A. 3. Auch nicht attributiv bestimmtes Substantiv kann nach sans ein de erhalten, wenn eine Einschiebung stattfindet: Il demeurait maître de sa fortune *sans* presque *de remords* (J.). C'était le 18 mars dernier quand elle fut présentée à la Société, *sans encore de célébrité* (J.).

Fast dieselben Bemerkungen gelten für en, d. h. ein nicht attributiv bestimmtes Substantiv verträgt nicht den Teilungsartikel (noch auch de, weil hier die bei sans mögliche Einschiebung eines Adverbs nicht vorkommt). Daher des montres en or, des outils en fer, des vitraux en verre. Substantiv mit voranstehendem Adjektiv kann de erhalten, doch ist dies viel seltener als bei sans: L'érudition, dont le danger est de se fourvoyer *en de stériles recherches*, ne s'est pas trompée ici (Littré). Hier findet sich übrigens auch der Teilungsartikel bei nachstehendem Adjektiv[1]: Louis IX leva une taille sur le peuple à l'occasion de la croisade de 1248; quelques-uns de ses successeurs, *en des nécessités pressantes*, renouvelèrent cette imposition (Legendre). — Sehr selten ist Teilungsartikel nach en bei nicht attributiv bestimmtem Substantiv: On achète du vin à l'anche de la cuve, sans l'avoir préalablement mis *en des pièces* (Jaubert) d. h. ohne denselben in Fässer zu füllen, wohl nur überflüssige Vorsicht, um die Verwechselung mit mettre en pièces zu vermeiden.

Zusatz. Einzelnes:

Der Teilungsartikel ist uns auffällig in avoir de la barbe, avoir de la moustache (des moustaches), avoir de la santé (Voltaire), un homme qui a de la littérature (Th. Gautier). Il y a de la femme là-dessous (J.). Il y a toujours de la commère dans l'oisif (Ch. Legrand). Demander du service, prendre du service, faire du service, recevoir de l'emploi. Manger du prêtre. Sue a beaucoup mangé du jésuite dans ce roman (Th. Gautier). Faire de l'aquarelle, faire de la bicyclette, faire de l'auto, faire du commerce, faire du paradoxe, faire de la popularité, faire du grec (in griechischem Stil arbeiten); alt auch faire du malade den Kranken spielen (jetzt faire le malade). Il fit de la magnanimité aux dépens des Gantois (H. Martin).

§ 299, A. 1. Sonstige Quantitätssubstantive: Faisons *un tantinet* de raisonnement (J.). Ce brave homme me fait *un brin* de morale (L. Halévy). Tout cela n'a pas *l'ombre* de sens commun (Fr. Sarcey). Mon âge et mon expérience m'autorisent à vous faire *un petit doigt* de morale (J.). *Ça* de confiture (P. Margueritte). Les dents contiennent *dix pour cent* d'eau (Hayès). — Besonders

---

[1] Dieser Fall wäre bei sans nicht undenkbar, doch ist mir kein Beispiel bekannt.

zu beachten sind die mit Numeralien gebildeten Ausdrücke, weniger weil hierin eine grammatikalische Eigentümlichkeit läge, als weil sie eine stilistische Eigenheit bilden: D'où il sort tous les ans pour des sommes considérables de beurre et de fromage (Buffon). Trois mois de chambre (Th. Barrière) Zimmermiete für 3 Monate. Oh! ces cigognes . . . ce qu'elles nous impatientent, au bout d'un mois de Japon (P. Loti) nach Verlauf von 4 Wochen. Trois jours et trois nuits de cheval (G. Light) ein Ritt von dreimal 24 Stunden. Il introduisit dans la pipe deux sous de caporal (J.). La ville capitula après trois mois de siège ist so üblich, daß man après un siège de trois mois als minderwertigen Ausdruck bezeichnen kann.

Einzelne Kollektivausdrücke haben keinen Artikel vor sich. Stets fehlt er bei nombre, quantité: Depuis *nombre* de siècles (Mignet). Une saute de vent a brisé *nombre* d'arbres (J.). Après *nombre* d'hésitations (Th. Gautier). *Nombre* de visiteurs étaient attirés par l'espoir que . . . (P. Parfait). *Quantité* de bouteilles avaient été vidées (J.). A l'extérieur, *quantité* d'inscriptions sont incrustées dans les murs (P. Mérimée). Ebenso bei tout ou partie: Le président a le droit d'interdire la reproduction de *tout ou partie* du débat (J.).

Der Artikel kann fehlen bei partie: Ils cherchent les insectes aquatiques dans la vase en y plongeant le bec et *partie* de la tête (Buffon). Ebenso bei bon nombre: *Bon nombre* de ces vers ornent encore la mémoire des connaisseurs (Géruzez). Aussi le métier de logeur sert-il de refuge à *bon nombre* de gens qui ont la faiblesse bien naturelle de préférer l'argent au travail (Robert). Un bon nombre ist bei weitem häufiger.

Anm. 2. Die Trennung des Quantitätsadverbs von seinem abhängigen Substantiv ist sehr üblich und bei combien so häufig, daß diese Stellung fast als die regelmäßige bezeichnet werden kann: Le poète Champfort demandait: *Combien* faut-il *de sots* pour faire un public (Quitard). Auch bei den übrigen Adverbien ist sie indessen sehr beliebt: On présume que Combeau n'aura pas *assez* pris *de précautions* pour manier les matières détonantes qu'il inventoriait (J.). Cette perte lui avait *beaucoup* fait *de chagrin* (J.). Personne n'avait montré *plus* que lui *de répugnance* pour les opinions de Calvin (Ch. Lacretelle). Tous ces méchants huguenots qui avaient *tant* pillé *d'églises*, *tant* tué *de prêtres*, tant fait la guerre depuis six ans (Th. Lavallée). Pour arrêter des malfaiteurs, dangereux pour la plupart, les agents ne sauraient *trop* prendre *de précautions* (J.).

Dieselbe Erscheinung zeigt sich, wenn diese Adverbien als Gradadverbien oder zugleich als Gradadverbien auftreten: On ne put rien sauver, *tant* le feu avait éclaté *avec rapidité* (J.). Tout se soumit . . . *tant* le nom de Napoléon, de ses soldats, de la France, saisissait les imaginations et inspirait *de terreur* (Th. Lavallée).

Hin und wieder besteht die Freiheit, ein Adverb als Quantitätsadverb aufzufassen oder nicht. Besonders ist das bei plus der Fall: La Normandie fournit plus que jamais *des gouverneurs* à l'Angleterre (Aug. Thierry). Daher die häufige Frage, ob ein plus, welches in eine artikellose Verbindung von Verb und Substantiv (avoir raison, rendre justice u. a.) eintritt, de nach sich hat oder nicht. Eine doppelte Auffassung ist bei dem plus . . . plus des Vergleichungssatzes der Proportionalität möglich: Plus la course est rapide et folle, plus son adversaire (c.-à-d. celui du taureau) a *des chances* de tromper sa colère (J.), wo de chances ebenso gut wäre. Ähnlich steht es mit dem Ausdruck pour peu que: Pour peu qu'on ait *de lecture* (Littré). Pour peu qu'il ait *de sens* (Nisard). Auch hier wäre der Artikel möglich. Seltener ist eine doppelte Auffassung bei den anderen Adverbien zulässig: Gaveston a *trop* bu ce matin *de l'ale, du wiskey* et *du stout* (L. Gozlan).

Stets aber kann der Artikel stehen, wenn das Quantitätsadverb hinter dem zugehörigen Substantiv steht; das Abhängigkeitsverhältnis ver- schwindet dabei und das Quantitätsadverb wird einfaches Gradadverb: Ces accessoires embarrassants qui demandaient *de l'habileté* plus que du génie (E. Souvestre). Quant à la vache, elle donnait *du lait* assez pour fournir le beurre à la maison (M. Villemer). Nous avons *de la richesse* tant et plus (A. Vinet). Il a *de la vertu* plus que nous ne croyons (P.-L. Courier). *Des statues*, beaucoup, *des hommes*, point (Séjour). J'ai *de l'honneur* assez (Guizot). Die ältere Sprache liebte diesen Gebrauch besonders. Auszunehmen ist hier (wie bei bien) d'autres: Vous en verrez *d'autres* assez (P.-L. Courier).

Bei Ausdrücken, die den Artikel nicht entbehren können, steht er auch nach Quantitätsadverb: Les électeurs de Marseille, dont plus *des deux tiers* se sont abstenus dimanche dernier, se rendaient au scrutin (J.).

Am üblichsten ist die Nachstellung des Quantitätsadverbs bei assez, sie findet sich auch bei plus, seltener bei anderen.

Stets nachgestellt wird de reste, welches im Sinne von trop, plus qu'il n'en faut als Quantitätsadverb auftritt: Il a de la bonté *de reste* (Fr. Sarcey).

Das alte und viel angefeindete tout plein tritt als Quantitätsadverb auf: Brantôme assure que le roi «tira *tout plein* de coups» (H. Martin). Dans ces lettres il y a *tout plein* de vilaines choses (J.). Nachgestellt verliert es das Adverb tout und steht mit dem Teilungsartikel: Elle eut des larmes *plein* les yeux (Biart). Avoir des fourmis *plein* les jambes (Fr. Sarcey). Voilà des fusils *plein* une armoire (J.).

Ju Anwendung auf Perſonen ſtehen abſolut beaucoup, combien, combien peu, peu, plus, moins: Pour beaucoup, c'était une grande audace (Th. Gautier). On aurait dû toujours écrire de la sorte; mais beaucoup s'y trompaient (Littré). A beaucoup d'entre nous il manque la foi (Nisard). Hélas! combien s'empoisonnent sans que personne meure de leur mort (Th. Gautier). Combien peu ont la force de se connaître! (Nisard). Peu aiment beaucoup, beaucoup aiment peu (J. Roux). Chez nous beaucoup savent le latin, quelques-uns le grec, très peu le vieux français (Littré). Parmi ceux qui ont obtenu le prix de Rome, beaucoup ont fourni une carrière glorieuse. Plus encore, il est vrai, malgré du talent, ont végété obscurs (J.). Peu de gens ont l'esprit de leur caractère; moins encore, le caractère de leur esprit (A. Vinet).

Ju Anwendung auf Sachen oder neutral gebraucht finden ſich beaucoup, combien, peu, plus, außerdem assez, bien, ne . . . guère, tant, trop: Pour ne citer qu'un exemple entre beaucoup (Littré). Je ne sais combien je restai dans cette position, ni combien j'y serais encore restée (Diderot). Il y a peu. A peu près. Il y a plus. Plus encore. Il ne faut ni trop, ni pas assez (J.). Il restait donc bien à faire encore à l'autorité royale (H. Martin). Il n'y a guère, il empochait une grande somme (J.). Le gibier paie au poids, tant les 100 kilos (J.). Il y a deux sortes de trop, le trop et le trop peu (Prov.).

Der Anſchluß eines partitiven Genitivs iſt dann geſtattet: Beaucoup des leurs (Guizot). Je perdis beaucoup des illusions que j'avais sur son compte (E. Rod). Beaucoup des gens du roi avaient peur (H. Martin). Constance périt quatre ans après, victime de son ambition; quelque peu des Français qui restèrent auprès de lui, furent massacrés (Voltaire). Ebenſo der Anſchluß an dont: Des abus regrettables dont beaucoup furent tolérés par le pouvoir (Bonnechose).

Ju den einzelnen Quantitätsadverbien läßt ſich bemerken:

Assez hat häufig eine im Altfrz. und den verwandten Sprachen ſchärfer hervortretende abſolute Bedeutung (ſo ſehr, viel): M'a-t-elle donné assez de mal! (J.). Faut-il être assez malheureuse! (A. Dumas).

Die Regeln über **bien** ſind von den franzöſiſchen Grammatikern nicht ſelten falſch aufgefaßt oder im Gegenſatz zum überwiegenden Sprachgebrauch feſtgeſtellt worden. Bei einfachem Subſtantiv iſt die Sache einfach und Ausnahmen finden ſich nicht. Ju bemerken iſt nur, daß se donner (de) garde[1] auch in Verbindung mit bien nicht den Artikel erhält: Les émigrants européens se sont bien donné de garde d'aller planter leur tente dans un pays voué à l'arbitaire (O. Comettant).

D'autres nach bien ist die einzig mögliche Form, mag es substantivisch oder adjektivisch gebraucht sein: Les sang-mêlés vont être armés, messieurs; mais il reste *bien d'autres* mesures à prendre (V. Hugo). Littré trifft nicht das Richtige, wenn er meint (bien R. 2), bien d'autres sei ein bloßer Reflex von beaucoup d'autres: vielmehr liegt der Grund in der Ausnahmestellung, welche d'autres einnimmt und die sich auch sonst bemerkbar macht. In des autres hat der Artikel eine derartige demonstrative Kraft, daß dieser Ausdruck niemals in unbestimmtem Sinne verwendet werden kann.

Daß bien nur de bei sich habe, wenn Subst. mit vorhergehendem Adj. folgt, behauptet Littré auch im Gegensatz zu dem fast allgemein befolgten Gebrauch. In logischer Weise müßte allerdings die Regel sich gestalten, wie Littré sie gibt; aber die Sprache geht ihren eigenen Weg: Avant que vous soyez en âge de gagner votre vie comme des hommes, vous avez bien des mauvais jours à passer (E. Souvestre). Nous manquons de bien des petites choses (A. Daudet). Je peux passer sur bien des petits vétilles (H. Lavedan). J'ai bien des pauvres gens dans ma commune (Nadar). — Die Auslassung des Artikels ist sehr selten: Il y avait bien de mauvais symptômes dans la pesanteur de l'atmosphère (R. Saint-Maurice). Esprits trompés quelquefois, mais cœurs honnêtes et libres, dont il y aurait à redire ailleurs bien d'attachants souvenirs (Villemain). Bien d'honnêtes et paisibles esprits s'obstinent à continuer leurs travaux (Sainte-Beuve).

Combien steht oft bei Adjektiven im Sinne von à quel point: Voici un petit incident qui montre combien est sage le parti qu'ont pris un grand nombre de maires (J.). J'ai toute confiance dans un amour déjà tant de fois éprouvé, dit-elle, je sais combien excellente est ma mère (E. Souvestre). Vous savez combien c'est une honnête fille (J. Janin). On sait combien l'Ain est impétueux (Berthet)·

Absolut: Et combien comptez-vous demeurer ici? (J.). Combien y a-t-il d'ici à Lannion? Le combien (sc. du mois). Alle diese Gebrauchsweisen sind nur in familiärer Sprache zulässig.

Combien peu de . . ., combien souvent sind übliche Verbindungen: Il ne faut pas oublier combien peu de scrupule on avait alors à jeter à ses adversaires les accusations les plus

---

[1] Nur in umschreibenden Zeiten üblich.

monstrueuses (H. Martin). Abſolut: Combien peu, de tant de gens qui s'appliquent aux arts, parviennent en toute leur vie à la médiocrité (P.-L. Courier). — Combien souvent vous devez regretter de n'avoir point à revêtir la cotte et le bourgeron (Anfossé).

Comme, welches hin und wieder für combien eintritt, gehört gleich= falls hierher: Avez-vous remarqué, lorsque vous êtes tout à coup transporté dans un milieu que vous ne connaissiez pas, comme certains petits détails indifférents pour tout le monde prennent d'importance pour vous? (G. Droz).

Long iſt eine Art von Quantitätsadverb in il en sait plus long, il en sait plus long qu'il ne dit.

Pas mal ſteht auch als negiertes Modaladverb (Gradadverb) in der Regel ohne ne. Vgl. hierüber Negation § 386, A. 3. Als Quantitätsadverb, im Sinne von assez oder beaucoup hat es ſich nie= mals ne in ſeiner Begleitung:[1] Nous en avons démoli pas mal (E. About). Ses parents me devaient pas mal d'argent (Glatron). Il m'adresse pas mal d'injures (J.). Il faut croire que pas mal de ceux-ci voyaient Paris pour la première fois (J.).

Tant. Tant et tant de façons (Fr. Sarcey). Sa femme lui avait donné tant et plus d'enfants (P. Féval).

Die Verbindung tant et de si . . . wurde von Vaugelas und nach ihm von den übrigen Grammatifern verworfen, weil die Präpo= ſition de zwiſchen tant und dem zugehörigen Subſtantiv wegfällt. Die Ausdrucksweiſe iſt jedoch häufig auch bei guten Schriftſtellern, beſonders bei Guizot: Assailli par tant et de si pressants dangers (Guizot). Malgré tant et de si puissantes influences (H. Martin). Qu'est- ce qui rachète tant et de si grands défauts (A. Vinet). Ver= meiden läßt ſie ſich auf zweierlei Art: Tant de batailles et de si vigoureuses (Voltaire). De si nombreux et de si vigoureux écrits (Nisard). Beides aber erreicht nicht die Kraft der vermiedenen Ver= bindung.

Tellement muß von dem Korrelat que begleitet ſein: J'ai telle- ment visité de magasins qu'il me serait imposible de le dire (J.). Ohne Korrelat iſt es nur familiär verwendbar: Les femmes mariées ont tellement d'audace (A. Germain). — Im abſoluten Gebrauch dürften alle dieſe Adverbien nicht verwendet werden, doch gibt es auch hierfür Beiſpiele: Son intervention lucide et courageuse dans les débats a été pour beaucoup — pour énormément — dans la formation de l'opinion revisionniste (J.).

---

[1] Wenn auch die Akad. (s. v. mal) die volle Negation vorzuſchreiben ſcheint: Pour son âge elle n'en sait pas mal.

Tout ce que: Je mis en usage tout ce que mon esprit, mon cœur et ma mémoire purent me fournir d'arguments (Jouy).

Anm. 3. Statt der vollen Negation genügt bloßer negativer Sinn: Les Suèves, dit César, ne souffrent pas qu'on introduise *de vin* chez eux (H. Martin). Il est difficile d'avoir *de conversation* tranquille (J.-J. Rousseau ap. Littré). Daher steht de auch nach Infinitiv mit sans: Toton; on désigne ainsi une personne qui se remue beaucoup sans faire *de besogne* (Jaubert). La règle n'est pas sans offrir *d'exceptions* (Ganot). Sans suivre *de règle* ni *de méthode* (X. de Maistre). Sans perdre *de temps* (J.). Seltener mit Teilungsartikel: On ne fait pas d'omelettes sans casser *des œufs*, dit le proverbe (J.).

Nach ni ... ni findet sich sowohl de wie vollständige Auslassung des Teilungsartikels, wobei zu bemerken ist, daß ein von Adverb begleitetes ni (ni même, ni encore, ni presque) de vor dem Substantiv verlangt: Philippe V n'avait ni généraux, ni ingénieurs, ni presque de soldats (Voltaire). On ne leur donne ni herbe ni foin ... ni même de paille que très rarement (Buffon). Dans les institutions, point d'unité, ni de stabilité, ni d'avenir (Guizot). On ne voit guère ni d'animaux ni d'hommes abandonner leur progéniture (J.). Möglich ist bloßes de auch in dem auf ni folgenden Relativsatze: Je n'attends ni fleurs qui aient de parfum, ni fruits qui aient de saveur (Saint-Marc Girardin). Vgl. S. 194.

Nicht in allen Fällen ist übrigens der Ersatz des Teilungsartikels durch de möglich. Am einfachsten liegt die Sache, wenn das partitiv gebrauchte Substantiv als Objekt auftritt: La France avait des armées pas encore *de vaisseaux* (Michelet). Verbale Ausdrücke, welche das Objekt mit dem Artikel haben, können daher negiert bloßes de zu demselben nehmen:[1] Je ne sais pas faire *de cuisine* (Laboulaye), wofür indessen je ne sais pas faire la cuisine üblicher ist. Über den Eintritt von de bei verbalen Ausdrücken ohne Artikel vgl. § 293.

Oder als logisches Subjekt:[2] Si les hommes ne se flattaient pas les uns les autres, il n'y aurait guère *de société* (Bescherelle). Il n'y a que moi *de Français* ici (J.). Il n'y a *de Dieu* que Dieu (Le Coran). Il n'a jamais existé *de portail* proprement dit

---

[1] Umgekehrt steht öfter bestimmter Artikel, wo man de erwartet: Les personnages n'ont point de caractère, et par conséquent n'inspirent pas l'intérêt (Saint-Marc Girardin). Volkstümlich: Oh! voilà bien le beau tombeau, Jamais je n'ai vu le plus beau (Mélusine).

[2] Nicht wirkliches Subjekt oder Prädikat. Daher findet sich das partitive de wohl nach il est, aber nicht nach c'est. — Möglich ist de vor dem Subjektsaccusativ des Aktivsatzes mit Infinitivsatze: Jamais je n'ai vu d'homme mentir si effrontément (Bachelet).

(P. Mérimée). Il ne manque pas *de personnes* qui persistent à regarder les vers comme chose oiseuse, sinon ridicule (L. de Gramont).

Oder nach einer Präposition: Un moyen terme entre de la musique et pas *de musique* (A. de Musset).

Auch bei Personennamen findet sich (wie der Teilungsartikel) das partitive de: Il n'y a que vous d'Angélique ici (de Leuven). Si l'on mourait de tristesse, il y a longtemps que tu n'aurais plus de Tolla (E. About). Me voici déjà au Champ-Carré, et point de Raymonde (A. Theuriet). L'agent d'affaires est le maître Jacques de la colonie. Seulement Harpagon n'en avait qu'un de maître Jacques, et la colonie en a plus qu'il ne lui en faut (A. Daudet). Mais de Félix Pyat, nenni! pas plus que sur la main (J.). On ne trouverait pas chez nous de cardinal Bibbiena écrivant et faisant représenter des comédies obscènes (Ch. Asselineau). Vgl. den Gebrauch von le moindre bei Personennamen: Je m'abonnai au Casino, où je passai une journée entière, sans rencontrer la moindre Pepita (A. Challamel).

Nicht selten bleibt der Teilungsartikel nach der Negation, weil der Sinn es verlangt, besonders weil es sich nicht um eine Quantität, sondern um eine Qualität handelt. Vgl. Littré, de Rem. 3 über je ne demande pas de pain und je ne demande pas du pain.[1] Jede Antithese oder jede emphatische Betonung führt den Artikel herbei: Il n'a rencontré que des seconds et pas de rivaux (A. Carrel). Il ne leur impose point des lois (Aug. Thierry). Il ne demandait pas des explications, mais des pistolets (J.). Il ne donnait pas des leçons aux pouvoirs publics (E. About). Je ne vois plus des héros (Nisard). Elle ne mangeait pas des cailles à tous ses repas (M. Villemer). In einer Kammersitzung sagte der Ministerpräsident Tirard: Il y a des procédés de discussion qui n'ont jamais été, qui ne seront jamais les miens, worauf Cassagnac mit dem Zwischenruf antwortete: Je ne fais pas du doublé, moi! mit Anspielung darauf, daß Tirard früher horloger-bijoutier gewesen war. Das emphatische du ging aber in den Zeitungsberichten verloren, welche dafür setzten: Je ne fais pas de doublé, moi. Die Nuance ist also fein genug, um auch von Franzosen übersehen werden zu können.

Wenn die Negation nachfolgt, ist bloßes de das übliche: De bas ni de souliers, je n'en avais pas (Mme A. Tastu). De remords, il n'en a pas (E. Gaboriau). De preuves certaines, aucune (J.). De commerce, point, d'animation jamais (J.). Car, d'opinion,

---

[1] Sehr häufig ist besonders ne pas dire (faire, vouloir) du bien oder du mal de qn bzw. à qn, obwohl bloßes de gleichfalls üblich ist.

vous n'en eûtes jamais (A. de Musset). D'argent comptant, on n'en avait point (Fr. Sarcey). Doch kann auch der Teilungsartikel eintreten: Des visites, je n'en recevais point (Diderot). De la puissance proprement dite, les moines n'en avaient point (Guizot). Voilà ces notes: de l'intérêt, elles n'en ont point; du succès, elles ne peuvent point en avoir; de l'indulgence, elles n'ont que trop de droits à en réclamer (Lamartine).

Zusatz. Ein attributiv bestimmtes Substantiv kann nach der Negation sowohl Teilungsartikel wie bloßes de haben: Il ne trouva point des ennemis capables de l'arrêter dans sa marche (Michaud). Si les hommes n'ont pas des idées qui s'étendent au delà de leur propre existence . . . (Guizot). Je suis fâché que vous ne m'ayez pas apporté des propositions plus raisonnables (Ders.). Il n'avait pas des forces suffisantes pour assaillir (H. Martin). — Les députés n'avaient pas de pouvoirs suffisants pour traiter à de telles conditions (Ders.). Je ne rallume pas de feux éteints (J. Barbey d'Aurevilly). Sois sûre que rien ne m'affecte et ne me crée de souffrances réelles (G. Sand). Il ne resta de chrétiens indépendants que dans les Asturies (Th. Lavallée). N'ayant pu obtenir de secours sérieux des Anséates ni des Hollandais (Parieu). Die Ausdrucksweise ist bei adjektivischem Attribut beliebig und der Unter= schied, den man öfter herausdeuten wollte, ist tatsächlich nicht vorhanden. Bei andersartigem Attribut tritt meist Artikel ein: Il démontre . . . qu'il est bien difficile de s'enrichir, si l'on ne mêle à son argent un peu de l'argent d'autrui (J. Janin).

Wie Frage mit Verneinung, so hebt sich auch Bedingung mit Ver= neinung auf: Carthage n'aurait peut-être été que commerçante, s'il n'y avait pas eu des Romains (Raynal). — In allen diesen Fällen aber finden sich Ausnahmen: Qui ne mange pas de marrons grillés à Paris? (A. Baubert).

§ 300. Verben mit prädikativem Nominativ oder Akkusativ:

Accepter: Villars accepta Rastatt *pour le lieu* des conférences (H. Martin). Il fut accepté *comme le successeur* de Palladius (Mignet).

Acclamer: Tout le peuple l'acclama *empereur* des Romains (Barrau).

Admettre: Les cardinaux dissidents, cessant leur opposition, admirent Rome *siège* du conclave (J.).

Adorer: Les Perses adoraient le feu *comme symbole* et repré-sentation d'Ormuzd, le soleil *comme l'image* de Mithras (Poirson).

Affirmer: Les caves, on les affirmait *splendides* (J.). Pour t'affirmer *la plus pure* des femmes (J.).

Avoir l'air: Elle avait à la fois l'air *étonné et tremblant* (E. Soulié). Elle a seulement l'air *ennuyé* (Mme Girardin). Tu n'as pas du tout l'air *anglais* (L. Gozlan), ju einer Frau gesagt. Elle avait l'air un peu *penaud* tout à l'heure (P. Bourget). Comme Germaine a l'air *heureux* (J.). Une jeune fille . . . l'air *doux* et triste (Scribe). Ils ont l'air *fatigué* (L. Descaves). La veuve avait l'air bien *vannée* ce soir (G. de Maupassant). — Ajoutons que l'esprit sert aussi à faire des sottises qui ont l'air moins *sottes* (A. Vinet). Il redressait son pauvre corps et se donnait des airs *jeune* (P. Baur). Des jambes qui ont l'air *prêtes* à casser sous le poids (J.). Ils ont tous eu l'air *contents* de me revoir (J.). M. B. parle de son expérience; elle m'a l'air bien *courte* (Revue crit.). Bei Personen ist beiderlei Beziehung zulässig und üblich; bei Sachen meiden manche avoir l'air und wählen paraître; avoir l'air bon, mauvais ist bei Sachen unüblich, dafür avoir bonne, mauvaise mine; jedenfalls kann bei Sachen das Adjektiv nur mit dem Subjekt, nicht mit air übereinstimmen. Vgl. auch Des mots si dégagés, d'un tel sang-froid, et d'apparence si *naturels* (E. de Goncourt).

S'en aller: C'était à tout ficher là . . . à quitter Paris pour s'en aller *gardien de phare,* sur un rocher sauvage, en pleine mer (A. Daudet). M. de Villars s'en va *ambassadeur* en Savoie (Mme de Sévigné). La petite Marie à la mère Guillette s'en va *bergère* aux Ormeaux (G. Sand).

S'annoncer: Alexandre le Grand s'annonce aux Grecs *pour un chef* sans faiblesse comme sans despotisme (Poirson). Depuis longtemps, les récoltes ne s'étaient annoncées aussi *belles* (E. Zola). Malgré l'hiver qui commence et qui s'annonce *rigoureux* (Benazet). On m'annonce le petit peintre *parti* (Mme de Sévigné). Le prince d'Orange s'était annoncé d'avance *comme auxiliaire* des antagonistes de Jacques II (Aug. Thierry). Vor Subst. steht comme oder pour.

Apparaître: Le succès lui apparut trop *incertain* (J.). Dans ce milieu, ses actions prendront leur vraie figure et apparaîtront *ce qu'*elles sont, hideuses (V. Hugo).

Appeler: On appelle *Maine* la rivière de Mayenne lorsqu'elle a reçu la Sarthe (Barrau). Alors Victor-Amédée s'appela *le roi de Sardaigne,* au lieu de s'appeler *le duc de Savoie* (Villemain). Une petite île de la Bidassoa, appelée *l'île des Faisans* (H. Martin). Ces éléments . . . on pouvait les désigner sous des noms plus vivants, plus matériels, on pouvait les appeler *l'Église,* la féodalité, etc. (Baron). Ces premières races d'hommes que toutes les histoires primitives appellent *géants* (Lamartine). Bei fehlendem Artikel kann auch die Konkordanz fehlen: Il y a chez nous beaucoup trop de ces espèces de maisons de jeu qu'on appelle *théâtre* (J. Janin). Ces folles bulles de savon qu'on appelle *vaudeville* (Th. Gautier). Selten folgt Teilungsartikel: Les hoazins ... les Français les appellent *des paons* (Buffon).

Armer: Bayard, par qui François Ier avait voulu être armé *chevalier* (Ch. Lacretelle).

Arriver: Chacun espère arriver *bon premier* (A. Burdo). Arriver *mauvais quatrième* (Fr. Sarcey). Arriver *dernier* (J.); eigentlich Rennplatzausdruck. Les nouvelles arrivent *mauvaises* (J.). Il est arrivé honorablement *colonel* (Fix), hat es bis zum Obersten gebracht. Il arrivera *conseiller* et le reste (E. Brandès).

Attribuer: Bossuet ne cherche pas à faire voir clair aux autres là où il confesse et s'attribue *à mérite* ses propres ténèbres (Nisard).

Avaler: Avaler les morceaux *doubles* (J.).

Avoir: La guerre de la succession d'Espagne eut *pour théâtre* l'Espagne, l'Italie, les Pays-Bas et l'Allemagne (Barrau). Il faut avoir la France *pour ami,* non *pour voisin* (Th. Lavallée). Un autre avait sa femme *malade* (J.). Valenciennes capitula et eut sa garnison *prisonnière de guerre* (Th. Lavallée). Les promenades matinales jouent quelquefois de vilains tours à ceux qui ne les ont pas *habituées* (P. Desbuys). Die Redensart l'avoir pour agréable (genehm finden) wird von Mme de Sévigné noch ohne Präposition gebraucht: Ainsi finit l'histoire et la lettre si vous l'avez *agréable.*

Avouer: Chaulieu l'avoua *pour maître* (Géruzez). Voltaire les avoue *pour ses pères* (Nisard).

Baptiser: Les dragons enlevaient de force les enfants des familles protestantes pour les baptiser *catholiques* (J.).

Bombarder: Il s'était fait bombarder *député* (J. Simon). On me bombarda *ministre des finances* (J.). Un bon maréchal des logis s'est ainsi trouvé bombardé *capitaine de santé* dans un de nos ports de mer (J.).

Calculer: Je te calcule *partie* depuis le 5 (Mém. d'une Contemp.).

Censer: Quoique très jeunes, nous étions déjà censé (sic) *clercs* (E. Renan). Du Bois met à ce propos dans la bouche de Dieu un discours censé *adressé* aux prélats récalcitrants (Ders.). Elle est censée *à la campagne* (Jouy).

Certifier: Certifié *sincère et véritable* par le receveur de la commune de . . . (Vermerk auf Schulgeldlisten u. dgl.).

Choisir hat pour nur bei Angabe der Bestimmung, wird aber bei Angabe der Eigenschaft wie jedes andere der hierher gehörigen Verben behandelt: Une véhémente proclamation . . . par des termes, choisis à dessein *les plus violents* et les plus grossiers, soulève contre

Jacques II les passions de la populace (Topin). Il résolut de n'avoir qu'une seule femme et de la choisir *fille de roi* (H. Martin). — Neben pour aud comme: Il avait été choisi par Charles-Quint *comme l'un* de ses prédicateurs (Mignet).

Classer: L'église est de la Renaissance et classée *comme monument historique* (L. Huard). La chapelle, classée *parmi les monuments historiques* (Ders.).

Compter: Ne comptait-on pas *nombreuses* ces aventurières qui trônaient dans les salons? (G. Ohnet). Je le compte *pour mort* (Marivaux). Vous avez disparu brusquement de ce monde qui vous comptait *comme son plus rare ornement* (J. Janin). Je vois le moment où tout vous sera compté *à plus grand honneur* que si vous aviez mieux conduit votre talent (Sainte-Beuve).

Concevoir: On ne concevait la vie politique que *locale et isolée* (Th. Lavallée).

Connaître: Qu'ils aient cette joie de connaître *prochaine* leur libération (J.). Nous le connaissions tous *athée convaincu* (E. Herbel). Vous êtes la seule créature que je connaisse *faite* ainsi (A. de Musset). Celle qu'il avait connue *Mme Andry* (P. Bourget). Élie étudiait son camarade, qu'il retrouvait tout pareil à *ce qu'il* l'avait connu autrefois (Ders.). Ils connaissent bien l'homme *pour l'animal le plus pervers,* le plus destructif, le plus malfaisant de tous (A. Dumas). Le cheval me connaissait au bout de peu de jours *pour son maître* (Lamartine). Il ne connaissait pas ces messieurs *pour être* du pays (A. Dumas).

Consacrer: Tu étais étranger . . . je t'ai consacré *roi* (Aug. Thierry).

Conserver: Un homme dont la réputation s'est aussi conservée *plus grande* (Barante).

Considérer: La soumission du jeune Edgar était considérée par Guillaume *comme une reconnaissance* de son droit à la royauté (Aug. Thierry). Le curé, se considérant *maître* du cimetière comme représentant la religion de la majorité, en a refusé l'entrée aux morts de certaines familles (J.). C'est *en héritier* des Bourbons qu'il se considère (J.).

Constituer: Constituer les Suisses *gardiens* de la liberté italienne (Michelet). Il se constitue *l'avocat* d'un malheureux porte-faix (Mirabeau). Se constituer *prisonnier* (feᵗ häufig). Se constituer *en république* (H. Martin).

Courir: Des écrits qui coururent d'abord *manuscrits* (H. Martin).

Couronner: Charlemagne qu'ils avaient couronné *empereur* (Mignet). Le duc Guillaume se ferait couronner *roi d'Angleterre,* avec le cérémonial ordonné par la coutume du pays (Aug. Thierry). *Alt auch* couronner *à roi*.

Créer: Les lois humaines l'avaient (sc. Louis XIII) fait souverain, il comprit que Dieu l'avait créé *sujet* (H. Martin). Le roi d'Angleterre créa Nelson *baron* du Nil (Biogr. univ.).

Croire: La reine obéira, sans se croire *humiliée*, sans se croire *traître* envers ses amis d'hier (J.). Les décorateurs avaient cru *besoin* d'inventer une sorte de thème (H. de Chennevières). La lourdeur, la grossièreté des piliers m'empêchent de les croire *du XIIᵉ siècle* (Mérimée). Ce qui nuit à l'idée qu'on se fait de la bonté, c'est qu'on la croit *de la faiblesse* (Mᵐᵉ de Staël)

Croître: Les forêts qui ne sont point à l'abri des vents du nord, croissent *basses* (J.). Les ceps des vignes croissent *si puissants* et si forts, qu'on ne sait s'ils sont là pour soutenir le tronc des arbres ou pour en recevoir un appui (J.).

Débuter: Il avait débuté *simple soldat* (J.).

Décider: Quant à son amitié, je la décidais *fausse* (J.-J. Rousseau).

Déclarer: Le comte de Wiltshire fut déclaré *marquis* de Winchester (Dargaud). Jean sans Terre se déclara *vassal* du pape (Guizot). Jean rachète sa couronne, en la déposant aux pieds du pape, dont il se déclare *le vassal* (Ders.). Il se déclara *l'adversaire* des prêtres (Bonnefon). Il s'était ouvertement déclaré *le patron* de la liberté de conscience (Guizot). Tant qu'on ne pourra nous citer une autorité plus ancienne pour donner quelque créance à cette anecdote, on peut en toute sécurité la déclarer *fausse* (Despois). Au nom de la loi, je vous déclare *unis* par le mariage (Formel). Les deux vaisseaux ont été déclarés *de bonne prise* (J.). Rome se déclara *en république* (Th. Lavallée). Les ouvriers mégissiers se sont déclarés *en grève* (J.). Être déclaré *en faillite*.

Découvrir: L'homme ruiné par un mandataire longtemps estimé et tout à coup découvert *infidèle* (P. Leroy-Beaulieu).

Décréter: La cour qui l'avait décrété *d'accusation* (J.).

Définir: Il faut définir l'orgueil *une passion* qui fait que dans ce monde on n'estime que soi (Munier). L'idée générale que Buffon se faisait du génie, en le définissant *une longue patience* (Villemain).

Demander: La traduction ne le satisfaisait pas, il la demandait *interlinéaire* (J.).

Demeurer: Si Joberte resta grave, Antoinette demeura *mélancolique* (M. Montégut). M. Dimanche et son petit chien Brusquet sont demeurés *proverbes* (Génin). On demeurera con-

vaincu que ces textes et la pièce ne peuvent être contemporains (Littré). La loi a voulu que la parole demeurât toujours *la dernière* à l'accusé (J.). En cessant d'être une personne politique, il demeurait *personne civile* (Guizot). L'édit demeura *une lettre morte* (H. Martin). Les gouvernements alliés de la France et de la Russie ont été pleinement satisfaits d'y (sc. dans la convention anglo-japonaise) trouver l'affirmation des principes essentiels qu'ils ont eux-mêmes déclaré constituer et qui demeurent *la base* de leur politique (J.), wo das gleiche Substantiv als prädikativer Nominativ und als prädikativer Akkusativ auftritt.

Démontrer: Le voilà donc (sc. ce système) démontré *impossible* sous le régime féodal (Guizot). Les premiers philosophes ont cru que les hommes naissaient avec des idées déjà formées, ce qui est maintenant démontré *une erreur* (Volney).

Dénoncer: Les bulletins le dénonçaient *paresseux,* indiscipliné, querelleur (G. de Lys).

Désavouer: Ces Athéniens qui ne nous désavoueraient pas *pour leurs enfants* (J. Janin).

Désigner: On les désigna *pour victimes* du mécontentement général (Champfleu). Pendant ces voyages Ismaël me désignait *comme étant sa fille* (P. Féval).

Détenir: Trois autres missionnaires sont détenus *comme prisonniers* par les Arabes (J.).

Devenir: En devenant *le maître* des Trois-Évêchés, il a ouvert à ses successeurs la glorieuse route d'Alsace et du Rhin (Topin). Avant de devenir *la langue* des affaires, il fallait que le français fût devenu *la langue* de l'imagination et de la raison, celle du loisir et du travail intellectuel (Patin). Ce fait est devenu *la loi générale* (Guizot). J'ai aspiré à devenir *un historien* (Ders.). Cette Gaule franque qui devait devenir *la France* (Boiteau). Cette nation qui fut Gaule, mais ne l'est plus, est devenue *France* (J.). Le vicomte de Turenne, devenu *le maréchal* duc de Bouillon, commençait à mener une rude guerre contre le duché de Lorraine (H. Martin). Le duc d'York, devenu *le roi Jacques II,* occupa, sans la moindre opposition, ce trône (Ders.). Quand les événements sont une fois consommés, quand ils sont devenus *de l'histoire* (Guizot). Ces généraux devenus *des Majestés* (Carrel). Devenir à rien, devenir à sec.[1] Ce grand voyage est devenu *à rien* (Mme de Sévigné). Le haillon devient *à la mode* (J. Janin). Devenir *hors d'état* de pourvoir à son existence

---

[1] Il m'est infiniment agréable de souhaiter la bienvenue à mes collègues d'hier, devenus aujourd'hui *aux auxiliaires* les plus précieux de ma mission républicaine et patriotique (Le Petit Bleu, 23 sept. 1900).

(E. Rendu). Vous sentirez votre chair devenir *en charbon* (É. Souvestre). Devenir *en chaleur* (von Tieren, in Brunst geraten).

Deviner: Il ne manque pas de gens qui, vous voyant seule et vous devinant *belle,* essayeraient de vous suivre et de vous connaître (O. Feuillet).

Dire: Son remède favori, et qu'il disait *souverain* (V. Hugo). Ils disent la peine de mort *nécessaire* (Ders.). Henri II, dit *le Saint* (Duruy). On ne peut pas dire *ami* celui avec qui on n'a pas mangé quelques minots de sel (Quitard). L'homme qui se disait *vicaire* de Jésus-Christ (Aug. Thierry). Ils se disaient *de race salienne* (H. Martin). La brune Espagnole s'était dite *de Barcelone* (J.). On l'aurait dite *d'acier* (J.). Tout bas, l'opposition le disait ou l'espérait *contre* (c.-à-d. contre le ministère. P. Segousac).

Donner: Mahomet ne s'est pas donné *pour un Dieu* (Lamartine). J'avais l'aversion particulière à notre ville pour le catholicisme, qu'on nous donnait *pour une affreuse idolâtrie* (J.-J. Rousseau). On se donne *pour connaisseur* en musique (J. Janin). Je vous le donne *pour le plus rusé compère* qui soit dans toutes les lieutenances du royaume (F. du Boisgobey). Il s'est tour à tour donné *pour les personnages* si divers, énumérés plus haut . . . S'il se fût donné *pape,* on lui aurait baisé la mule (J.). Bei Adjektiven eher comme: On donne *comme certain* que M. F. est nommé à l'archevêché de Cambrai (J.). Il se donna *comme âgé* de quarante-cinq ans (J.).

Échouer: Rousseau échoue *laquais* chez Mme de Vercellis (Rossel).

Éclater: Sa joie éclata *extravagante* (A. Dumas). Au même instant, la fanfare de France éclata *lointaine* (A. Mélandri).

Élever: Les montagnes s'élèvent *plus hautes* et plus vertes que celles de la rive d'Europe (Lamartine).

Élire: François de Lorraine, époux de Marie-Thérèse, fut élu *empereur* (Lamotte). Élire qn *pour pape* (Voltaire). L'Anglais a élu le globe entier *pour patrie* (Fr. Wey). Ils élurent *pour lui succéder* Morkar (Aug. Thierry). Brutus et Collatin furent élus les premiers *au consulat* (Lamotte). Das Subst. élection steht mit comme: Ils favorisèrent de leur influence l'élection du roi de Hongrie *comme roi des Romains* (H. Martin).

Émerger: De toutes petites îles émergeaient *nues* et sombres (P. Bourget).

S'engager: Il se serait engagé *soldat* (Balzac).

Ensevelir: J'aimerais mieux m'ensevelir *chasseur* dans quelque château, *pénitent* dans quelque cloître (A. Dumas).

Enterrer: Le Coran proscrit l'affreuse coutume qui permettait aux parents d'enterrer leurs filles *vivantes* (Duruy).

Entrer: Dès l'âge de douze ans, Nelson entra *volontaire* dans la marine (Biogr. univ.) Il entra *sous-lieutenant* dans un régiment de cavalerie (Jouy). Entrer *chevalier* dans un ordre (E. d'Auriac). Louise, alors, entre *demoiselle de comptoir* chez un maître chapelier (J. Sigoux).

Envoyer: Je crois que le ministre va m'envoyer *premier secrétaire* à Constantinople (J.). M. Fortoul envoya Taine *professeur de sixième* à Toulon (J.).

Ériger: L'église de Sainte-Geneviève est érigée *en Panthéon* (Thiers).

Espérer: Saint-Cyran damne les enfants morts sans baptême, mais il élève, avec un amour de père, les enfants qu'il espère *destinés* au ciel (H. Martin).

Estimer: On n'est estimé *sage* qu'autant qu'on est fou de la folie commune (Quitard). Il s'estime *perdu* (Aycard). Encore sur le nombre de ceux qu'on estime *adhérents,* conviendrait-il de chercher à discerner si d'aucuns l'approbation est bien formelle (J.). On s'estime *être sage* (A. Vinet).

Établir: Dieu a établi Mahomet *son ministre* (Volney). On viendra s'établir *pauvre* à Longueval (L. Halévy). Un beau jour il ferme boutique et s'établit *homme d'État* (Augier-Sandeau). Les frères Jacobée, établis *droguistes* sur la place du Marché (A. Cim). C'est du XVe siècle que la prose date son existence officielle, et qu'elle s'établit dans notre littérature *la rivale* de la poésie (Génin).

Être: Être *ami* de qn, très intime ami de qn, être anciens amis. C'est bien vous qui êtes *la cause* de ce malheur (Villemer), felten für être cause de qe. Être *dupe* de qn. Être *l'ennemi* de qn, feltener ohne Artikel: Le loup est *l'ennemi* de toute société (Buffon). Je ne suis point, vous le savez, *l'ennemi* du rire et du plaisir (R. Le Faure). On comprend qu'il était *ennemi* déclaré de la guillotine (J. Simon). Ne sommes-nous pas *le frère et la sœur?* (A. de Musset). L'amour et la gloire sont *le frère et la sœur* (Ders.). Si j'étais gouvernement ift ftehender Ausbruck: Si j'étais *gouvernement,* je mettrais les fous dehors, et les philosophes à leur place (J. de la Brète). Für den feltenen Artikel bei être homme à faire qe: Le docteur Crostencoupe est *l'homme* à lui manger son héritage en mémoires d'apothicaires (E. Soulié). Inférieur à und ähnliche haben im fubft. Gebrauch die Präposition de und ftets den Artikel: Il n'était dans la conversation *l'inférieur* d'aucun (Villemain). Être bon juge, excellent juge, aber Dieu sera (soit)

le juge entre lui et moi. Wie bei maître gestaltet sich der Unter=
schied für maîtresse: Être maîtresse de qc selten mit Artikel, être
la maîtresse de faire qc meist mit Artikel, doch auch mit Possessiv:
L'inconstance, cette sœur de la folie, était *maîtresse* de tes actions
(A. de Musset). Actuellement, elle est *maîtresse* de la situation (J.).
Elle est *la maîtresse* de cet isthme (Thiers). On n'est pas *sa*
maîtresse d'aimer ou de ne pas aimer quelqu'un (É. Souvestre).
Während man sagt être sœur de qn, verlangt die Sprache elles sont
les deux sœurs (vgl. épouser les deux sœurs): Vous êtes *les deux*
sœurs, peut-être (Lefebvre). — In dem mit dont beginnenden
Relativsatz erhält das prädikative Substantiv häufiger den Artikel als
sonst, doch ist dies keineswegs Vorschrift. — Wie être le bienvenu
sagt man auch stets le bien nommé und oft le bien accueilli: Les
cigaliers ont à Sceaux un ami, M. de Florian, qui fut *le bien*
nommé par Voltaire: M. de Floriannet (J.). Charles Baudelaire
avait parfaitement conscience de son état morbide; aussi ses
Fleurs du mal sont-elles *les bien nommées* (André Lemoine). Je
crois pouvoir fournir quelques renseignements à M. le juge
d'instruction. — Et ils seront *les biens accueillis* (J. Lermina). —
Zu bemerken ist, daß das französische Sprichwort lautet: La parole
est *d'argent*, mais le silence est *d'or*. — In älterer Sprache findet
sich noch pour: Tout ce qui se meut et qui a vie vous sera *pour*
nourriture (Genèse, 9, 3). Je mettrai mon arc dans la nuée, et
il sera *pour signe* (ibid. 9, 13).

Évaluer: On évaluera *une faute* toute infraction aux règles
de la grammaire et toute violation de l'orthographe d'usage
(E. Rendu).

Faire: Auch in bezug auf Personen wird sehr häufig de gesetzt:
Son père souhaitait *en* faire un orateur (Gaston Boissier). Je ne
lui offrais pas assez de garanties pour qu'il fît *de moi* son débiteur
(Augier). Faire *d'un vaurien* un honnête homme (Mme Girardin).
Beide Gebrauchsweisen finden sich auch vereinigt: Autant Horace et
Virgile s'étaient convenus (sic), l'un à l'autre, autant ils se trou-
vèrent convenir à ce ministre (Mécène), à ce prince (Auguste),
que le sort avait fait leurs patrons, et *dont* ils firent leurs amis
(Patin).

In bezug auf Sachen ist doppelter Akkusativ zulässig, wenn der
Objektsakkusativ se ist: La religion *s'est* faite la gardienne des vieux
cèdres du Liban (Poujoulat). La chevalerie se reniait elle-
même en *se* faisant infanterie (H. Martin). Ebenso, wenn der
Prädikatsakkusativ das Determinativ ce ist oder durch Vermittlung
von être zum Prädikatsnominativ wird: Je voudrais vous faire bien
comprendre les caractères généraux de cette éloquence, ce qu'elle

fut, et surtout quelles influences *la* firent ce qu'elle fut (P. Albert).
Il en est d'une nation comme d'un individu; ce sont ses pensées
qui *la* font être ce qu'elle est (A. Vinet). Ferner nach dont:
Dans la galanterie enfin, il (l'amour) affaiblit et effémine la
morale, dont on veut *le* faire la source (Saint-Marc Girardin).
Auch in der Bed. „darstellen als, ausgeben für" ist doppelter Akkusativ
möglich: Aristote, en faisant *l'alcyon* habitant des rivages de la
mer, dit aussi qu'il remonte les rivières fort haut (Buffon).
Endlich, wenn der Prädikatsakkusativ ohne Artikel[1] stehen soll: La foi
est toujours naïve. Il suffit de peu de chose pour *la* faire dupe
(E. Estaunié). Nur der gedrungeneren Form halber scheint V. Hugo
die Konstruktion gewählt zu haben in dem Satze: Le faux serment
du prince fait *tous les serments* fausse monnaie.

Beispiele für das Adjektiv nach faire und se faire sind schon im
II. Heft S. 120 gegeben. Auch hier finden sich Substantive mit Präposition als Ersatz eines Adjektivs: Le bonhomme se fit *de religion*
avant que de mourir (Voltaire). Chénier qui, dans son rapport,
garde le plus inconcevable silence sur le Génie du christianisme,
se fait *de loisir* pour parler d'Atala (A. Vinet).

In der Redensart se faire fort steht das Adjektiv nach der Akad.
sans genre ni nombre. Littré (fort R. 1 u. Hist. de la langue fr. II, 5 2)
erklärt es für widersinnig, im masc. plur. kein s zu setzen und will
auch im fém. Veränderung eintreten lassen; richtig ist demnach: Ces
deux jeunes filles se faisaient *fortes* et se sentaient fières de
sauver un innocent (II. France).

Finir: Nous finissons *poseuses* de sangsues ou femmes de
ménage (G. Claudin).

Flairer: Il n'y avait pas nez de dévote si inexpérimentée
qui ne le flairât *magicien,* wofür üblicher wäre qui ne flairât en
lui le magicien.

Garantir: La recette n'est pas la seule, mais je vous la
garantis *bonne* (L. de Wailly). On nous garantissait le bonhomme *mort* dans les formes (J. Janin).

Imposer: La conclusion ne s'impose-t-elle pas *évidente* que
ces cruautés sont arbitraires? (J.).

Improviser: Ils avaient cru qu'on s'improvisait *grand artiste,*
tout d'un coup (J. Janin).

Imputer: Une de ces plaisanteries qui peuvent être imputées
à *blasphème* (E. Bergeret). Cet accident fut imputé à *crime* au

---

[1] Nach einem Genitiv steht er mit dem bestimmten oder unbestimmten
Artikel.

sieur de Mesmai (Thiers). De tout temps le malheur a été imputé *à vice* (Génin).

Inscrire: Je n'éprouvais pas la moindre envie de m'inscrire *troisième* parmi les soupirants de Mlle D. (E. Rod).

Instituer: Il institua *duc de Suffolk* le père de Jane Grey (Dargaud). Le dernier roi du royaume d'Arles ou de Bourgogne, Rodolphe le Fainéant, institua *héritier* le roi d'Allemagne (Barrau). Le comte du Maine mourut, instituant le roi de France *pour son héritier* (Th. Lavallée). Pie IX institua ses neveux *comme héritiers* (J.).

Interpréter: Il y a une classe d'auteurs, à qui tout profite, même les défauts . . . tout leur est interprété *à bien et à honneur* (Sainte-Beuve). Je supplie M. de Langomen de ne point interpréter *pour une échappatoire* la lettre que je lui écris (Ch. Le Goffic).

Juger: Je jugeais son caractère au moins *très suspect* (J.-J. Rousseau). Je le jugeai *fort habile homme* dans sa partie (J. Mairet). Il avait pu apprécier les plus célèbres professeurs, et il les jugeait *des ânes* (G. de Maupassant).

Jurer: On l'eût (sc. la lettre) jurée *écrite* par la main d'un vieillard (Goron).

Laisser: Ce globe dont la création me laisse *assez fier* (L. Michaud). Ce sont là des subtilités de théories qui le laisseront *froid* (J.). Ce mot me laissa *rêveur* (R. Bazin). Cette agitation ne me laisse pas *le maître* de mes idées (X. de Maistre). On a voulu depuis faire de sainte Geneviève une princesse, une grande dame, mais il est bien plus touchant de la laisser *simple paysanne* de Nanterre (Ampère). Mayenne n'était pas rentré à Paris, il avait laissé le duc de Nemours *pour gouverneur* de cette ville (Th. Lavallée). Gilbert de Montpensier et Stuart d'Aubigny furent laissés, l'un *pour vice-roi*, l'autre *pour connétable* du royaume de Naples (Ders.). Stets ist pour zu setzen bei irrtümlicher Annahme: Le malheureux fut laissé *pour mort* sur place (J.).

Manger: Sans le lard, les gens de la campagne seraient souvent réduits à manger leur pain *sec* (Privat-Deschanel).

Marcher: . . . qu'il ne pouvait marcher *l'égal* de ceux qu'il prétendait appeler ses frères (Hauréau). Le moment vint où la sujette voulut marcher *l'égale* de sa maîtresse (Baron). Seltener ohne Artikel marcher *égal* à qn.

Se mettre: Ah! monsieur Aramis! mettez-vous donc *poète*, je vous en prie (A. Dumas). Elle me disait qu'elle se mettrait volontiers *ma femme* (J.), volkstümlicher Ausdruck. Tu ne l'as pas mise *enceinte*, cette petite? (M. Prévost), ebenso. Mettre les morceaux *doubles* oder en double (Cunisset-Carnot), hastig essen. Un homme est très fort chez lui, car, même quand il est mort, il faut se mettre *quatre* pour l'emporter de sa maison (J.). Statt eines Adjektivs auch Subſtantiv mit Präpoſition: Mettre qn sans travail, mettre qn de mauvaise humeur.

Montrer: Nous le montrerons *apôtre vigoureux* et infatigable de la liberté, *l'ennemi juré* du despotisme, le défenseur convaincu . . . (Vermorel). Charles le Téméraire se montra toujours *l'implacable ennemi* de Louis XI (Drioux). Les Ptolémées se montrèrent *les protecteurs éclairés* des sciences et des lettres (Lamotte). Il se montrera *l'homme* de la situation (J.). Il s'était montré *un intendant* . . . fidèle (Mme A. Tastu). Se montrer *implacable* pour qn. Statt des Adj. ſelten Adv.: Grégoire de Tours ne se montra jamais *plus noblement* dans ses rapports avec le roi Chilpéric et avec Frédégonde, que dans le procès de Prétextat (Ampère).

Mourir: Mourir jeune, mourir prisonnier, mourir assassiné. La plupart des gens vivent pauvres pour mourir *riches;* il est bien plus sage de vivre riche et de mourir *pauvre* (A. Houssaye). Mourir *victime* de son devoir. Un poète anglais a dit: Nous naissons tous originaux, et nous mourons tous *copies* (Villemain). Auch in anderer Form: Il est mort, longtemps après, *dans la peau d'un chanoine* (J.).

Naître: Nous naissons *inégaux,* mais nous mourons égaux (Sénèque). On est né *César,* on ne le devient pas (Villemain). Marie L. est née *la douzième* enfant de ce mariage (J.).

Nationaliser: Claude même fut populaire, en nationalisant *Romains* tous les peuples d'Occident (Villemain).

Naturaliser: Se naturaliser Français, Parisien. Le drame s'est naturalisé *français* (A. de Musset).

Avoir nom: Il a nom *Martin Quibel* (J.). Dans le monde des précieuses elle avait nom *Sapho* (A. Dumas). Beaumarchais avait une chienne dont le collier portait: J'ai nom *Flora,* et Beaumarchais m'appartient (J.). Cette science qui a nom *l'anthropologie* (J.). Son bienfaiteur a nom *le Maréchal d'Ancre* (Balzac).

Prendre nom: Il prit nom *Molière* (Sainte-Beuve).

Nommer: Une période de décadence qu'on nomme *la vieillesse* (Privat-Deschanel). L'albatros . . . on le nomme aussi *le mouton du cap* (Zeller). Une troisième période que l'on peut nommer *période* de transaction (Baron). Des trous noirs et sans air que l'on nommait *des oubliettes* (P. de Lano). L'empereur prétendait se nommer *comte de Falkenstein* (J.). Ce révolutionnaire qui se nommait *le cardinal de Richelieu* (P. Saunière). Son père l'avait nommé *l'exécuteur* de ses volontés (Courr. de Vaug.).

Qui nommera-t-on *chefs* des corps d'armée? (J.). Je rejoignis la batterie dont j'étais nommé *le capitaine en second* (Thoumas). Il fut nommé *pour gouverneur* du prince (Vertot), veraltet. Le maréchal de Mac-Mahon fut nommé *au commandement* de cette armée improvisée (Bonnechose). Il refusa de nommer lord War-wick *au commandement* de la flotte (Guizot).

Obtenir: Les succès militaires que Guillaume, avec ses grands talents de général, avait obtenus *rares et disputés,* vinrent de toutes parts aux armées de la reine, conduites par Marlborough (Villemain).

Offrir: S'offrir *comme médiateur* (Bachelet). L'occasion s'offrait *belle* pour lui de se séparer de ses compagnons (A. Daudet).

Ordonner: Il lui défendit d'ordonner *prêtres* ceux qui se seraient mariés deux fois (Mignet).

Paraître: Que paraissent à tes yeux ces insectes humains? (Volney). M. de Fierville paraissait *le seul* instruit de la vérité (Mme de Staël). Subſt. mit Präpoſition ſtatt Adj. oder Nominativ mit Infinitiv: Saint-Vénérand me paraît *du XVᵉ ou XVIᵉ siècle* (P. Mérimée). Auch Adverb iſt möglich, wenn paraître „zu Tage treten, erſichtlich ſein" bedeutet: Il paraît ici assez *visiblement* que la mer Rouge a été formée par une irruption de l'Océan dans les terres (Buffon). La terre et la mer y sont mêlées de façon qu'il paraît *évidemment* que c'est un pays inondé (Ders).

Partir: Partir soldat, partir militaire. Mais *philosophe* il est parti, philosophe il revint (A. Vinet).

Passer: Il avait passé *Belge* (Fr. Sarcey). Le vers a passé *proverbe* (J.). Des périodes sonores pour lesquelles le feuilleton moderne est passé *maître* (J. Janin). Il passe *saint* aujourd'hui (J.). Je viens de te faire passer *saint* (E. Souvestre). Passer *général,* passer *secrétaire de légation,* passer *ministre de l'intérieur,* passer *de première classe* (in die erſte Klaſſe einer Beamtenkategorie). — Nous passons la nuit *tranquille* (J.). La vie se passait *agréable* (Guizot). — Passer (gelten, gelten laſſen, ausgeben für) hat ſtets pour, wobei es alſo gleichgültig iſt, ob die Anſicht der Wirklichkeit entſpricht: Les dattes de Tunis passent *pour les meilleures* de l'Afrique (Radu). Les Normands ne passent cependant pas *pour hommes* à donner leurs coquilles (Fr. Sarcey). La vertu simulée ne saurait parvenir à passer *pour naturelle* (Quitard). Je vous passe *pour beau,* monsieur (Mme de Sévigné). Le désert de Gobi passe *pour être le lit desséché* d'une mer (Radu). Selten fehlt die Präpoſition: se faire passer *tout-puissant* aux yeux de qn (J.).

Penser: Nous répétons que nous le pensons aussi *bon colonel* que mauvais général (A. Duquet). Dans l'ivresse de son bonheur il pensa l'avenir de sa dynastie *assuré* (Drioux). Elle ne pensait pas *possible* que . . . (J.). Mit où, welches ein für Adj. eintretendes präpositionales Subst. ersetzt: L'ignorance *où* elle la pensait de sa situation (R. de Pont-Jest).

Perdre: Les Impériaux perdirent le général Fugger, *tué,* et Aldobrandini, *prisonnier* (Parieu).

Périr: Périr empoisonné, périr étranglé, périr gelé. Pline l'Ancien périt *victime* de son amour pour l'étude des phénomènes terrestres (Lamotte).

Placer: Se placer domestique, se placer demoiselle de compagnie.

Planter: Des tamaris et des cyprès plantés *grands* avec la terre dans laquelle ils avaient poussé (A. Dumas) schon hochgewachsen mit Wurzelballen verpflanzt.

Porter: Porter les cheveux courts, porter la robe courte. Se porter malade (sich krank melden). Quiconque est seul souverain n'a qu'un pas à faire pour se porter *infaillible* (Guizot). Se porter *fort* (sich verbürgen) ist veränderlich, wird aber auch nach Analogie von se faire fort behandelt: Marie de Médicis se portait *fort* pour le comte de Soissons et le duc de Bouillon (H. Martin). Les deux plénipotentiaires se portèrent *fort* de Jules et de Ferdinand (Ders.). Les délégués des protestants . . . se portant *forts* pour toutes les églises réformées du royaume (Ders.). Se porter *garant* ist gleichfalls veränderlich: M. Bourdin ne la violenterait jamais, elle s'en portait *garante* (Biart). Die Akad. gibt se porter pour garant, ohne über die Motion zu sprechen. — Se porter in der Bed. „auftreten als, sich ausgeben für" hat das Subst. mit oder ohne pour, mit oder ohne Artikel: Napoléon se porta *médiateur* entre le père et le fils pour les tromper tous les deux (Lamotte). Se porter *pour adversaire* de qn (Sainte-Beuve). Philippe se porta *pour vengeur et pour juge* du crime (Michelet). Celui qui accepterait en ceci leur volonté commune et s'en porterait *l'exécuteur* (Guizot). Charron, venant à la suite de Montaigne et se portant *son héritier* (Géruzez). Les jeunes insensés qui se portent *héritiers* de la Convention (Balzac). Nos écrivains se portèrent *pour héritiers* de la Grèce et de Rome (Barante). Le poète qui se porta *pour l'héritier* de Malherbe (Géruzez).

Poser: Je ne pose pas *pour le redresseur* de torts (Fr. Sarcey). Généralement, on pose *ce qu'on* n'est pas (A. G. de Bréhat). Se poser *grand homme* (J. A. de Maussion). Le postillon faisait claquer son fouet, en posant *pour le fin cavalier* (L. Tinseau).

Lamartine a fini par se poser *comme un souverain* (A. Vinet).
Nous ne posons pas *pour le moraliste* (J.).

Prendre: Prendre qe pour argent comptant, prendre qn pour
juge, pour associé, pour modèle. Selon la réponse que les
doctrines font à cette question, je les prends *pour bonnes* ou pour
mauvaises (Saint-Marc Girardin). Un état de langueur qu'il
prenait *pour de la sagesse* (Ch. Lacretelle). Le roi fit dire qu'il
prendrait *pour déclaration de guerre* l'envoi d'une escadre à Marseille (Ders.). — Prendre in ber Beb. „auffaffen als" hat comme:
Catinat prenait la guerre *comme science* (Michelet). Quoique saint
Ambroise ait passé sa vie en Italie, je le prends *comme Gaulois*,
parce qu'il était né à Trèves (Guizot). — Prendre qn *à partie*.
Prendre les choses *au tragique*.

Préposer: Les juges préposés *pour être les organes* de la loi
(Vermorel).

Présenter: Se présenter *comme le porteur* d'une revendication
politique (J.).

Présumer: On pressa les poursuites contre les magistrats de la
cité, présumés *auteurs ou fauteurs* des émeutes presbytériennes
et royalistes (Guizot).

Prétendre: Les Dinantais le prétendaient *fils* de l'ancien évêque
de Liège (H. Martin). Il se prétendit *le délégué* de la nation
(Michelet). Cet empire (de Charlemagne) si grand, dont les rois
d'Allemagne, les évêques de Rome et les rois de France se
prétendaient *les successeurs* (Th. Lavallée). De nouveaux récits
faits par des témoins oculaires, ou du moins se prétendant
comme tels (E. Capendu).

Priser: Des marrons grillés que tout le monde prise *exquis*
entre deux verres de cidre ou de vin blanc (J. Daurelle).

Proclamer: Être proclamé empereur d'Occident, roi de France,
sultan. La vérité qu'ils doivent proclamer *loi* (Guizot). Les
Romains proclamèrent Cicéron *le père de la patrie* (Duruy). La
France se proclamait *une monarchie militaire* (Michelet).

Promettre: Oh! s'il ne faut que boire afin que la santé soit
bonne, tant que je vivrai, je vous la promets *excellente* (Marivaux).

Promouvoir: Être promu général, officier de la légion d'honneur.
Être promu *au grade* de grand-officier, de commandeur.

Proposer: François Ier proposa Genève *pour le lieu* de l'assemblée
(Voltaire).

Qualifier: Le climat peut être qualifié *de chaud* et humide
(J. B. Rolland). Un hasard que je ne qualifierai pas *d'heureux*
(B. Millevoye). Bor Subftantiven ift de fehr felten: Se qualifier

de césar et d'auguste (Th. Lavallée). Meist steht entweder reines Substantiv oder de mit Artikel, selten auch Artikel ohne de: Ce qui est qualifié *délit* par la loi (P.-L. Courier). Des méfaits que le Code pénal qualifie *crimes et délits* (J.). L'aïeul des Naundorff y est qualifié *duc* de Normandie (Gastyne). Il est qualifié *Monseigneur* (V. Hugo). Je n'ai jamais obtenu qu'un prix au collège, mais il fut célèbre; on le qualifia *prix de chimie* et de cosmographie (J.). Cet animal quinteux et bizarre que Buffon qualifie *de la plus noble conquête* de l'homme (J.). Des cinq personnages qualifiés assez ridiculement *des «cinq tyrans»* dans le manifeste de Condé, deux furent éloignés par la reine mère (H. Martin). Victor Hugo vint flageller ceux qu'il qualifie justement: *Les bandits de décembre* (J.). La femme de celui que tout le populaire, vers le Midi, s'obstine à qualifier *le forçat innocent* (J.).

Recevoir: Se faire recevoir *avocat.* Il reçut les autres *prisonniers* (Thiers), er machte die anderen zu Gefangenen. Alt auch ils le reçurent *à seigneur.*

Reconnaître: Vor Adjektiven keine Präposition, selten comme, pour: Vous reconnaissez tout cela *faux?* (J.). Les renseignements ont été reconnus *faux* (J.). Ce mot est reconnu *bon* par tout le monde (Courr. de Vaug.). Se reconnaissant *comme inférieurs* à lui (Th. Lavallée). Des calomnies reconnues *pour telles* (Jeudy-Dugour). Substantive stehen selten ohne comme oder pour: Reconnu *roi d'Egypte* (Porchat). Le pape le reconnut *roi d'Italie* (Duruy). Cet *agent* pour les uns fut le *principe igné*, reconnu *l'auteur* de tout *mouvement* (Volney). Meist steht pour, seltner comme ohne Artikel: Ils se reconnurent *pour feudataires* du saint siège (Michelet). Louis XIV offrit aux alliés . . . de reconnaître l'archiduc Charles *pour roi* d'Espagne (Lamotte). Du Guesclin releva les affaires de Henri de Transtamare, et le fit reconnaître *pour roi* après la victoire de Monteil (Drioux). Ce ne fut qu'en 1733 que l'arsenic fut reconnu *comme métal* (Zeller). Oft pour mit Infinitiv: Plusieurs ont été reconnus *pour être des repris de justice* (J.). Un ouvrier a reconnu le prévenu *pour l'avoir vu* à Paris (J.). Endlich trifft man oft pour, vereinzelt comme mit Artikel oder Possessiv: Il se reconnaît *pour le stipendié* d'Arthur (J. Janin). Se reconnaissant *pour ses hommes-liges* (H. Martin). Henri V fut reconnu *pour le successeur* de Charles VI (Mignet). La religion catholique cessa d'être reconnue *pour la religion* de l'État (Bonnechose). Dans la Bretagne, le duc de Mercœur avait ouvertement l'ambition de se faire reconnaître *comme l'héritier* des anciens ducs (Th. Lavallée). Comme (gewissermaßen) und pour vereinigt: A la tête des nations gothiques qui le (sc. Théodoric) reconnaissaient *pour leur chef et comme pour leur suzerain,* il relevait les monuments romains (Ampère).

Redevenir: Richelieu, redevenu de général *prêtre* . . . (H. Martin). Redevenir *en faveur* (A. Dumas).

Refaire: Est-ce qu'il y avait moyen de refaire ainsi après Louis XIV, après Richelieu, après Louis XI, les fondements de la monarchie française, de la refaire *une monarchie constitutionnelle* aristocratique avec toutes les hiérarchies de rang? (Sainte-Beuve).

Regarder hat stets comme mit Artikel (bestimmten, unbestimmten oder Teilungsartikel), vor Adj. auch) pour: Le cardinal ne se regarda point *pour battu* (A. Dumas).

Rendre: Une jeune personne qu'il a rendue *mère* (J. Janin). Son origine le rendait *Flamand* (Mignet). Se rendre maître (maîtres, maîtresse) de qc oder auch mit Artikel. Un pacte dont la reine mère se rendit *garant* (H. Martin). Der Artikel (bestimmter, unbestimmter oder Teilungsartikel) kann so ziemlich vor jedem Subst. eintreten: Sa jalousie le rendait *un vrai tyran* (M. Saint-Brice) . . . la manière dont il faut s'y prendre pour découper les figures et les rendres *des machines agissantes* (Belèze).

Renvoyer: Un passage dont la lecture m'a renvoyé *tout rêveur* (Fr. Sarcey).

Repousser: Je repousse absolument *pour authentique* une enquête à laquelle collabora Chaudenson (J.).

Représenter: Vous me le représentez *un fort honnête homme* (Mᵐᵉ de Sévigné). Jetzt würde comme eintreten.

Reproduire: Bossuet, non plus, n'a jamais de ces phrases convenues, obligées, se reproduisant *les mêmes* dans des circonstances analogues (A. Vinet).

Réputer meist ohne Präposition: Le prince de Conti, ne s'étant pas soumis, était réputé *exclu* (de tous les droits éventuels au trône), *ipso facto* (H. Martin). Louis XIV réputait cet acte *nul* en lui-même (Mignet). Une maladie réputée *pour incurable* (J.). Les plaisirs innocents ou réputés *comme tels* (L. de Tinseau). Ebenso bei Substantiven: L'ivresse, en cas de délit ou de crime, est réputée *circonstance aggravante* (H. Martin). En cas de guerre, on saisit tous les hommes réputés *gens de mer* (Radu). Thibaud, réputé *l'amant* de la reine (Th. Lavallée). Il réputait ses chevrons de vétéran *comme galons* d'officier (M. Barrès).

Rester vor Adjektiv hat nur in Ausnahmefällen Artikel oder pour. Elle a ajouté au tout une sonore particule que l'état civil reste *le seul* à ignorer (J.). Il restera *pour certain* que la civette n'est point un animal naturel de l'Amérique (Buffon). Rester maître (maîtres, maîtresse) de qc, felten mit Artifel: Son orgueil, son intérêt lui commandent de rester *le maître* de la Lorraine (Benazet). Substantiv mit Präposition statt Adjektiv: rester *de planton* (Mém. d'une contemp.).

Retenir: retenir qn prisonnier.

Retourner. Boniface retourna *simple missionnaire* dans les bois et dans les marais de la Frise païenne (Michelet). Ensuite il (le canal de la trombe) retourna *gros* comme la cuisse (Buffon) d. h. wurde wieder so dick wie . . .

Se réveiller: Tu te réveillerais *caillou* (steinhart gefroren; J.). Il croyait déjà que le lendemain il se réveillerait *prince et seigneur* (Laboulaye).

Révéler: Incessu patuit dea, son allure la révéla *déesse* (H. Le Roux). Tu viens de te révéler *un tel diplomate* (J.). Autant dire à quelqu'un: Révèle-toi *comme un grand poète* (J.).

Rêver: Bernis se rêve, un matin, *assis* sur un rocher (P. Malitourne).

Revivre: Ce sont deux papes qui ont commis sacrilèges sur sacrilèges, et que Dieu a condamnés à revivre *chevaux d'omnibus* (J. Levallois).

Sacrer: Sacrer qn roi. Le midi a sacré cette jolie petite ville (Sceaux), *cité méridionale,* comme jadis Rome sacrait *cité romaine* telle localité qu'elle jugeait digne de ce titre envié (J.).

Saluer: Saluer qn roi. Quand il eut fini, tous le saluèrent *le roi* de la fête (Ch. Alexandre). Tout *maître meunier* qu'on le salue, je suis un homme moi (Séjour) d. h. wenn ihn auch jedermann als den reichen Müller begrüßt, . . .

Savoir: Les zélés n'aimaient pas Sully, qu'ils savaient *assez peu orthodoxe* au point de vue genevois (H. Martin). Elles ne nous savent pas *ici* (G. Sand). Il me sait *arrivé* (Augier). Je te sais *un honnête homme* (J.). Il a affirmé, à la tribune, le contraire de ce qu'il savait *la vérité* (J.). Je vous sais tous *bandits* sans scrupules (G. Augustin-Thierry).

Sentir: De même elle le sentait *bon,* en voyant de quel pas léger il foulait les herbes (É. Zola). Les cavaliers franchirent le seuil de la maison avec l'air d'aisance et d'assurance de gens qui se sentent *bienvenus* (X. Montépin). Charles se sentit *roi* (Guizot). On les sent *Anglais* et profondément Anglais (Th. Gautier).

Servir: Le joueur sert donc la balle, et il doit la servir *belle,* c'est-à-dire de façon qu'elle revienne autant que possible en face de son adversaire (Belèze).

Signaler: Trois matelots sont signalés *disparus* (J.). Alcuin se signala d'abord dans sa patrie *comme un habile interprète* des auteurs sacrés (Hauréau).

Sortir: S'il sort *vainqueur* de cette lutte (P.-L. Courier). Il sortit de l'école de Châlons *officier d'artillerie* (Carrel). De ces meurtres, de ces violences, de ces excès, Victor Hugo est sorti *le maître et le vainqueur* (J. Janin).

Souhaiter: Tous se souhaitaient *morts* pour ne pas être séparés de celui qu'ils ont perdu (Catat).

Soupçonner: Elle ne le soupçonnait pas *insensible* (A. Dumas). Soupçonner qn *royaliste* (Jeudy-Dugour). Subſtantiv mit Präpoſition ſtatt Adjektiv: M. Edwards la (l'hirondelle tapère) soupçonne *de la même espèce* que son hirondelle de la baie d'Hudson (Buffon).

Supposer: On pourrait supposer cette partie de la fortification *antérieure* au connétable (P. Mérimée). On la suppose *fille* de Delaunay (Thiers). Cette pyramide, d'aucuns la supposent *un tombeau* (J.).

Surnommer: Son exactitude à tenir sa parole le (sc. le duc de Mayenne) fit surnommer *le Prince Constant* (Biogr. univ.) Le général Saint-Hilaire, surnommé dans l'armée *le Chevalier* sans peur et sans reproche (Thoumas).

Taxer: Et l'on m'a finalement taxé *de spécialiste* pour les personnes grasses (J.). Andere Konſtruktion liegt in taxer qn de mensonge, d'hérésie, etc.

Tenir: S'y est-il tenu *étranger* à toutes les affaires du monde? (Mignet). Ces salons où l'on tient *vingt-cinq* (Fr. Sarcey), wo Platz für 25 Perſonen iſt. Je voudrais bien demander encore quelques éclaircissements sur un point qui me tient *fort perplexe* (Ders). In der Bed. „halten für" ſteht das Adjektiv mit oder ohne pour: je me tiendrais *heureux* si . . . (P.-L. Courier), tenir qn *guéri* (J.), je me tiens *satisfait* (Sandeau), se tenir *pour battu,* se tenir *pour averti,* tenir qe *pour vrai, pour certain,* tenir qn *pour riche,* tenir qn *pour suspect,* tenir qe *pour démontré* etc. Bei Subſtantiv ſteht dagegen pour mit Artikel oder Poſſeſſiv, ſelten ohne Artikel: tenir *pour vérité* (Nisard); die Präpoſition fehlt höchſtens in dem Ausdruck tenir qn homme de bien, tenir qn honnête homme. Pour mit Infinitiv: La princesse que nous avons toutes les raisons de tenir *pour avoir été si parfaitement fidèle* à Monsieur, n'en était pas moins sensible au culte qu'on lui rendait (Legué). — Tenir *à honneur;* alt auch tenir qe à perdu, tenir qn à homme de bien.

Tomber: tomber malade, tomber amoureux, tomber assis, tomber renversé, tomber boiteux, tomber mort, tomber endormi, tomber d'accord. La pluie tombait *fine* et pénétrante (J.). La neige tombait *si dense* qu'il était impossible de voir à cent mètres en avant du navire (J.).

Tourner: La chance tourne *belle* (P. Ferney). On ne s'était proposé d'abord qu'un agréable passe-temps, et voilà qu'on tourne *au bénédictin* (Jaubert). Pour le juge d'instruction le prévenu tourne en un clin d'œil *au coupable* (J.). — Tourner qn *en ridicule.* La manifestation se tourne *en révolution* (Fr. Sarcey). Le vin à tourné *à l'huile* (Ders.). On voit comme tout est travesti et tourné *à crime* au jour terrible où les vengeances des peuples, longtemps différées, éclatent enfin (Thiers).

Trahir: Ce superbe champion de l'indépendance se trahit, en toute occasion, *domestique* (zeigt sich als Lakaienseele. Ph. Boyer).

Trouver: L'île de Kiousiou, où se trouve *bâtie* la ville célèbre de Nagasaki (O. Comettant). Cela est inouï que cette cotte se trouve *perdue* (A. de Musset). Se trouver *maître* de qe. Le comte de Flandre se trouva *le chef principal* de la croisade (Michelet). Ce prince qui, par sa mère, se trouvait *son petit-fils* (Ders.). Ce qu'on trouverait ailleurs *pensée forte* et sentiment poétique, ici devient emphase et pathos (Fr. Wey). Pour oder comme tritt ein, wenn trouver als eigentliches Begriffsverb und nicht als bloße Kopula steht: Par de nombreuses expériences, M. Joule a trouvé 440 kilogrammes *pour l'équivalent mécanique* de la chaleur (Ganot).

Venir: Ces arbres viennent *très gros* (Catat) werden sehr stark. Cette pièce étonna moins, parce qu'elle venait *la seconde* (J.). Le marquis d'Aranda fut obligé de quitter le ministère et de venir *ambassadeur* en France (Villemain). M. de Châtelet, venu au monde *Si.vte Châtelet* tout court (Balzac).

Vivre: Vivre *très retiré.* Vivre *vieux,* le plus vieux, trop vieux. Le ménage vivait des plus *unis* (J.). Celui qui a planté un arbre avant de mourir n'a pas vécu *inutile* (E. About). Ces peuples vivent *nomades* (Cortambert). Il vécut *le plus malheureux* des hommes (Jeudy-Dugour). Vivre *étranger* au milieu de la société (Barante). Un homme (Alfieri) qui, s'il eût vécu *contemporain* de Dante, eût été son rival de faction et de poésie (Villemain). Il vécut aussi *ennemi* de l'intérêt que du faste (Voltaire). Viret s'insurgea contre ces prétentions des laïques de vivre *en réformés* comme s'ils vivaient en catholiques (Rossel).

Voir: N'y a-t-il pas des gens qui voient *rouge* ce que d'autres appellent vert? (A. Chenevière). Je commençais à voir les objets *doubles* (Mme de Staël). Ils s'en virent complètement *maîtres* (Cortambert). Vous me voyez *le plus infortuné* des hommes

(Molière). Bien qu'il eût des cheveux grisonnants . . . il ne différait pas beaucoup de *ce que* nous l'avons vu autrefois (Berthet). La milice palatine n'était plus alors *ce qu'*on l'avait vue autrefois (Amédée Thierry). Ils voyaient la chose *comme facile* (Barante).

Vouloir: La question de la revision est posée; les uns la veulent *partielle,* les autres totale (J.). Je te veux *heureux* (Cadol). Belle, ne lui suffisait pas, il la voulut *célèbre* (Ch. Asselineau). Elle rêvait plus et mieux, elle le voulait *ministre* (L. Halévy). Ceux qui ne le voulaient point *pour roi* (Aug. Thierry). Il avait un oncle banquier, mais son oncle n'aurait pas voulu *de lui pour le dernier* de ses commis (A. Houssaye).

𝔄𝔡𝔧𝔢𝔨𝔱𝔦𝔳 𝔰𝔱𝔞𝔱𝔱 𝔄𝔡𝔳𝔢𝔯𝔟: Il était armé semblable à Énée (Marelle). Les cheveux coupés[1] ras (J.). L'abîme s'est creusé profond (J.). Laisse-moi déjeuner tranquille (A. Dumas). Une revanche que le ciel lui doit prochaine (J.). Dormir paisible, dormir tranquille. L'épreuve aurait pu durer indéfinie (H. Le Roux). Le feu éclata si violent et si soudain que . . . (J.). Deux semaines s'écoulèrent, lentes (G. de Lys). Il s'endormit content (Livet). Il la (sc. la guerre) fit bonne et rude (Bachelet). La barque glisse muette sur l'eau (A. Kæmpfen). Elle marchait légère. Elle marchait rapide (Ohnet). Elle ouvre la gueule beaucoup plus large (Buffon). Le train passe rapide devant nous (Vigné d'Octon). Nous passons la nuit tranquille (J.). La barbe pousse longue (Frappa). La ville de Bayonne se rendit la dernière de toutes (Aug. Thierry). La gauche faisait un feu inutile sur les positions retranchées, qui le lui rendaient plus meurtrier (Thiers). Les populations s'étaient rendues nombreuses à Strasbourg (J.). Le silence se rétablit profond (Chassaing). Il rôdait solitaire dans les lieux bouillonnant de vie humaine (Ch. Baudelaire). Les voitures roulaient rapides (Ohnet). Saupoudrez hardiment et servez chaud (J.). Un vent de montagne qui sifflait lointain (E. d'Esparbès). La brise soufflait légère (J.-N. Brusse). Le vent du nord soufflait de plus en plus âpre (J. L'Hôpital). Les ardoises tombaient drues[2] (J.) . . . où je travaille avec mon ouvrage très commode (Mme de Sévigné). Vivre heureux, vivre libre, vivre solitaire, vivre paisible et obscur, vivre calme, vivre content. J'y vivais très malheureux (J.-J. Rousseau).

---

[1] 𝔇𝔞𝔤𝔢𝔤𝔢𝔫 𝔤𝔦𝔩𝔱 court 𝔞𝔩𝔰 𝔄𝔡𝔳. in couper court. 𝔘𝔫𝔯𝔦𝔠𝔥𝔱𝔦𝔤 𝔦𝔰𝔱 𝔡𝔞𝔥𝔢𝔯 Je suis sûre qu'il est enrhumé; il est visible qu'il s'est fait couper les cheveux trop *courts* (Droz).

[2] 𝔎𝔬̈𝔫𝔫𝔱𝔢 𝔞𝔲𝔠𝔥 𝔲𝔫𝔳𝔢𝔯𝔞̈𝔫𝔡𝔢𝔯𝔱 𝔟𝔩𝔢𝔦𝔟𝔢𝔫.

Präpositionaler Ausdruck in prädikativer Verwendung. Wenn schon bei dem Adjektiv (§ 142, Zusatz) bemerkt wurde, daß vielfach solche Ausdrücke für ein mangelndes Adjektiv eintreten, und wenn schon im Vorausgehenden solche Fälle gelegentlich vermerkt wurden, so verdient doch diese Erscheinung eine übersichtliche Darstellung.

Die Präposition à war in älterer Zeit ganz wie unsere Präposition „zu" oder unser Adverb „als" in Verwendung. Reste davon haben sich erhalten z. B. prendre à témoin. Und wenn man jetzt scheidet prendre à témoin (zum Zeugen nehmen), prendre pour témoin (als Zeugen angeben, bezeichnen, sich gefallen lassen), und zufügt, daß ersteres auch Höherstehende oder Gott, letzteres aber nur wirklich Aus= sagende zum Objekt haben könnte, so lag für diese Unterscheidung keinerlei Bedürfniß vor. Es ist vielmehr eine der zahlreichen nachträglich ge= machten Distinktionen, die den Zweck haben, in den Fällen, wo eine ältere Ausdrucksweise sich neben der neueren erhalten hat, jeder von beiden ein eigenes Gebiet anzuweisen. Man findet aber auch gelegent= lich noch être à témoin: Le ciel m'est à témoin que je ne vous tromperai jamais (Ottolengui).

Substantiv mit à kommt bei transitiven und bei intransitiven Verben vor; bei letzteren bildet es den Ersatz eines Adjektivs.

Transitive Verben: imputer quelque chose à crime, attribuer quelque chose à mérite, compter quelque chose à honneur, etc. Malherbe raconte à Peiresc l'apparition d'un météore, qui fut interprété par Henri IV à présage de victoire (Génin). On imputait leur malheur à lâcheté (Voltaire). Bossuet ne va pas plus loin, il ne cherche pas à faire voir clair aux autres là où il confesse et s'attribue à mérite ses propres ténèbres (Nisard). Je vois le moment où tout cela vous sera compté à plus grand honneur que si vous aviez mieux conduit votre talent et mis en œuvre tout votre généreux esprit (Sainte-Beuve).

Intransitive Verben: Quand ces choses-là sont à la lettre (c.-à-d. authentiques J.), le grand voyage de M. le Prince et de M. de Turenne pour aller dégager M. de Luxembourg est devenu à rien (c.-à-d. illusoire. Mme de Sévigné). Vgl. Littré, devenir, 4°. Tout est net, intelligent, précis, au fait, au but (c.-à-d. juste, précis Villemain). De vives réclamations furent au moment d'é= clater (J. Droz). La solitude m'était devenue tellement à charge (c.-à-d. insupportable. Mém. d'une Contemp.). Si tous les au= teurs du moyen âge redevenaient à la portée de tout le monde . . . (c.-à-d. accessibles, faciles à lire. Génin). Ces perles, en effet, qui étaient des perles fausses, renfermaient un poison très violent, le poison des Indiens, qui fut le poison du moyen âge,

et qui est *redevenu* aujourd'hui *à la portée* de tout le monde
(A. Houssaye). *Devenir, redevenir à la mode* ift feḥr ḥäufig.

Subſtantiv mit de bildet noch in ḥöḥerem Grade Erſaß für Adjektiv
und findet ſich vorzugsweiſe nach intranſitivem Verb; als Tranſitive
ſind nur faire, rendre, mettre möglich: être *de mauvais augure, de
bon présage,* être *d'avis, d'opinion,* etc. Quoiqu'il *soit de force
herculéenne* (J.). Crois-tu donc que je rougisse *d'être de province*
(J.). Cela lui *semble de mauvais signe* (A. Houssaye). Craignant
qu'on ne *le fît d'Église* (A. Dumas). Si le cadre *est d'emprunt,*
la peinture est à lui (c.-à-d. à Lesage. Patin). Au temps où les
serruriers ne dédaignaient point, quand ils *étaient de loisir,* faire de
la bijouterie (J.). Quand certaines crises *mettent* les gens *de mauvaise humeur,* ils s'en prennent aux intrigues des jésuites (J.).
Une anecdote *est de circonstance* (c.-à-d. opportune J.). La question des arènes de Lutèce *redevient d'actualité* (J.). *Mettre* tout
de niveau (c.-à-d. rendre toutes choses égales. Vermorel). *Être
d'une exécution facile* (J.). *Rendre* les mœurs plus libres et *de
meilleur goût* (c.-à-d. plus élégantes A. Vinet). Néanmoins ces
absurdes appréciations *étaient devenues de l'histoire* à force d'avoir
été répétées (Hénault-Michaud). Les autres en (sc. de leurs
colonies) firent des déserts et *rendirent de même* leur propre
pays (Montesquieu). *Mettre, remettre d'accord,* être de retour, ſind
die üblichſten Verbindungen.

Faſt nur nach Intranſitiven ſteḥen Subſtantive mit en: *Devenir en
chaleur* (c.-à-d. entrer en rut. Buffon). Vous sentirez votre chair
devenue en charbon (c.-à-d. gangrenée, corrompue. Souvestre).
Se déclarer en insurrection (Mignet). Les uns le *jugeaient mal en
sûreté* au milieu d'une armée catholique (Poirson). Quelques
députés se réunirent dans la Convention, et les conspirateurs
vinrent demander le décret contre les proscrits; mais ils *n'étaient*
pas encore *en force* pour les arracher à la Convention (Mignet).
Il est bien vrai que le latin, à cette époque de décadence, devient barbare, car il *devient en désaccord* avec ses propres règles
et ses analogies intimes (Littré). Lorsque monsieur l'évêque
de Luçon fut *redevenu en faveur,* Boisrobert fit tout ce qu'il
put pour entrer chez lui (A. Dumas). L'épaisseur des murailles est
de dix pieds . . . partout elles *sont en parfaite conservation* (Michaud). Remarquons, du reste, que ce dernier sens . . . *redevient* maintenant *en usage* (Vinet). Quand il (le lait caillé) est
devenu en grumeaux, on dit qu'il est grumelé (Develey). Depuis,
on a beaucoup varié la forme de ces piles: *les plus en usage*
sont la pile de Daniell, celle de Grove et celle de Bunsen

(Ganot). *Devenir* ober *redevenir* en enfance ift eine ber Volksfpradje geläufige Wendung.

Subftantive mit anberen Präpofitionen: *Devenir* universel et *sans contrôle* (Aug. Thierry). Deux des clauses les plus importantes de l'édit de paix *restaient sans exécution* (H. Martin). Il le fit avec une véhémence qui ne fut guère dépassée plus tard par Bossuet même, à une date où elle était *devenue sans péril* (E. Despois). Le 3 mars au matin, une petite troupe de Schwyz et de l'Oberland bernois, de Thoune principalement, *fut* la première *sur pied* (J. de Muller). La philosophie expérimentale travaillerait pendant les siècles des siècles que les matériaux qu'elle entasserait, *devenus* à la fin, par leur nombre, *au-dessus de toute combinaison*, seraient encore bien loin d'une énumération exacte (Diderot). Les instituteurs . . . restent privés de toute ressource précisément au moment où ils *deviennent hors d'état* de pourvoir à leur existence (E. Rendu).

Das zu einem folchen Subftantiv gehörige Verb kann fehlen: Nous en avons eu *de fort à la mode* (J.). Le comédien entreprit de démasquer publiquement l'hypocrisie, *à la veille* peut-être de monter sur le trône (Génin). Le régime constitutionnel et *de liberté* (Sainte-Beuve). C'était un vrai chef-d'œuvre d'industrie, d'un aspect un peu bizarre, mais *d'un excellent usage* contre la chaleur (Mᵐᵉ A. Tastu). Avec sa voix doucement grave et *de si bonne compagnie* (V. Hugo). Des principes plus *d'accord avec* les lumières (Mᵐᵉ de Staël). Tout ce qu'elle dit de tendre et *de bon sens* (Mᵐᵉ de Sévigné). Les âmes pures et *en état de grâce* (Volney). Les bateaux *en perdition* (J.). Lesquelles (de ces images) choisirons-nous? Certes, les plus célèbres et les plus riches en souvenirs, les plus historiques, *les plus en accord avec* le caractère et l'esprit du monument (Sainte-Beuve). Les personnes atteintes d'achromatopsie distinguent très bien les contours des corps, les parties claires ou *dans l'ombre,* mais elles n'en distinguent pas les teintes (Ganot). Un ennemi *par terre* (A. Vinet). Après un règne long et *sans gloire* (Parieu). Mort inévitable et *sans gloire* (Michaud). Quoi de plus simple et *de plus sous la main* que d'étudier la comparaison dans le grec et le latin (Littré). Après la paix de Ryswyck, Louis XIV s'occupa sérieusement de la succession d'Espagne, *sur le point* de devenir vacante (Mignet). Une attaque aussi peu prévue et aussi *en dehors de la stratégie vulgaire* (H. Martin).

Zum gleichen Zwecke dient der Infinitiv mit à: Les impériaux, restés sans chef, *devenaient* moins *à craindre* (Mignet). Elle *s'estima la plus à plaindre* de toutes les créatures (J.). Les événements présents et *à venir* (d'Alembert). Cette république encore *à naître* (H. Martin). Je ne pourrais jamais être heureux si je vous savais *à plaindre* (Mém. d'une Contemp.).

Ein als Adjektiversatz eintretender präpositionaler Ausdruck schließt sich an Substantive, die ein eigentliches Adjektiv nicht bei sich oder doch nicht vor sich haben, folgt also derselben Regel, welche für den mit et qui eingeleiteten Relativsatz gilt, wenn er ein Adjektiv ersetzt.

www.ingramcontent.com/pod-product-compliance
Lightning Source LLC
Chambersburg PA
CBHW020119030726
47498CB00006B/2185